POEMA DEL CID

(*CANTAR DE MIO CID* O *POEMA DE MIO CID*)

TEXTO ORIGINAL

y

TRANSCRIPCIÓN MODERNA

Edición, adaptación, prólogo y notas de
JUAN BAUTISTA BERGUA
Y JOSÉ BERGUA

SEXTA EDICIÓN

Colección La Crítica Literaria
www.LaCriticaLiteraria.com

Copyright del texto: ©2012 Ediciones Ibéricas
Ediciones Ibéricas - Clásicos Bergua - Librería Editorial Bergua
Madrid (España)

Copyright de esta edición: ©2012 LaCriticaLiteraria.com
Colección La Crítica Literaria
www.LaCriticaLiteraria.com
ISBN: 978-84-7083-959-7

Imagen de la portada: Estatua del Cid

Ediciones Ibéricas - LaCriticaLiteraria.com
Calle Ferraz, 26
28008 Madrid
www.EdicionesIbericas.es
www.LaCriticaLiteraria.com

Todos los derechos reservados. Esta publicación no puede ser reproducida, ni en su totalidad ni en parte, ni ser registrada en, o transmitida por, un sistema de recuperación de información, en ninguna forma ni por ningún medio, sea mecánico, fotoquímico, electrónico, magnético, electroóptico, por fotocopia, o cualquier otro, sin el permiso previo por escrito de la editorial.

Cualquier forma de reproducción, distribución, comunicación pública o transformación de esta obra sólo puede ser realizada con la autorización de sus titulares, salvo excepción prevista por la ley. Diríjase a CEDRO (Centro Español de Derechos Reprográficos - www.cedro.org) para más información.

All rights reserved. No part of this book may be reproduced or transmitted in any form, by any means (digital, electronic, recording, photocopying or otherwise) without the prior permission of the publisher.

ÍNDICE

PRÓLOGO 5

POEMA DEL CID 29
TEXTO ORIGINAL DEL POEMA 31
   CANTAR PRIMERO - DESTIERRO DEL CID 33
   CANTAR SEGUNDO - BODAS DE LAS HIJAS DEL CID 71
   CANTAR TERCERO - LA AFRENTA DE CORPES 107
TRANSCRIPCIÓN MODERNA DEL POEMA 151
   CANTAR PRIMERO - DESTIERRO DEL CID 153
   CANTAR SEGUNDO - BODAS DE LAS HIJAS DEL CID 203
   CANTAR TERCERO - LA AFRENTA DE CORPES 247

EL CRÍTICO Y EDITOR - JUAN BAUTISTA BERGUA 299
LA CRÍTICA LITERARIA - www.LaCriticaLiteraria.com 301

PRÓLOGO

El «Cantar de Mio Cid» o «Poema de Mio Cid» o «Poema del Cid», como más vulgarmente se le denomina, es el primer monumento que conocemos de la literatura española. Acaso no sea el primero que se escribió, pues sería verdaderamente rara casualidad que hubiera sido ése el que llegara hasta nosotros, además de que otros cantares que narran las hazañas de Fernán González, Cario Magno, Bernardo del Carpio, etc., de los cuales sólo tenemos noticia o algún resto insignificante, debieron preceder al dedicado al Cid, y quizá sobre este mismo héroe pudo hacerse algún otro más antiguo. Cuestión es ésta que no puede esclarecerse hasta ahora.

El «Cantar de Mio Cid» que conocemos no es el original que escribió el juglar anónimo hacia la mitad del siglo XII (alrededor de 1140): es un manuscrito copiado en el año 1307 por un amanuense llamado Pedro Abad; éste, para hacer su copia, se valió de un texto antiguo que, según indica don Ramón Menéndez Pidal, «contenía ya ciertos yerros que nos permiten asegurar que no era ciertamente el primitivo original escrito hacia 1140».

El manuscrito de Pedro Abad no está completo, pues le faltan tres hojas: una del principio y dos del interior del libro, y, como ya se dice en el lugar oportuno, han sido sustituidas por la parte correspondiente de la «Crónica de Veinte Reyes de Castilla», escrita en el siglo XIV, que reproduce la narración del Cantar en prosa. Así, pues, con esta Crónica, que por cierto no utilizó la copia de Pedro Abad para su prosificación, sino otra distinta, tenemos un poderoso auxiliar, no sólo para conocer lo perdido del Cantar, sino para compararla con éste y apreciar las variantes que introdujeron ambos copistas.

Conocemos la fecha exacta de la copia del Cantar porque Pedro Abad, al final de su narración, escribió:

«Quien escrivió este libro
del Dios paraíso.
Per Abbat le escrivió en el mes de mayo,
en era de mil trescientos cuarenta y cinco años.»

Que corresponde, según la cronología, al año 1307 de Jesucristo. Se ha querido inquirir el lugar adonde fuera escrito el Cantar, y sobre esta cuestión hay varios pareceres, pero el más fundado indica la frontera castellana de aquella época, ya que el juglar se extiende minuciosamente en describir los itinerarios entre San Esteban de Gormaz, Medinaceli,

Molina, etc., caminos que conoce perfectamente y lugares que describe con bastante detalle, como las acciones en ellos acaecidas, por insignificantes que éstas sean. De manera que el autor anónimo del Poema o era de aquellas tierras o las conocía muy bien o, en fin, escribió allí su obra. De otras regiones de las cuales habla, por ejemplo, de la valenciana, se limita a nombrar exclusivamente los lugares que necesita para describir la acción de los personajes, y aun esto lo hace de pasada y muy superficialmente. Esto que referimos a la topografía del Poema pudiéramos repetirlo para los personajes que aparecen en estos escenarios. El juglar muchas veces cambia, equivoca o inventa personajes que por su importancia parece que estuviera obligado a conocer, aunque residieran en regiones que él no frecuentase, y, en cambio de esto, trata minuciosamente y con todo detalle otros muy secundarios, pero que residen en la región fronteriza de Castilla.

Del conjunto de la obra se desprende una impresión demasiado personal del Cid. Pero esto, en lugar de ser un demérito, es un valor positivo. El juglar concibió la obra de una manera llana, natural; pudiéramos decir que popular. El Cid del Cantar es el Cid del pueblo; únicamente medio siglo le separa del tiempo en que el héroe era el terror de los moros valencianos. Sus hazañas vivían frescas en la imaginación de muchos contemporáneos del juglar; se contaban por quien las había visto, y aun estaría en sus primeros brotes el romancero cidiano. El autor del Poema, sin duda, fue recogiendo datos de viva voz y acaso conociese alguna narración escrita sobre el héroe, narración latina o romanceada, pues las aljamiadas y arábigas veían de manera muy distinta la figura del conquistador de Valencia. La proximidad del tiempo en que el Cid vivió no permitía, dado que el autor hubiese tenido capacidad para ello, una visión absolutamente imparcial de la gesta del Cid; por otra parte, la interpretación de los hechos de este héroe, por los cristianos o por los musulmanes, es, como dejamos apuntada, distinta, porque, como es natural, la pasión intervenía al enjuiciar los hechos. «Mas aunque aquel antiguo monumento de nuestra literatura—dice Manuel Malo de Molina—cuente cincuenta años de antigüedad, más o menos, es forzoso convenir en su extraordinaria importancia y en que retrata el carácter del Cid, según las ideas dominantes en la época de su aparición, carácter que difiere bastante de la verdad histórica, pero que, por lo mismo de ser el que primero se dio al héroe del Poema, es el que ha de servir para establecer el paralelo entre el Cid de los romances y el de la historia de la Edad Media. En aquél hallamos al caudillo monárquico, religioso y democrático; al que defendiendo los derechos del pueblo contra los aristócratas y grandes señores, presenta, con humildad y severidad a un tiempo, ante el monarca, las quejas de este pueblo fiel y sumiso; y, contribuyendo a desenmascarar a los cortesanos aduladores que con sus intrigas y falacias impiden llegue la verdad hasta los oídos de los reyes, consigue el triunfo de la justicia, aunque ésta sea a costa de su propio martirio.»

Hemos dicho que el Poema no se ajusta exactamente a la realidad histórica; en efecto, en nuestras anotaciones hemos consignado los hechos ficticios y las escenas fantásticas del mismo y otras de difícil comprobación en cuanto a su exactitud. El episodio central del Poema, el del robledal de Corpes, históricamente no está comprobado; pero no podemos negarle en absoluto, y sí hay que concederle un origen más o menos exacto, pero en estrecha relación con la verdad; el juglar se ha valido de efectos psicológicos para impresionar a los oyentes, manejando con gran agilidad el acento dramático y el cómico, aun a costa de la verosimilitud y de la exactitud históricas; los personajes (y acaso las escenas), la mayor parte han existido y, lo que es más, fueron como él los describe, y algunos, la minoría, están equivocados o probablemente no existieron, ya que ningún otro documento, sino es el Poema, habla de ellos.

Pero, volvemos a repetir, el más extraordinario mérito de esta obra consiste en la fiel interpretación del sentimiento popular de su época. Hay en el Poema una sencillez, una ingenuidad, una sinceridad tan grandes, que el lector u oyente se deja arrastrar por el entusiasmo y «está viviendo» con el Cid en su propia realidad y en su misma esencia. No ocurre lo que con las canciones de gesta extranjeras, en las que el elemento fantástico y ampuloso lo invade todo; en ellas vemos cómo un solo caballero vence a un ejército y lo destroza sin piedad; cómo de un espadazo parte cuatro o seis enemigos en dos mitades; cómo, ante el ímpetu de su acometida, huyen despavoridos los combatientes, aunque se cuenten por miles, o cómo su caballo da saltos fantásticos, y, en fin, que toda la narración es una novela al estilo de los libros de caballerías que de aquéllas nacieron. En el Poema no sucede nada de esto; es la narración de los hechos guerreros de un caudillo, de la honorable vida de un caballero, de las naturales expansiones de un padre y, en una palabra, un claro espejo en el que se refleja con toda nitidez la vida heroico-popular de la España del siglo XI. Por esto dijo Menéndez y Pelayo de este monumento de nuestra literatura: «Lo que constituye el mayor encanto del Poema del Cid es que parece poesía vivida y no cantada, producto de una misteriosa fuerza que se confunde con la naturaleza misma, y cuyo secreto hemos perdido los hombres cultos.»

¡Con qué sana alegría, con qué impaciencia esperanzada, con qué vivo anhelo sigue el lector al Cid y a sus mesnaderos desde que sale de Vivar mirando con sus nublados ojos los palacios abandonados y las puertas abiertas por las que ya no volverá a entrar jamás! ¡Qué clara y qué manifiesta la pesadumbre del hombre bueno que es arrojado de su patria por la torpeza de un monarca que da oídos a falsías y a calumnias!; pero, mayor todavía que ella, la obediencia y fidelidad del vasallo que, siéndolo todo, moral y materialmente, implora un perdón que, no de, un rey, sino de Dios, tiene ya concedido. Y la vida del héroe entre sus soldados; y las tiernas escenas de despedida de su mujer y sus hijas; y las recias escenas guerreras donde no se sabe qué admirar más, si el valor o la fe; y brotando sobre todas las acciones y sobre la acción misma de todo el Poema, una rectitud de conciencia, una dignidad, un cumplimiento del deber, tan castellano, tan nacional y tan sublime que asombra, emociona y cautiva.

No le es necesario al autor anónimo del Poema que le asistan sublimes dotes poéticas, ni el Cantar es tan rico en estos recursos como otros a él coetáneos escritos en lenguas extranjeras; no es ese ropaje, esa riqueza de dicción la que necesita la acción sencilla, recta y firme del caudillo. ¿Qué más que lo que es en sí precisaría, por ejemplo, la escena de la despedida del Cid con Jimena y sus hijas en Cardeña, o la llegada de éstas a Valencia, después de la larga separación a que les obligó el destierro, y cuando él, satisfecho y orgulloso, las hace subir a lo alto del Alcázar para mostrarles a Valencia «la Clara», que para su honra y provecho ha ganado? ¿Necesita el Cid de más figura retórica que el llano y brioso hablar que usa con sus mesnaderos,

«¡Martín Antolínez, sodes ardida lança!
Si yo vibo, doblar vos he la soldada.»

para agradecerles un servicio o asegurarles su confianza? Todo en este personaje es robustez, hidalguía, justicia, amor. Es el símbolo del caballero español por excelencia, la creación democrática más completa que se conoce en pueblo alguno y nacida precisamente de esa gente que, sea cual fuere su condición social, pone su alma al servicio de los más altos ideales humanos.

* * *

El Poema del Cid se difundió por España de un modo lento y escaso; las varias copias que se hicieron del original fueron, sin duda, las que corrieron de mano en mano durante los siglos XIII y XIV, así la prosificación del Cantar incluida en la «Primera Crónica general», y después en la «Crónica del año 1344» y la «Crónica particular del Cid», en las que el texto del Cantar aparece ya considerablemente modificado. Con estas refundiciones va conociéndose el Poema y expandiéndose por toda España, a lo que ayudan los romances construidos sobre cada personaje importante de los que contiene la gesta o exaltando hechos de armas particulares referentes al Cid y a los suyos. Cada vez la leyenda y la tradición oral iban aumentando más prodigiosas aventuras a la figura del insigne caudillo y separándose de la verdad histórica. El Cantar, naturalmente, iba siendo olvidado, sustituido por la poesía contemporánea, hasta que en 1779, en su «Colección de poesías castellanas anteriores al siglo xv», lo imprimió Tomás Antonio Sánchez. Fue España la primera en editar su cantar de gesta y, claro, ni los nacionales ni los extranjeros le dieron importancia alguna; era preciso que Francia publicase, medio siglo después, su «Chanson de Roland», y Alemania sus «Nibelungos» para reconocer los méritos del Poema, pero a cambio de que fueran tomadas en cuenta, y como superiores, sus canciones nacionales. Esto que sucedió con el Poema del Cid se ha repetido muchas veces en la historia de la Ciencia española. Un caso extraordinariamente semejante a éste fue el del descubrimiento de las pinturas rupestres de la cueva de Altamira (primera cueva del mundo en la que se hallaron dibujos prehistóricos) por el sabio espeleólogo español Marcelino de Sautuola, y al que tomaron a mofa profesionales de esta ciencia como Cartailhac, en Francia, que falló inapelablemente al conocer la noticia con la siguiente necedad: «Todo ello es una superchería de algunos clericales (¡) españoles.» También fue preciso que en Francia, Rivière, descubriese otras pinturas en la cueva de la Mouthe para que se reconociese la autenticidad de las maravillas halladas en Altamira.

Pero volvamos al Poema del Cid. Durante el siglo XIX comenzaron los estudios serios, de manera crítica y documental, sobre las antiguas canciones de gesta, y tanto nacionales como exóticos se ocuparon del Poema del Cid, reconociendo su autenticidad, antigüedad, valor, etc. No nos ocuparemos aquí uno por uno de los críticos que han estudiado con cariño y eficacia este asunto en el lapso de tiempo que transcurre desde la publicación de Tomás Antonio Sánchez al juicio de Marcelino Menéndez y Pelayo, pero nos es fuerza añadir unas palabras acerca de la obra de don Ramón Menéndez Pidal.

Hagamos honor a este insigne crítico, de cuya bibliografía cidiana, ya extensa, nos hemos valido para redactar este modesto trabajo. Los estudios críticos y filosóficos del señor Menéndez Pidal sobre el Poema y sus estudios históricos sobre la «España del Cid» le hacen merecedor de todos los elogios de cuantos nos ocupamos con más o menos fortuna y trascendencia en la divulgación de nuestras grandes obras literarias.

La adaptación que presentamos al público del Poema del Cid pudiéramos decir que es una adaptación «arqueológica». Hemos respetado en absoluto cuanto nos ha sido posible la forma original del Cantar. Hemos conservado incluso su primitiva puntuación, y, por tanto, nuestra labor se limita a poner en frase corriente e inteligible aquellos conceptos que, por su oscuridad, no son comprendidos por el vulgo en el original del Poema; la ortografía también es la moderna, y siempre que ha sido posible nos hemos limitado a sustituir sólo aquellas palabras que, por desusadas, deformadas o raras, no tienen una fácil traducción actualmente. Damos, en las páginas de la izquierda, el original del Cantar, y en las de la derecha, la adaptación moderna, de modo que el lector pueda, cómodamente, comparar una con otra. Como se trata de una edición de carácter eminentemente popular, hemos prescindido de todas aquellas anotaciones que no son necesarias en el sentido de aclarar en lo posible los detalles imprecisos del Poema Por ello, por ser más propio de una edición crítica, las anotaciones filológicas no las incluimos.

Dedicamos este trabajo a nuestra Colección La Crítica Literaria, en donde van apareciendo las obras más importantes de la literatura española y extranjera. y es natural que no podía faltar el «Poema del Cid», la más admirable canción de gesta española, así como nos proponemos publicar el libro de caballerías «Amadís de Caula», que, con el «Quijote», ya aparecido en esta colección, marcan la cumbre de tres épocas bien señaladas de nuestra literatura nacional.

* * *

Hemos hablado del Poema y es natural que hablemos ahora del Cid.

Rodrigo Díaz de Vivar, el Cid Campeador, es la mejor representación del caballero heroico español. No es un héroe como los legendarios de los libros de caballerías, fantástico, casi sobrenatural, sino un guerrero de carne y hueso, perfectamente tangible, cuyas hazañas nada tienen de milagreras, sino al contrario, son recias, bravas, simpáticas y sencillas.

Indiscutiblemente, la primera impresión que el Cid produce es la de fortaleza, la de reciedumbre, tanto física como moral. Físicamente debía ser un atleta, a juzgar por sus continuados éxitos en cuantas lides dirimió. No es tan sólo el Poema, sino todos los demás documentos los que nos citan a cada paso cómo hubo muchas ocasiones en que él solo, frente a numerosos caballeros enemigos, logró ponerlos en fuga. Sus victorias son repetidas: frente a Jimeno Garcés, ante el moro Fáriz, contra los catorce caballeros leoneses que en Golpejera llevaban preso al rey don Sancho; más tarde, contra los quince zamoranos que le tendieron una emboscada... Extraordinaria constitución física precisaba para realizar tales hazañas, en las que no es creíble ni que interviniera constantemente la suerte ni que se pusieran de acuerdo historiadores y juglares para orlar con atuendos legendarios a ninguna figura.

¿Y moralmente? Análoga impresión de recia entereza. Rinde elevado culto a su creencia cristiana, lo que no es obstáculo para que se coloque frente al Papa cuando éste confunde sus atribuciones religiosas con sus ansias políticas. Tributa veneración a su palabra, según nos lo prueba su incidente con el conde de Barcelona, al que deja escapar libremente para cumplir su promesa. Es disciplinado hasta el sacrificio, como vemos en su conducta con Alfonso cuando éste guerrea al rey de Aragón servido por él. En ningún momento de su vida, por grave que sea, se deja ganar por las circunstancias. Sereno, tranquilo, reposado, no tiene un momento en que la vanidad le ciegue, aunque sea para ello incentivo la propia palabra del monarca cuando, en vísperas de batalla decisiva, le dice: «Tu lanza vale por cincuenta enemigas.» Invariablemente, contesta Rodrigo: «Yo pelearé con uno y Dios dirá.»

Sin embargo, dos hechos retratan principalmente al personaje: uno, expreso; otro, tácito. Es el primero el de la célebre jura exigida al rey Alfonso, función jurídica si se quiere, pero que exige un temple no común. Ni en el siglo XI ni en el siglo XX es cosa propia de ningún hombre vulgar decirle a un rey que, como «han sospecha de que por vuestro consejo fue muerto el rey Sancho, vuestro hermano, por ende os digo que, si non ficieredes salva de ello, así como es derecho, yo nunca vos besaré la mano nin vos recibiré por Señor.» La frase exige una entereza nada común y revela una coincidencia en la expresión—«así como es derecho»—con la pronunciada cuando, en el Poema, el Cid anuncia su propósito de pedir al rey venganza por la afrenta hecha a sus hijas, «como aya derecho, de ifantes de Carrión».

El otro hecho a que nos referimos es el de la falta absoluta de elemento amoroso, no tan sólo en los documentos literarios, sino en los históricos que hacen referencia al Campeador. Examinado con un criterio científico modernísimo, el Cid es nuevamente, en este aspecto un hombre perfecto. Verifica su matrimonio en edad madura, a los treinta y un años (19 de julio de 1074), con mujer perteneciente a la familia real. De sus actividades sexuales, ni antes ni después tenemos noticia. Ninguna crónica, ningún juglar nos dice que el héroe haya tenido aventuras amorosas. Sabemos que tuvo tres hijos, pero nada más. Y debe tenerse en cuenta que el ambiente era propicio a la inmoralidad, comenzando por el rey Sancho—del que alguna crónica insinúa alguna aventura—, siguiendo por Alfonso—del que se conocen ciertamente bastantes excesos con escándalo—, continuando por las infantas Urraca y Elvira y siguiendo por toda la corte, la moralidad dejaba mucho que desear. Examinado desde este punto de vista, el Cid nos revela asimismo su perfecta masculinidad. Hombre de energía espiritual indomable, de enorme fuerza centrífuga, siempre dueño de sí mismo, permaneció tan invencible en el campo de

Venus como en el de Marte. Alma la suya donde concurrían grandes fuerzas de pasión, logró en todo momento equilibrarlas y sujetarlas de manera que estuviesen siempre sumisas y obedientes. Es el tipo perfecto de hombre viril, enérgico y entero.

Gigantesca figura esta del Cid. Interesante momento histórico el de su vida. Y de ahí que la poesía, que siempre juzga y enjuicia con visión certera, se apropiara de esta figura y del ambiente singular que la rodea. Una España que se hunde estrepitosamente: la del califato. Otra España que balbucea. Una tradición bárbara que recuerda al pueblo motivos de escarnio y de esclavitud: la que comienza en Ataulfo y termina en Witiza. Una fuerte ola de extranjerismo europeo que amenaza por el Norte. Y para hacer frente a tantas y tan poderosas fuerzas de composición y descomposición como juegan en este trance, una pequeña región, Castilla, que da rápidamente señales de extraordinaria vitalidad y que logra alzarse con la hegemonía peninsular. Y en Castilla un hombre, el Cid, que es esencia del alma castellana, alcaloide de la nacionalidad recién formada. Pero ni la madre—Castilla—ni el hijo—Rodrigo—pudieron acometer la empresa de su ideal. Intuitivamente expresaba la razón el pueblo por boca del juglar:

«¡Oh Dios, que buen vasallo si oviese buen señor!»

No hubo señor. Y el buen vasallo, el extraordinario vasallo, no pudo ser en la obra de la empresa nacional sino un vasallo más.

Y aunque ya lo hemos insinuado anteriormente, la persona del Cid es en particular interesante en el aspecto jurídico. Dase en Rodrigo el hecho curioso de que, siendo hombre que por sus cualidades físicas y morales podía imponer su voluntad, nunca osó salirse de los cauces legales, incluso en aquellos momentos gravísimos de su vida, en que el capricho y la arbitrariedad del monarca colocaban a él y a los suyos en trance difícil. Claro está que no debemos olvidar que nos encontramos en la Edad Media, y que la Edad Media es la más fuerte organización del orden; tan fuerte, tan rígida, tan estrecha, que no ofrecía cauce suficiente para todas las actividades e inquietudes, dando lugar a que éstas se desbordasen frecuentemente. El mismo Poema nos ofrece una muestra del rigor en el orden social cuando los infantes dicen del Cid despectivamente, considerándole como inferior:

«¡Quién nos daría nuevas de mío Cid, el de Vivar!
¡Váyase a río de Ubierna sus molinos a picar!»

El Cid es, en todo momento, expresión viviente del derecho. Diferentes veces le vemos actuando de procurador y resolviendo pleitos por su conocimiento de las leyes. Pero mayor interés que en estas ocasiones encontramos en aquellas otras en las que una transgresión por su parte hubiera estado justificada Sabemos cómo frecuentemente, le hubiera asistido razón sobrada para rebelarse; tanto más cuanto que, además de la razón, poseía fuerza suficiente y superioridad intelectual y guerrera sobre sus enemigos. Y, sin embargo, ni la intención pasó por su espíritu. El que venció en Llantada, en Golpejera, en Morella, en las costas levantinas; el que exigió un juramento a su rey, no desenvainó jamás su espada ni blandió su lanza para defender su propio derecho atropellado.

Una conjura palatina le destierra, contra toda justicia, el año 1081; el Cid, respetuoso, sale de Castilla. Ni una queja, ni una protesta. Ni siquiera siente la pasión del despecho, y por ello se dirige a Zaragoza, donde no tropezaría con las huestes del rey Alfonso. Posteriormente, después de varios fallidos intentos de reconciliación, se verifica ésta, con toda solemnidad, en las márgenes del Tajo; pero nuevamente las hablillas y murmuraciones dan lugar a un nuevo destierro. Alfonso ordena al Cid que le espere en Villena para socorrer al castillo de Aledo, asediado por los moros; pero el rey, posteriormente, varía de itinerario y va por Hellín hasta Molina. De esta forma, Rodrigo no puede unirse al monarca, y éste, sospechando una traición, escuchando a los enemigos de Rodrigo, decreta el segundo destierro y la prisión de Jimena y sus hijos. Tampoco esta vez pudo el despecho hacer mella en el ánimo del Campeador. Retírase éste con sus huestes a Elche, donde tenía su campo. Y desde Elche redactó, en términos jurídicos, su exculpación. No logró su objeto, pero al menos alcanzó la libertad de Jimena y de sus hijos, Y, finalmente, ya hemos visto también cómo el mismo Poema, después de la afrenta hecha por los infantes a las hijas del Cid, nos habla de cómo su cólera se desliza por el cauce legal y jurídico de la época.

«El Cid es, esencialmente, Derecho. Pudo poner su espada en la balanza y no lo hizo. Pudo murmurar y tampoco lo hizo. Su actitud fue siempre rectilínea, sin la menor sombra de vacilación. Si sus éxitos en la guerra no le envanecieron, sus desgracias ante un rey atrabiliario no mellaron su espíritu, que conservó en admirable serenidad hasta el fin de sus días. Cualidad ésta reservada tan sólo a las almas verdaderamente fuertes»[1].

---

[1] J. Pastor Villiams: «La figura prócer e interesantísima del Cid Campeador.» «El Imparcial», 2 febrero de 1930.

En el Cid tenemos muchas cosas que alabar: como guerrero, como caballero, como político, como caudillo, como jurisperito...

El vulgo sólo aprecia en el Cid lo que hay en él de épico, de soldado, de valiente; pero a poco que se analice esta figura hanse de notar en ella los otros valores de que vamos hablando. Le vemos desde sus primeras manifestaciones mostrarse como prudentísimo y avisado consejero. Él es quien lleva a don Sancho a la victoria de Volpejares, quien consigue el triunfo y quien apresa en la iglesia de Carrión a don Alfonso; demasiado sabe que el rey destronado no ha de perecer por ello, pero este doble triunfo extenderá su fama personal por toda Castilla. Él es quien aconseja al vencedor la libertad del prisionero a condición de su retiro al monasterio de Sahagún; y en seguida los juglares cantan por tierras de moros y cristianos la magnanimidad del rey, que es obra del buen Rodrigo; él es también quien, obediente, acompaña a su monarca a las infames acciones de Toro y Zamora, y quien está a punto de vengar la felonía de Vellido Dolfos. Y cuando vuelve contristado y hermético a Burgos, después de enterrar en Oña a su señor, él reúne las Cortes, aconseja la candidatura de Alfonso, le trae de Toledo y le hace rey de Castilla y León. Pero en ello lleva el. Cid también su parte de gloria; las inolvidables juras de Santa Gadea encumbran su recio orgullo caballeresco hasta las nubes. El nuevo soberano tiene que tender su diestra sobre el ara del altar, en el que el Cid ha colocado, formando cruz,

Un gran cerrojo de hierro
y una ballesta de palo.
—Villanos te maten, Alfonso;
villanos, que no hijosdalgo,
de las Asturias de Oviedo,
que no sean castellanos;
mátente con aguijadas,
no con lanzas ni con dardos;
con cuchillos cachicuernos,
no con puñales dorados;
abarcas traigan calzadas,
que no zapatos con lazo;
capas traigan aguaderas,
que no contray ni frisado;
con camisones de estopa,
no de holanda ni labrados;
caballeros vengan en burras
que no en mulas ni caballos;
frenos traigan de cordel,

que no cueros fogueados.
Mátente por las aradas,
que no en villas ni en poblados;
sáquente el corazón
por el siniestro costado
si no dijeres verdad
de lo que te fuere preguntado.

Claro que esto que canta el «Romance» no lo dijo el Cid al rey, pero el pueblo sabía, por boca de los juglares, que él le había tomado solemne juramento en Santa Gadea, ante lo mejor de la nobleza castellana y leonesa; y que ¿quién, sino Rodrigo Díaz, hubiera sido capaz de preguntar al monarca en la formalidad de la jura y hacerle confesar que no participó en la muerte de don Sancho, como seguramente sucedería? Y, sin embargo, don Alfonso juró sobre los Santos Evangelios, y, cuando se creía dispensado de más fórmulas enojosas y comprometedoras, es el Cid el que, tomándole del brazo, no le deja bajar las gradas del altar y le recuerda que tiene potestad, porque el derecho y la costumbre la conceden, de hacerle repetir su juramento; y el rey, obediente, tiene que responder otra vez a la pregunta de Rodrigo con voz clara y firme, para que lo oigan bien los castellanos y leoneses que van a ser sus vasallos y que, en silencio, asombrados, asisten a la escena llenos de respeto para la valiente franqueza del Campeador. Y cuando don Alfonso es proclamado rey ha jurado ya tres veces sobre las preguntas del Cid.

Vemos, pues, cómo Rodrigo se granjea el respeto de la nobleza y del pueblo por la entereza de su carácter; pero donde verdaderamente se le puede reconocer como conspicuo hombre de Estado, muy superior a su época, es en su carrera militar y diplomática, después que sale desterrado de Castilla. Su conducta para con el conde Ramón Berenguer es francamente emocionante. Le invade las tierras de su feudatario a sabiendas de que va a exigirle la natural responsabilidad; así sucede y se empeñan en batalla; el Cid puede matarle, pero no quiere; le apresa y le quita la célebre «Colada»; es decir, le humilla, le lleva a su campamento y le trata a cuerpo de rey, con toda clase de consideraciones, acaso más de las que le correspondieran en aquellas circunstancias; le hace preparar una comida suculenta y le agasaja como mejor le es posible, en tanto que sus soldados traen el botín ganado, de lo cual se regocija mucho el Cid, porque «fue ganado en buena lid». El conde se niega a comer, se encoleriza, y exclama cuando el Cid le invita con sus mejores sonrisas:

—No he de probar bocado por todo el oro que hay en España: antes pierda el cuerpo y el alma. ¡Haberme vencido a mí estos mal calzados!

El Cid, mundólogo, no toma en cuenta estas palabras altamente ofensivas, consideradas con el espíritu rigorista de la época. Antes, sordo a ellas, le insiste dulcemente

—Comed, conde; comed de este pan; bebed de este vino que os han traído.

El conde, furioso, rechaza todo; tres días pasa en ayunas; no bebe ni agua. Morirá antes que ceder.

El Cid, con su habitual amabilidad, cada vez que entra en su tienda de campaña le invita:

—Vamos, comed un poco. Si consentís en comer, pero en comer a mi satisfacción, os pondré en libertad a vos, conde, y a dos de vuestros hidalgos.

Juega el Cid con el conde como el gato con el ratón; se recrea en su superioridad, pero siempre con mesura, con nobleza; jamás con odio ni brutalidad.

Ante esta promesa formal, el conde consiente al fin. Traen a dos caballeros y sienta juntos a los tres a la mesa. Les sirve una colación opípara. Mientras comen, el Cid les está mirando satisfecho.

—Conde, tened en cuenta que si no coméis mucho y muy bien os quedaréis a vivir conmigo y no nos separaremos jamás..., como acontece con todo lo que habéis perdido, que de esto no os pienso restituir ni un mal dinero. Me hace mucha falta para estos que andan pasando miserias conmigo...; pero comed, buen conde, que me place mucho veros.

Y después de haberse divertido bien, da libertad a los tres catalanes, no sin advertir a Ramón Berenguer:

—Os agradezco los bienes que me dejáis. Si acaso tuvierais antojo de vengaros y venís a buscarme, os ruego que me lo aviséis antes.

El pueblo, con estos golpes de efecto, delira de entusiasmo; los mesnaderos adoran al Cid, que les enriquece y les echa a puñados la gloria con los despojos del botín. Pero lo que él precisa lo obtiene: de Castilla, de León, de Asturias, de Aragón, de Navarra, de todas partes vienen caballeros a militar bajo su enseña; crecen su fama y su fuerza; el Cid sabe que el rey Alfonso atiende todavía a los «mestureros» de su corte; pero como las dádivas ablandan peñas, a cada triunfo que obtiene le envía regalos valiosísimos: caballos, jaeces, joyas, telas, armas, cuanto apresa de bueno y lujoso. Y, al fin, claro está, vence en su empresa.

Tomada Valencia, es casi tan poderoso como su monarca; si quisiera, acaso más; podría ser rey con sólo apetecerlo; sus mesnaderos se cuentan ya por miles; sus vasallos, los reyes moros, le acatarían con gusto; no falta, pues, sino su voluntad. Pero el Cid es incapaz de ello. El Cid es el Cid, el héroe caballeresco castellano, el mejor título que puede ostentarse en España, mucho mejor que otro reyezuelo más. Y el Cid, antes que rey, es leal.

Por ello se ha convertido en símbolo de Castilla y de España y la poesía le tomó como motivo predilecto.

* * *

Se conjetura de su propio nombre que Rodrigo Díaz naciese en el pueblo de Vivar, aldea de muy pocos vecinos, situada a menos de dos leguas de la ciudad de Burgos, y procedía de la noble familia de Láinez, que tenía en propiedad el señorío de Vivar. Su fecha de nacimiento se calcula entre 1040 y 1045, reinando Fernando I. Sus padres fueron Diego Láinez, de la familia de Laín Calvo, juez de Castilla, y Teresa Rodríguez, descendiente de don Rodrigo Álvarez, conde y gobernador de Asturias, según consta en el Tumbo negro de Santiago. Sabido es que, en tiempos, del rey Fruela II, fueron instituidos en Castilla dos jueces para terminar amistosamente todas las diferencies que se suscitaban, y cuyo conocimiento correspondía al rey o a sus justicias mayores, cuyas sentencias, apellidadas «fazañas», vinieron a componer un cuerpo de Derecho. Otra versión dice que el rey de León, Ordoño II, atribuyendo su desastrosa derrota en Valdejunquera a no haber acudido los condes de Castilla al llamamiento que les hizo, envió a Burgos unos emisarios con la orden de que los condes compareciesen a su presencia. Y se cuenta que aquéllos obedecieron, aunque recelosos, y que, llevados a León, después de encarcelados, el rey los mandó matar. Al quedarse sin condes, los castellanos, descontentos, se sublevaron, y para su especial gobierno eligieron dos jueces: Nuño Rasura y Laín Calvo, en los que la tradición personifica las libertades y la entereza de Castilla. Estos dos jueces no pertenecían a la escogida nobleza castellana, sino a la parte sana e inteligente del pueblo, y, como es de suponer, la, importancia de sus funciones había de redundar en la fama y nombre de su descendencia, tanto, que se la consideró igual a la de los caballeros más nobles. De Nuño Rasura procedía el emperador don Alfonso, y de Laín Calvo, Diego Láinez, padre del Cid.

Rodrigo Díaz, que perdió a su padre cuando contaba pocos años, fue criado en el palacio del rey don Sancho, en agradecimiento a que su padre tomara parte en las guerras de Navarra suscitadas entre los dos hermanos, don Fernando y don García, ganando a los navarros Ubierna, Orbel y Lapiedra, agregadas a Castilla por su valor y su pericia. Bien fuera por los servicios prestados por Diego Láinez o por la amistad que a Rodrigo uniera con el infante don Sancho, luego rey de Castilla, es lo cierto que el Cid fue agregado a la corte y en ella recibió su educación militar y guerrera, única que entonces recibían los reyes y los magnates. Su fortuna era más que suficiente para poder vivir con holgura, cual requería su alcurnia, y así, a su tiempo, fue armado caballero, al parecer por don Fernando, antecesor de Sancho, durante el sitio de Coimbra.

Cuando Sancho, rey de Navarra, movido del deseo de recobrar las tierras de Bureba y Castilla la Vieja, que había perdido su padre al ser vencido y muerto en Atapuerca por don Fernando, su hermano, se concertó con el rey de Aragón para entrar juntos en Castilla, Rodrigo Díaz estuvo en esta facción, pero no como soldado simplemente, sino como alférez, portador de la enseña o estandarte real.

Avistados los bandos contendientes en el «campo de la verdad», a orillas del Ebro, en el año 1066, se trabó furiosa pelea, terminando con la destrucción del ejército castellano, cuyos restos volvieron a pasar el río y abandonaron las tierras que don Fernando ganara en Atapuerca, tornando a formar parte del reino de Navarra. Es el caso que ya tenemos a nuestro héroe ascendido a la dignidad de portaestandarte, que era por entonces la mayor que había en el ejército y que vino luego a convertirse en el cargo de condestable.

Después de esta guerra que acabamos de apuntar, Rodrigo se curtió en las lides de campo y se hizo el guerrero más fuerte y el mayor «Campidocto» de la corte[2].

Vemos, pues, al Campeador[3], mozarrón fornido, colocado entre los más elegidos por sus dotes guerreras. Es natural que su sangre moza le empujara hacia el ejercicio de las armas, por ser aquélla la mejor ocupación para un caballero, y aun le apeteciera medirlas en la batalla, y a fe que pronto tuvo otra vez oportunidad de salir a guerrear.

Muerta doña Sancha, madre de Sancho II de Castilla, desapareció para éste el principal impedimento que sujetaba su ambicioso proyecto de apoderarse de la herencia que su padre dividiera entre todos sus hermanos. Decidió, pues, lidiar con su hermano menor, Alfonso, y convinieron, de

---

[2] «Rodericus igitur crevit, et factus est vir bellator fortissimus, et Campidoctus in aula Regis Sanctil.» (Historia leonesa.)

[3] El hallarse casi siempre unidos los dos títulos de Cid y de Campeador corrobora la idea de que el primero que obtuvo Rodrigo en los tiempos de sus hazañas fue el de Campeador, y luego, a poco de su muerte, se le agregó por vía de respeto el de Cid, equivalente al «Sidi» de los árabes. Sandoval, al nombrar a Rodrigo en el capítulo I de sus «Cinco Reyes», dice: «...El Cid (porque hablemos con el vulgo)»; y esto hace afirmar más la creencia de que este apellido lo recibió después de su muerte, entre las gentes del pueblo que lo admiraban y reverenciaban. (Manuel Malo de Molina, «Rodrigo el Campeador».)

común acuerdo, decidir la suerte de su herencia en una batalla que había de celebrarse en un campo a orillas del Pisuerga, junto a la villa de Llantada. Allí se encontraron los ejércitos el 19 de julio del año 1069, y peleando el Cid en el ejército castellano y llevando el pendón real, como tenía por obligación, fueron derrotados los leoneses, quedando vencedores don Sancho y los suyos.

Sin embargo, don Sancho no parece que sacó partido de esta victoria, cuando le vemos al cabo de tres años volver a las mismas en los campos de Volpejares. Esta nueva lucha vino ya ajustada y se señaló día para ella, estipulándose que el vencido cedería el reino al vencedor. Llegados el día y la hora de la pelea, los leoneses atacaron con inusitado denuedo, rompiendo violentamente las filas castellanas y poniendo a su rey en inminente peligro de ser aprisionado o muerto. Don Alfonso, el de León, considerándose ya vencedor por este hecho, mandó a los suyos volverse a su campamento y dejar en paz a los castellanos; y hecho así se instaló en las tiendas que los vencidos abandonaran en su huida, y, creyéndose libres, se entregaron al reposo, pasando la noche en los vivaques recién conquistados. Pero Rodrigo Díaz, considerando la derrota que habían sufrido, aconsejó a don Sancho no resignarse con la suerte sin haber apurado antes todos los ardides de la guerra. Así, pues, llegándose a él, le dijo señalando el campamento de los leoneses: «Miradlos; alegres con la victoria de ese día, descansan tranquilamente; en la noche próxima harán lo mismo, y si queremos vencerlos no tenemos sino dar sobre ellos de improviso a la hora del amanecer.»[4] Tenía razón el Cid, y comprendiéndolo así don Sancho, olvidó lo pactado con su hermano, y como en la guerra toda traición no lo es, y cualquier acción mala si va seguida del triunfo se hace buena, porque la índole de las tendencias humanas encierra todo lo peor, reuniendo sus tropas al rayar el alba entregolas al mando de Rodrigo, y así que éste las aleccionó brevemente, colocándose él en la vanguardia, arremetió con furia contra los leoneses, que se hallaban por completo desapercibidos, y llevó la contienda con tanto entusiasmo y denuedo, y dio tal ejemplo de bravura y acometimiento, que antes del medio día la victoria estaba fallada para los castellanos, que mataron muchos leoneses, y los que no, huyeron precipitadamente hacia Carrión; y el rey se vio obligado a refugiarse en la iglesia de este pueblo para evitar ser cogido prisionero o quizá muerto; pero tampoco le valió el derecho de asilo, pues de la iglesia fue sacado violentamente y llevado cautivo a Burgos.

---

[4] P. Risco: «La Castilla y el más célebre castellano.»

Esta victoria favorable a Castilla, que le añadió el reino de León, fue conseguida por la pericia y arrojo del Cid, pues si bien algunos le niegan su premio y oscurecen su fama alegando que faltó a lo pactado anteriormente, ya decimos que en la guerra, entonces como ahora, no se puede hacer mucho caso de la razón, pues la lucha es patrimonio de la argucia y de la fuerza. El caso es que este triunfo personal de Rodrigo fue muy celebrado en toda Castilla, y los juglares recorrían los pueblos cantando la hazaña y difundiendo con ello la buena fama del excelente caballero.

Doña Urraca, la hermana del rey prisionero, y el conde Pedro Ansúrez, imploraron de don Sancho la libertad de don Alfonso. Aquí sirvió de mediador el Cid, que aconsejó al rey que le libertara, aunque bajo condiciones, las cuales fueron que el prisionero tomase hábito en el monasterio de Sahagún y renunciase a su reino en favor del vencedor. Así se hizo, aunque poco después huyera del convento el rey para pedir favor y ayuda al rey moro de Toledo Al-Maamún.

Se ve, pues, cómo en este negocio político empieza la influencia de Rodrigo, cuyos consejos y buenas razones vienen a granjearle, a lo largo de toda su vida, la confianza y el valimiento de los monarcas, a quienes él sirvió con fidelidad y respeto constantes que fueron acaso la mejor parte de su preclara fama.

Ya tenemos a don Sancho rey de Castilla, de León y de Galicia, que quitó a su hermano don García; pero no estaba conforme el inquieto monarca hasta tener bajo su dominio los Estados todos que su padre repartiera entre los hermanos, y para conseguirlo se apoderó de la ciudad de Toro, que era de su hermana Elvira, a la cual arrojó de allí, y se dirigió con la misma intención a poner cerco a Zamora. No encontró para conseguir esta ciudad las facilidades que tuviera en Toro; antes por el contrario, doña Urraca, aconsejada por su ayo Arias Gonzalo, que regía la plaza en su nombre, sostuvo la resistencia con arrestos verdaderamente varoniles. Pero don Sancho puso un cerco tan apretado y estrecho que los sitiados se veían en grandísimo apuro; sin embargo, resistían estoicamente las acometidas del ejército ofensor. El Cid asistía de portaestandarte con don Sancho y se distinguió mucho en las embestidas, pues según cuenta la «Historia Leonesa» peleó Rodrigo con quince zamoranos de los cuales siete estaban armados y con corazas, matando a uno, hiriendo a dos y poniendo en fuga a los restantes.

Ya se prolongaba, más de lo que creyera el rey el sitio de la ciudad, donde no contaba haber hallado tanta resistencia, cuando acaeció un suceso que vino a transformar la marcha de las cosas. Una noche los soldados del campamento sitiador que estaban en el servicio de centinela se presentaron en la tienda del Cid con un hombre que habían apresado al descubrirle merodeando por aquellos alrededores. Aquel hombre manifestó deseos de hablar con el rey don Sancho, diciendo que únicamente en su presencia explicaría las muchas e importantes nuevas que traía de Zamora.

Cuenta la tradición que el mismo Cid Campeador le llevó ante el rey, donde el evadido de la plaza sitiada, pues así explicó allí su presencia, dijo llamarse Vellido Dolfos, tener particulares resentimientos con Arias Gonzalo, que mandaba la guarnición, y por ende con su señora, doña Urraca, de quienes huía para escapar con vida, y que si en el campamento del magnífico don Sancho encontraba buen acogimiento, él pagaría el favor con creces. Demandole el rey que qué paga era aquella que prometía, y entonces Vellido Dolfos, pidiendo una audiencia secreta al monarca, dijo que le explicaría sus proyectos. Mandó don Sancho que los dejasen solos en su tienda, y el huido contó al rey el motivo de su deserción, el odio contra doña Urraca y el gobernador de Zamora y sus deseos de venganza, para lo cual había conseguido escaparse durante la noche y venir en busca del rey para mostrarle personalmente el lugar por el cual la muralla de Zamora era vulnerable y la traza que había de usar para ganar la plaza en el más breve tiempo y con el menor peligro posible.

Maravillado quedó don Sancho de cuanto oía, y llamó para tomar consejo a Rodrigo Díaz. Mucho tiempo estuvieron juntos tratando y meditando aquella contingencia los tres hombres, y, al fin, las veraces palabras de Vellido, sus ruegos, sus lágrimas y juramentos, vinieron a inclinar el ánimo del rey y del vasallo castellano hacia la propuesta del zamorano. Vellido escogió para el amanecer la ocasión de mostrar al rey la torre desguarnecida y ruinosa; habían de ir los dos solos, el rey y él, con las primeras luces del alba, lentamente, para que las pisadas de los caballos no les denunciasen a los de dentro, bien cerca de la muralla, bordeando los cubos para no ser vistos de los centinelas. El rey asintió, no sin antes manifestar a Vellido Dolfos que si no era cierto cuanto le había dicho luego lo mandaría degollar sin más dilación.

Apenas comenzó a colorearse el oriente, don Sancho y el zamorano, montando sendos caballos, salieron de las avanzadas del campamento, despacio y en silencio, como recomendara Vellido, echando por sendas polvorosas para evitar los pedregales, porque no hicieran ruido los cascos de los caballos. El Cid, único sabedor de aquella nueva, estábalos mirando caminar y alejarse hacia las murallas, que apenas se columbraban entre las últimas nieblas de la noche. De repente, en su corazón nobilísimo nació la duda. ¿Serían verdaderas las palabras de Vellido Dolfos? Allí lejos iba su rey solo, desamparado, junto a un hombre desertor, lleno de odios y bajos sentimientos.

Mandó a un centinela que le trajese su caballo. Antes de poner el pie en el estribo dudó aún: el rey había ordenado que no se moviera nadie del campamento, que ninguno les siguiese; volvió a mirar y ya los dos caballeros apenas se distinguían en la lejanía. El deber de obediencia le inmovilizaba, pero la duda se había apoderado de su corazón... ¿Y si aquel hombre no había dicho la verdad y el rey caía en alguna emboscada preparada por los de Zamora? Se decidió al fin. Saltó al caballo y salió disparado por la senda, que comenzaba ya a blanquear con los primeros reflejos de la aurora.

A buen trecho de las murallas tiró de la rienda y se detuvo a otear; buscó ávidamente con los ojos, y al fin descubrió dos caballos desmontados; un poco más lejos sus jinetes caminaban juntos al pie del bastión, cuyas almenas doraba un rayo de sol. Enderezó a ellos su cabalgadura, con ánimo de vigilarlos sin acercarse demasiado, cuando, de pronto, les vio pararse, gesticular luchar un instante y caer uno de ellos al suelo, al mismo tiempo que en el silencio del campo sonaba un grito de angustia.

Su sospecha se había cumplido. Aguijó cuanto pudo Rodrigo. Llevaba la espada en la mano y el corazón le saltaba del pecho. Su caballo volaba sobre peñas y matas.

Adivinó más que vio a don Sancho tendido en el suelo, y al zamorano que, como un gamo, corría bordeando la muralla. La esperanza de vengar a su señor dominaba su cólera, y, ciego de deseo, lanzó el caballo tras el fugitivo, que huía velocísimo. Le vio, alocado, desaparecer tras la comba de una torre, y oyó sus gritos demandando auxilio. Pero el caballo del Cid, con sus brincos descomunales, se comía la tierra; y ya iba a los alcances, ya casi le tocaba con la punta de su espada, cuando allí a dos pasos, se entreabrió un postigo, tan oportunamente, que el zamorano, de un salto, desapareció por él como la alimaña en su cubil. De bruces dio Rodrigo en aquella puerta ferrada que se cerró tras el traidor instantáneamente. Jinete y caballo rodaron por el suelo al ímpetu del golpe; pero el Cid no se enteraba ni se dolía. Con los puños cerrados, señalando a las almenas, juraba venganza a los de Zamora, en tanto que el alma de su señor abandonaba su cuerpo sangrante tendido sobre las peñas.

> *—¡Rey don Sancho, rey don Sancho,*
> *no digas que no te aviso*
> *que de dentro de Zamora*
> *un alevoso ha salido;*
> *llámase Vellido Dolfos,*
> *hijo de Dolfos Vellido;*
> *cuatro traiciones ha hecho,*
> *y con ésta serán cinco!*
> *Si gran traidor fue el padre,*
> *mayor traidor es el hijo.*
> *Gritos dan en el real:*
> > *—¡A don Sancho han malherido;*
> *muerto le ha Vellido Dolfos;*
> *gran traición ha cometido!*
> *Después le tuviera muerto*
> *metiose por un postigo;*
> *por las calles de Zamora*
> *va dando voces y gritos:*
> > *—Tiempo era, doña Urraca,*
> *de cumplir lo prometido.*

Grandísimo fuera el pesar que experimentara el Campeador por la muerte de su rey, en cuyo palacio se crió y a cuya vera se hizo hombre. Siempre habíale demostrado mucha veneración y respeto, y la acción ominosa de Vellido llenó su alma de tristeza.

La retirada de los castellanos del sitio de Zamora constituyó un fúnebre cortejo, en que el ejército, capitaneado por el Cid, condujo los restos de don Sancho al monasterio de Oña, donde fue sepultado con los honores debidos a su alcurnia.

En éstas, ya don Alfonso había salido de Toledo con dirección a Zamora, adonde le llamara doña Urraca, después de la traición de Vellido. León reconociole como verdadero rey, ya que a la fuerza había sido derrocado y desposeído de sus dominios. En cambio, Castilla habíase quedado sin soberano porque don Sancho había muerto sin descendencia. Y para decidir del porvenir del reino se reunieron Cortes en Burgos. Muy activa parte tomó en ellas nuestro héroe, y vino a convenirse al cabo que se entregara la corona a don Alfonso, en vista de que no había otra persona de sangre real con más derecho que él a ceñirla. Comoquiera que los castellanos tenían prevención a este monarca después de lo acaecido en Zamora y se susurraba que había podido estar en connivencia con doña Urraca para eliminar a don Sancho, se convino en las cortes que para reconocerle por rey habíasele de tomar juramento de que no había intervenido para nada en tan afrentosa acción. Ya hemos dicho cómo fue el Cid el que se comprometió a tomárselo, como alférez del rey muerto y en desagravio a la ofensa y por amor y respeto que le debía.

> *En Santa Gadea de Burgos,*
> *do juran los hijosdalgo,*
> *allí le toma la jura*
> *el Cid al rey castellano.*
> *Las juras eran tan fuertes,*
> *que al buen rey ponen espanto;*
> *… … … … … …*
> *—Muy mal me conjuras, Cid;*
> *Cid, muy mal me has conjurado;*
> *mas hoy me tomas la jura,*
> *mañana me besarás la mano.*
> *—Por besar mano de rey*
> *no me tengo por honrado;*
> *porque la besó mi padre*
> *me tengo por afrentado.*
> *—Vete de mis tierras, Cid,*
> *mal caballero probado,*
> *y no vengas más a ellas*
> *desde este día en un año.*
> *—Pláceme—dijo el buen Cid—:*
> *pláceme—dijo—de grado.*
> *… … … … … …*
> *Tú me destierras por uno;*
> *yo me destierro por cuatro.*
> *… … … … … …*

Mejor que la jura, el romance nos da el origen del enojo del rey contra el Campeador Además, ya el Cid tenía entonces mucha fama, y otros caballeros preteridos en la corte le hacían todo el mal posible; pero el Cid era mucho hombre para reparar en estas nonadas y su política muy otra, como más adelante hemos de decir.

El rey no se demostró tan pública y rápidamente como requiere el efectismo del romance, sino que, por el contrario, conociendo el ascendiente que Rodrigo tenía entre el pueblo y buena parte de la nobleza que estaban por su causa, ocultó su deseo de venganza, aguardando la ocasión propicia, y exteriormente agasajaba mucho al noble caballero y a sus castellanos, y, en fin, daba el rey prueba de su sensatez y buen juicio en todos los actos de esta causa, como se desprende de concertar, o al menos aconsejar, el matrimonio de Rodrigo con doña Jimena, noble asturiana, prima hermana del rey, hija de Diego, conde de Oviedo, con quien casó a últimos del año 1074. La leyenda da otra versión un poco más novelesca del matrimonio del Cid:

En la corte conoció por entonces Rodrigo a la gentil Jimena, cuyas virtudes y bellezas cantaban los poetas. Y Jimena y Rodrigo se amaron con beneplácito del rey. La vida les sonreía, hasta que cierto día, sin que se determinen bien las causas, surgió en plena corte una fuerte disputa entre los padres de ambos jóvenes, y el conde Lozano, padre de Jimena, soberbio y violento, dio tremenda bofetada en el rostro al venerable anciano Láinez. Don Diego quiso con su espada vengar la afrenta, pero se encontró débil y sin fuerza por su avanzada edad.

Y el de Lozano salió riéndose de la corte y el rey no osó detenerle, pues el conde era muy poderoso y su hueste la más aguerrida y numerosa de las que luchaban por Castilla contra los moros invasores.

Don Diego Láinez tornó triste a su casa, llamó a sus tres hijos, y en medio de un silencio doloroso pensaba el buen anciano que, si su brazo había sido torpe para defenderle, acaso no lo fuera el de sus herederos. Mandó acercarse al mayor de ellos, y tomando su mano derecha entre las suyas se la apretó con fuerza.

—¡Ay, ay... que me hacéis daño!—dijo éste.

Y el anciano exclamó señalando la puerta:

—Vete, no quiero ver quejarse a un hombre en mi presencia!

Llamó al segundo, y le oprimió la mano de igual manera.

—¡Padre, no apretéis tanto!

—¡Sal de aquí!—gritó don Diego.

Y llamó a Rodrigo, que era el más joven de los tres, e hizo con él idéntica prueba. Callose éste; pero el anciano, vencido por el esfuerzo hecho, soltó su mano, y entonces dijo Rodrigo:

—¡Os juro que, a no ser vos mi padre, la mano izquierda habría vengado a la derecha!

Emocionado don Diego, abrazó a su hijo y le refirió la afrenta de que había sido objeto por parte del conde Lozano:

—Ven acá tú, hijo mío;
ven acá tú, hijo amado;
a ti encomiendo mis armas,
mis armas y aqueste cargo:
que tú mates ese conde
si quieres vivir honrado.

Rodrigo palideció al saber que el ofensor de su padre era precisamente el padre de Jimena; pero en silencio tomó la espada, besó en la frente a don Diego y salió de su casa dispuesto a hacer justicia. Y en leal desafío dio muerte al conde Lozano, sabiendo que por ello no podría ser nunca esposo de la mujer amada.

Corrió a dar a su anciano padre la noticia de que su ofensa estaba vengada, y con sus leales marchó contra los moros y los derrotó en Montes de Oca. Recobró de los vencidos los cristianos cautivos que llevaban y las riquezas que acumularon en sus correrías, y con banderas y trofeos tornó a Burgos, trayendo prisioneros cinco emires moros. Cuando, satisfecho y victorioso, entraba en tierras de Burgos, se enteró de la muerte de su anciano padre, a quien quería hacer testigo de su hazaña.

Los partidarios del conde Lozano, al saber la llegada del Cid a Burgos, hicieron cuanto pudieron por perjudicarle. Aconsejaron a Jimena que pidiese justicia contra el matador de su padre, y Jimena marchó a presencia del rey.

Cubierta toda de luto,
tocas de negro cendal,
las rodillas en el suelo
comenzara de fablar:
—Con mancilla vivo, rey:
con ella murió mi madre;
cada día que amanece
veo al que mató a mi padre,
caballero en un caballo
y en su mano un gavilán;
por facerme más despecho
cébalo en mi palomar,
mátame mis palomillas
criadas y por criar;
la sangre que sale de ellas
teñido me ha mi brial;
enviéselo a decir,
enviome a amenazar.
Hacedme, buen rey, justicia,
no me la queráis negar:
rey que non face justicia
no debiera de reinar...

Fernando I, no sabiendo qué hacer, pues sentía por el joven guerrero un gran cariño, delegó en sus hijos los infantes don Sancho y doña Urraca. En su misión pacificadora se dieron éstos tal maña, que lograron que se viesen y hablasen Jimena y Rodrigo. Y, como los dos jóvenes seguían amándose, olvidaron sus rencores y celebraron sus bodas en Burgos con grandes fiestas.

Esto en cuanto a la leyenda, pero la verdad histórica nos dice que el Cid casó con Jimena Díaz, no con Jimena Gómez. Este matrimonio tenía el fin político de consolidar la paz entre castellanos y leoneses, ya que el Cid era el más influyente de aquéllos y doña Jimena pertenecía a la nobleza de Asturias, como hemos dicho. Fiadores de este matrimonio fueron el conde García Ordóñez y Pero Ansúrez, y firmaron las actas el rey, doña Elvira, doña Urraca, Alvar Fáñez y lo más escogido de la nobleza castellana, prueba de la importancia grande que tuvo y de la fama y el aprecio que ya gozaba el Campeador, que por aquel matrimonio emparentaba con reyes y se afirmaba más en el preeminente lugar a que había llegado por su valor y su nobleza.

Durante los primeros años del reinado de Alfonso, en esta segunda época, se sabe poco, y lo mismo acontece con la vida del Cid. Parece ser que uno de los hechos más conocidos fue una expedición que nuestro héroe hizo a Granada y Sevilla a cobrar las parias del rey tributario...

Y ya desde este preciso instante, lector, vuelve la hoja y el Poema te contará por sí mismo la más ingenua y admirable historia de nuestro Don Quijote del siglo XI, pues al menos al otro se parece en ser Caballero del Ideal, y con el mismo afán el que leyere le seguirá a través de las polvorosas sendas de Castilla.

JUAN BAUTISTA BERGUA
Y JOSÉ BERGUA

POEMA DEL CID

TEXTO ORIGINAL DEL POEMA

CANTAR PRIMERO

DESTIERRO DEL CID

(La falta de la primera hola del códice del Cantar se suple con el relato de la *Crónica de Veinte Reyes*.)—El rey Alfonso envía al Cid para cobrar las parias del rey moro de Sevilla. Este es atacado por el conde castellano García Ordóñez.—El Cid, amparando al moro vasallo del rey de Castilla, vence a García Ordóñez, en Cabra, y le prende afrentosamente.—El Cid torna a Castilla con las parias, pero sus enemigos le indisponen con el rey.—Éste destierra al Cid.

Enbió el rey don Alfonso a Ruy Díaz *mio Çid* por las parias que le avían de dar los reyes de Córdova e de Sevilla cada año. Almutamiz rey de Sevilla e Almudafar rey de Granada eran a aquella sazón muy enemigos e queríansse mal de muerte. E eran entonçes con Almudafar rey de Granada estos ricos omnes que le ayudavan: el conde don Garçía Ordóñez, e Fortún Sánchez el yerno del rey don Garçía de Navarra, e Lope Sánchez... e cada uno destos ricos omnes con su poder ayudavan a Almudafar, e fueron sobre Almutamiz rey de Sevilla.

Ruy Díaz Çid, quando sopo que assí venían sobre el rey de Sevilla que era vasallo e pechero del rey don Alfón su señor, tóvolo por mal e pesóle mucho; e enbio a todos sus cartas de ruego, que non quisiessen venir contra el rey de Sevilla nin destruirle su tierra, por el debdo que avían con el rey don Alfonso [ca si ende al quisiessen fazer, supiessen que non podría estar el rey don Alfonso que non ayudasse a su vasallo, pues su pechero era]. El rey de Granada e los ricos omnes non presçiaron nada sus cartas del Çid e fueron todos muchos esforçadamente e destruyeron al rey de Sevilla toda la tierra, fasta el castillo de Cabra.

Quando aquéllo vio Ruy Díaz Çid [tomó todo el poder que pudo aver de cristianos e de moros, e fue contra el rey de Granada, por le sacar de la tierra del rey de Sevilla. E el rey de Granada e los ricos omnes que con él eran, quando sopieron que en aquella guisa iva, *enviáronle dezir que non le saldrían de la tierra por él*. Ruy Díaz Çid quando aquello oyó, tovo que non le estaría bien si los non fuese cometer, e] fue a ellos, e lidió con ellos en campo, e duróles la batalla desde ora de terçia fasta ora de medio día, e fue grande la mortandad que y ovo de moros e de cristianos de la parte del rey de Granada, e vencióslo el Cid e fízolos fuir del canpo. E priso el Çid en esta batalla al conde don Garçia Ordónez [e *mesóle una pieça de la barba*]... e a otros cavalleros muchos, e tanta de la otra gente que non avie cuenta; e tóvolos el Çid presos tres días, desí quitólos a todos. Quando él los ovo presos, mandó a los suyos coger los averes e las riquezas que fincaban en el canpo, desí tornósse el Çid con toda su conpaña e con todas sus riquezas para Almutamiz rey de Sevilla, [e dio a él a todos sus moros cuanto conosçieron que era suyo, e aun de lo al quanto quisieron tomar. *E de allí adelante llamaron moros e cristianos a éste Ruy Díaz de Bivar el Çid Campeador,* que quiere dezir batallador].

Almutamiz dióle entonçes muchos buenos dones e las parias por que fuera... E tornósse el Çid con todas sus parias para el rey don Alfonso su señor [El rey resçibióle muy bien, e plógole mucho con él, e fue muy pagado de quanto allá fiziera]. Por esto le ovieron muchos enbidia e buscáronle mucho mal e mezcláronle con el rey...

El rey commo estava muy sañudo e mucho irado contra él, creyólos luego... [*e enbio luego dezir al Çid por sus cartas que le saliesse de todo el regno. El Çid después que ovo leídas las cartas, commo quier que ende oviesse grand pesar, non quiso y al fazer, ca non avía de plazo más de nueve días en que salliesse de todo el reyno.*]

1

El Cid convoca a sus vasallos; éstos se destierran con él. (Sigue el relato de la *Crónica* de *Veinte Reyes* y se continúa con versos de una Refundición del Cantar).—Adiós del Cid a Vivar (aquí comienza el manuscrito de Per Abbat).

[Enbió por sus parientes e sus vasallos, e díxoles cómmo el rey le mandava sallir de toda su tierra, e que le non dava de plazo más de nueve días, e que quería saber dellos quáles querían ir con él o quáles fincar,]
"e los que conmigo fuéredes de Dios ayades buen grado,
"e los que acá fincáredes quiérome ir vuestro pagado."
    Entonçes fabló Alvar Fáñez su primo cormano:
"convusco iremos, Çid,—por yermos e por poblados,
"ca nunca vos fallesceremos—en cuanto seamos sanos
"convusco despenderemos—las muías e los cavallos
"e los averes e los paños
"siempre vos serviremos—como leales vasallos.
Entonçe otorgaron todos—quanto dixo don Alvaro;
mucho gradesçio mio Çid—quanto allí fue razonado...
    Mio Çid movió de Bivar—pora Burgos adeliñado,
assi dexa sus palaçios—yermos e desheredados.
De los sos ojos—tan fuertemientre llorando,
tornava la cabeça—i estávalos catando.
Vío puertas abiertas—e uços sin cañados,
alcándaras vázias—sin pielles e sin mantos
e sin falcones—e sin adtores mudados.
Sospiró mió Çid,—ca mucho avié grandes cuidados.
Fabló mio Çid—bien e tan mesurado:
«grado a tí, señor padre,—que estás en alto!
»Esto me an buolto—mios enemigos malos.»

2

Agüeros en el camino de Burgos.

    Allí pienssan de aguijar,—allí sueltan las riendas.
A la exida de Bivar,—ovieron la corneja diestra,
e entrando a Burgos—oviéronla siniestra.

Meçió mio Çid los ombros—y engrameó la tiesta:
«albricia, Alvar Fáñez,—ca echados somos de tierra!
»*mas o grand ondra—tornaremos a Castiella.*»

3

El Cid entra en Burgos.

Mío Çid Roy Díaz,—por Burgos entróve,
En sue conpaña—sessaenta pendones;
exien lo veer—mugieres e varones,
burgueses e burguesas,—por las finiestras sone,
plorando de los ojos,—tanto avien el dolore.
De las sus bocas—todos dizían una razóne:
«Dios, qué buen vassallo,—si oviesse buen señore!»

4

Nadie hospeda al Cid.—Sólo una niña le dirige la palabra para mandarle alejarse.—El Cid se ve obligado a acampar fuera de la población, en la glera.

Conbidar le ien de grado,—mas ninguno non osava:
el rey don Alfonsso—tanto avie le grand saña.
Antes de la noche—en Burgos dél entró su carta,
con grand recabdo—e fuertemientre seellada:
que a mio Çid Roy Díaz—que nadi nol diessen posada,
e aquel que gela diesse—sopiesse vera palabra
que perderie los averes—e más los ojos de la cara,
e aun demás—los cuerpos e las almas.
Grande duelo avien—las yentes cristianas;
ascóndense de mió Çid,—ca nol osan dezir nada.
El Campeador—adeliñó a su posada;
así como llegó a la puerta,—fallóla bien cerrada
por miedo del rey Alfons,—que assí lo para*ran*;
que si non la quebrantás,—que non gela abriessen por nada.
Los de mió Çid—a altas vozes llaman
los de dentro—non les querién tornar palabra
Aguijó mió Çid,—a la puerta se llegaua,
sacó el pie del estribera,—una ferídal dava;
non se abre la puerta,—ca bien era çerrada.

Uña niña de nuef años—a ojo se parava:
«Ya Campeador,—en buena çinxiestes espada!
»El rey lo ha vedado,—anoch dél entró su carta
»con grant recabdo—e fuertemientre seellada.
»Non vos osariemos—abrir nin coger por nada;
»si non, perderiemos—los averes e las casas,
»e *aun* demás—los ojos de las caras.
«Cid, en el nuestro mal—vos non ganades nada;
mas el Criador nos vala—con todas sus vertudes santas.»
Esto la niña dixo—e tornós pora su casa.
Ya lo ve*de* el Çid—que del rey non avie graçia.
Partiós dela puerta,—por Burgos aguijaua,
llegó a Santa María,—luego descavalga;
finçó los inojos,—de coraçon rogava.
La oraçión fecha,—luego cavalgava;
valió por la puerta—e Arlançón passava.
Cabo *Burgos* essa villa—en la glera posava,
fincava la tienda—e luego descavalgava.
Mio Çid Roy Díaz,—el que en buena çinxo espada,
posó en la glera—quando nol coge nadi en casa;
derredor dél—una buena conpaña.
Assi posó mió Çid—commo si fosse en montaña.
Vedada l'an conpra—dentro en Burgos la casa
de todas cosas—guantas son de vianda;
nol osarien vender—al menos dinarada.

5

Martín Antolínez viene de Burgos a proveer de víveres al Cid.

Martín Antolínez,—el Burgalés conplido,
a mio Çid e alos sos—abástales de pan e de vino;
non lo conpra,—ca él se lo avie consigo;
de todo conducho—bien los ovo bastidos.
Pagós mio Çid—el Campeador *conplido*
e todos los otros—que van a so çérvido.
Fabló Martín Antolínez,—odredes lo que a dicho:
«ya Canpeador,—en buena ora fostes naçido!
»esta noch yagamos—e vayámosnos al matino,
»ca acusado seré—de lo que vos he seruido,
»en ira del rey Alffons—yo seré metido.

»Si con vusco—escapo sano o bivo,
»aun çerca o tarde el rey—querer m'a por amigo;
»si non, quanto dexo—no lo preçio un figo.»

6

**El Cid, empobrecido, acude a la astucia de Martín Antolínez.
—Las arcas de arena.**

Fabló mio Çid,—el que en buen ora çinxo espada:
«Martín Antolínez,—sodes ardida lança!
»Si yo vibo,—doblar vos he la soldada.
»Espeso e el oro—e toda la plata.
»bien lo ve*e*des—que yo no trayo *nada,*
»huebos me serié—pora toda mi compaña;
»fer lo he amidos,—de grado non avrié nada.
»Con vuestro consejo—bastir quiero dos arcas;
»inchámoslas d'arena,—ca bien serán pesadas,
»cubiertas de guadalmeçí,—e bien enclaveadas,

7

Las arcas destinadas para obtener dinero de dos judíos burgaleses.

»Los guadameçís vermejos—e los clavos bien dorados,
»Por Raquel e Vidas—vayádesme privado:
»quando en Burgos me vedaron compra—y el rey me a ayrado,
»non puedo traer el aver,—ca mucho es pesado,
»enpeñar gelo he—por lo que f*o*re guisado;
»de noche lo lieven,—que non lo vean cristianos.
»Véalo el Criador—con todos los sos santos,
»yo más non puedo—e amidos lo fago.»

8

Martín Antolínez vuelve a Burgos en busca de los judíos

Martín Antolínez—non lo detar*d*ava
passó por Burgos,—al castiello entrava,
por Raquel e Vidas—apriessa demandava.

9

Trato de Martín Antolínez con los judíos.—Éstos van a la tienda del Cid.—Cargan con las arcas de arena.

 Raquel e Vidas—en uno estavan amos,
en cuenta de sus averes,—de los que avien ganados.
Llegó Martín Antolínez—a guisa de menbrado:
«¿O sodes, Raquel e Vidas,—los mios amigos caros?
»En poridad—fablar querría con amos.»
Non lo detardan,—todos tres se apartaron.
«Raquel e Vidas,—amos me dat las manos,
»que non me descubrades—a moros nin a cristianos;
»per siempre vos faré ricos,—que non seades menguados.
»El Campeador—por las parias fo entrado,
»grandes averes priso—e mucho sobejanos,
»retovo dellos—quanto que fo algo;
»por en vino a aquesto—por que fo acusado.
»Tiene dos arcas—llennas de oro esmerado.
»Ya lo veedes—que el rey le a ayrado.
»Dexado ha heredades—e casas e palaçios.
»Aquellas non las puede levar,—sinon, serié ventado:
»el Campeador—dexar las ha en vuestra mano,
»e prestalde de aver,—lo que sea guisado.
»Prended las arcas—e meterlas en vuestro salvo;
»con grand jura—meted i las fedes amos,
»que non las catedes—en todo aqueste año.»
 »Raquel e Vidas—seiense consejando:
«Nos huebos avemos—en todo de ganar algo.
»Bien lo sabemos—que él algo o gañado;
»quando a tierra de moros entró,—que grant aver *a* sacado;
»non duerme sin sospecha—qui aver trae monedado.
»Estas arcas,—prendámoslas amos,
»en logar las metamos—que non sea ventado.
 »Mas dezidnos del Çid,—de qué será pagado,
»o qué ganancia nos dará—por todo aqueste año?»
Repuso Martín Antolínez—a guisa de menbrado:
«myo Çid querrá,—lo que ssea aguisado;
»pedir vos a poco—por dexar so aver en salvo.
»Acógensele omnes—de todas partes menguados,
»a menester—seyçientos marcos.»
Dixo Raquel e Vidas:—«dar gelos *hemos* de grado.»

—«Ya vedes que entra la noch,—el Çid es presurado,
»huevos avemos—que nos dedes los marcos.»
Dixo Raquel e Vidas:—non se faze assí el mercado,
»sinon primero prendiendo—e después dando.»
Dixo Martín Antolínez:—«yo desso me pago.
»Amos tred—al Campeador contado,
»e nos vos ayudaremos,—que assí es aguisado,
»por aducir las arcas—e meterlas en vuestro salvo,
»que non lo sepan—moros nin cristianos.»
Dixo Raquel e Vidas:—«nos desto nos pagamos.
»Las archas aduchas,—prendet seyesçientos marcos.»
  Martín Antolínez—caualgó privado
con Raquel e Vidas,—de voluntad e de grado.
Non viene a la puent,—ca por el agua a passado,
que gelo non ventassen—de Burgos omne nado.
  Aféynoslos a la tienda—del Campeador contado;
assí commo entraron,—al Çid besáronle las manos.
Sonrrisós mió Çid,—estávalos fablando:
«¡ya don Raquel e Vidas,—avédesme olbidado!
»Ya me exco de tierra,—ca del rey so ayrado.
»A lo quem semeja,—de lo mio avredes algo;
»mientras que vivades—non seredes menguados.»
Raquel e Vidas a mío Çid—besáronle las manos,
Martín Antolínez—el pleyto ha parado,
que sobre aquellas arcas—dar le ien seysçientos marcos,
e bien gelas guardarien—fasta cabo del año;
ca assil dieran la fe*d*—e gelo auien jurado,
que si antes las catassen—que *f*ossen perjurado,
non les diesse mió Çid—de ganancia un dinero malo.
Dixo Martín Antolínez:—«carguen las arcas privado.
«Levaldas, Raquel e Vidas,—ponedlas en vuestro salvo;
«yo iré convusco,—que adugamos los marcos,
»ca a mover *h*a mío Çid—ante que cante el gallo.»
Al cargas de las arcas—veriedes gozo tanto:
Non las podien poner en somo—maguer eran esforçados.
Grádanse Raquel e Vidas—con averes monedados,
ca mientra que visquiessen—refechos eran amos.

10

Despedida de los judíos y el Cid. —Martín Antolínez se va con los judíos a Burgos.

Raquel a mio Çid—la manol ha besa*da*:
«¡Ya Canpeador,—en buena cinxiestes espada!
»de Castiella vos ides—pora las yentes estrañas.
»Assí es vuestra ventura,—grandes son vuestras ganancias;
»una piel vermeja—morisca e ondrada,
»Çid, beso vuestra mano—en don que la yo aya.»
—«Plazme», dixo el Çid,—«daquí sea mandada.
»Si vos la aduxier dallá;—si non, contalda sobre las arcas.»
 Raquel e Vidas—las arcas levavan,
con ellos Martín Antolínez—por Burgos entrava.
Con todo recabdo—llegan a la posada;
en medio del palaçio—tendieron una almoçalla,
sobrella una sávana—de rançal e muy blanca.
A tod el primer colpe—trezientos marcos de plata,
notólos don Martino,—sin peso los tomava;
los otros trezientos—en oro gelos pagavan.
Çinco escuderos tiene don Martino,—a todos los cargava.
Quando esto ovo fecho,—odredes lo que fablava:
«ya don Raquel e Vidas,—en vuestras manos son las arcas;
»yo, que esto vos gané,—bien merecía calças.»

11

El Cid, provisto de dinero por Martin Antolínez, se dispone a marchar.

Entre Raquel e Vidas—aparte ixieron amos:
«démosle buen don,—ca él no' lo ha buscado.
»Martín Antolínez,—un Burgalés contado,
»vos lo mereçedes,—darvos queremos buen dado,
»de que fagades calças—e rica piel e buen manto.
»Dámosvo en don—a vos treinta marcos;
»mereçer no' lo hedes,—ca esto es aguisado:
»atorgar nos hedes—esto que avernos parado.»
Gradeçiólo don Martino—e recibió los marcos;
gradó exir de la posada—e espidiós de amos.

Exido es de Burgos—e Arlançón, a passado,
vino pora la tienda—del que en buen ora nasco.
   Reçibiólo el Çid—abiertos amos los braços:
«¿Venides, Martín Antolínez,—el mío fi*d*el vassallo!
»Aun vea el dia—que de mi ayades algo!»
—«Vengo, Campeador,—con todo buen recabdo:
»vos seysçientos—e yo treynta he ganados.
»Mandad coger la tienda—e vayamos privado,
»en San Pero de Cardeña—i nos cante el gallo;
»veremos vuestra mugier,—menbrada fija dalgo.
»Mesuraremos la posada—e quitaremos el reynado;
»mucho es huebos,—ca cerca viene el plazdo.»

12

El Cid monta a caballo y se despide de la catedral de Burgos, prometiendo mil misas al altar de la Virgen.

   Estas palabras dichas,—la tienda es cogida.
Mio Çid e sus conpañas,—cavalgan tan aína.
La cara del cavallo—tornó a Santa María,
alçó su mano diestra,—la cara se santigua:
«A tí lo gradesco, Dios,—que cielo e tierra guías;
»válanme tus vertudes,—gloriosa santa María!
»D'aquí quito Castiella,—pues que el rey he en ira;
»non sé si entraré y más—en todos los mios días.
»Vuestra vertud me vala,—Gloriosa, en mi exida
»e me ayude *e* me acorra—de noch e de día!
»Si vos assí lo fiziéredes—e la ventura me *f*ore complida
»mando al vuestro altar—buenas donas e ricas;
»esto *he* yo en debdo—aue faga i cantar mill missas »

13

Martín Antolínez se vuelve a la ciudad.

   Spidiós el caboso—de cuer e de veluntad.
Sueltan las riendas—e pienssan de aguijar.
Dixo Martín Antolínez—*el Burgalés leal:*
»veré a la mugier—a todo mio solaz,
»castigar los he—commo abrán a far.

»Si el rey me lo quisiere tomar,—a mi non m'incal.
»Antes seré convusco—que el sol quiera rayar.»

14

El Cid va a Cardeña a despedirse de su familia.

   Tornavas *don* Martino a Burgos—e mio Çid aguijó
pora San Pero de Cerdeña—quanto pudo a espol*ón*,
con estos cavalleros—quel sirven a so sabor.
   Apriessa cantan los gallos—e quieren *cre*bar albores,
quando llegó a San Pero—el buen Campeador;
el abbat don Sancho,—cristiano del Criador;
rezaba los matines—abuelta de los albores.
Y estava doña Ximena—con çinco dueñas de pro,
rogando a San Pero—e al Criador:
   «Tú que a todos guías,—val a mío Çid el Campeador.»

15

**Los monjes de Cardeña reciben al Cid.
—Jimena y sus hijas llegan ante el desterrado.**

   Llamavan a la puerta,—i sopieron el mandado;
Dios, qué alegre *fo*—el abbat don Sancho!
Con lu*m*bres e con candelas—al corral dieron salto,
con tan grant gozo reçiben—al que en buen ora nasco.
«Gradéscolo a Dios, mio Çid»,—dixo el abbat don Sancho;
»pues que aquí vos veo,—prendet de mí ospedado.»
Dixo el Çid,—*el que en buen ora nasco;*
«graçias don abbat,—e so vuestro pagado;
»yo adobaré conducho—pora mí e pora mios vasallos;
»mas por que me vo de tierra,—dovos çinquaenta marcos,
»si yo ag*ú*n día visquier*o*,—s*e*ervos han doblados.
»Non quiero far en el monesterio—un dinero de daño;
»evades aquí pora doña Ximena—dovos çient marcos;
»a ella e a sus fijas e a sus dueñas—sirvádeslas est año.
»Dues fijas dexo niñas—e prendetlas en los braços;
»aquí vos *las* acomiendo—a vos, abbat don Sancho;
»dellas e de mi mugier—fagades todo recabdo.
»Si essa despenssa vos falleçiere—o vos menguare algo,
»bien las abastad,—yo assí vos lo mando;

»por un marco que despendades—al monesterio daré yo quatro.»
Otorgado gelo avie—el abbat de grado.
　　Afevos doña Ximena—con sus fijas do va llegando;
señas dueñas las traen—e adúzenlas *en los braços.*
Ant el Campeador doña Ximena—fincó los inojos amos.
Llorava de los ojos,—quísol besar las manos:
«Merçed, Canpeador,—en ora buena f*o*stes nado!
»Por malos mestureros—de tierra sodes echado.

16

Jimena lamenta el dasamparo en que queda la niñez de sus hijas. —El Cid espera llegar a casarlas honradamente.

»Merçed, ya Çid,—barba tan complida!
»Fem ante vos—yo e vuestras ffijas
»iffantes son—e de días chicas,
»con aquestas mis dueñas—de quien so yo servida.
»Yo lo veo—que esta des vos en ida.
»e non de vos—partir nos hemos en vida.
»Dadnos consejo—por amor de santa María!»
　　Enclinó las manos—la barba vellida,
a las su*e*s fijas—en braço las prendia,
llególas al coraçon,—ca mucho las quería.
Llora de los ojos,—tan fuerte mientre sospira:
«Ya doña Ximena, la mi mugier tan complida,
»commo a la mi*e* alma—yo tanto vos quería.
»Ya lo ve*e*des—que partir nos emos en vida,
»yo iré y vos—fincaredes remanida.
»Plega a Dios—e a santa María,
»que aun con mis manos—case estas mis fijas.
»e quede ventura—y algunos días vida,
»e vos, mugier ondrada,de mí seades servida!»

17

Un centenar de castellanos se juntan en Burgos para irse con el Cid.

　　Grand yantar le fazen—al buen Canpeador.
Tañen las campanas—en San Pero a clamor.
Por Castiellla—o*d*iendo van los pregones,
commo se va de tierra—mio Çid el Canpeador;

unos dexan casas—e otros onores.
En aqués día—a la puent de Arlançon
çiento quienze cavalleros—todos juntados son;
todos demandan—por mio Çid el Campeador;
Martín Antolínez—con ellos cojó.
Vansse pora San Pero—do está el que en buen*a* nació.

18

Los cien castellanos llegan a Cardeña y se hacen vasallos del Cid.—Este dispone seguir su camino por la mañana.—Los maitines en Cardeña.—Oración de Jimena.—Adiós del Cid a su familia.—Últimos encargos al abad de Cardeña.—El Cid camina al destierro; hace noche después de pasar el Duero.

Quando lo sopo—mio Çid el de Bivar,
quel creçe conpaña,—por que más valdrá
apriessa cavalga,—reçebir los sale;
dont a ojo los ovo,—tornos a sonrisar;
lléganle todos,—la manol ban besar.
Fabló mio Çid—de toda voluntad:
»yo ruego a Dios—e al Padre spiritual,
»vos, que por mi dexades—casas e heredades,
»enantes que yo muera,—algún bien vos pueda far:
»lo que perdedes—doblado vos lo cobrar.»
Plogo a mio Çid,—porque creçió en la yantar,
plogo a los otros omnes todos—quantos con él están.
   Los seys días de plazdo—passados los an,
tres an por troçir,—sepades que non más.
Mandó el rey—a mio Çid aguardar,
que, si después del plazo—en su tierral pudies tomar,
por oro nin por plata—non podríe escapar.
El día es exido,—la noch querié entrar,
a sos cavalleros—mandólos todos juntar:
«Oid, varones,—non vos caya en pesar;
»poco aver trayo,—dar vos quiero vuestra part.
»Seed me*m*brados—commo lo devedes far:
»a la mañana,—quando los gallos cantarán,
»non vos tardedes,—mandedes ensellar;
»en San Pero a matines.—tendrá el buen abbat,
»la missa nos dirá,—de santa Trinidad;
»la missa dicha,—penssemos de cavalgar,

»ca el plazo viene açerca,—mucho avemos de andar.»
Quomo lo mandó mio Cid,—assí lo an todos ha far.
Passando va la noch,—viniendo la man;
a los mediados gallos—pienssan de *ensellar*.

 Tañen a matines—a una priessa tan grande;
mio Çid e su mugier—a la eglesia vane.
Echós doña Ximena—en los grados delantel altare,
rogando al Criador—quanto ella mejor sabe,
que a mio Çid el Campeador—que Dios le curiás de male:
«Ya señor glorioso,—padre que en çielo estase,
»fezist çielo e tierra,—el terçero el mare;
»fezist estrellas e luna—y el sol pora escalentare;
»prisist encarnaçión—en santa María madre,
»en Belleem apareçist—commo fo tu veluntade;
»pastores te glorifficaron,—ouieron te a laudare,
»tres reyes de Arabia—te vinieron adorare,
»Melchior—e Caspar e Baltasare,
»oro e tus e mirra—te offrecieron *de* veluntade;
salvest a Jonás—quando cayó en la mare
»salvest a Daniel—con sus leones en la mala cárçel,
»salvest dentro en Roma—a señor san Sebastián,
»salvest a santa Susanna—del falso criminal;
»por tierra andidiste treynta y dos años,—Señor spirital,
»mostrando los mirados,—por en avernos qué fablar;
»del agua fezist vino—e de la piedra pan,
»resuçitest a Lázaro,—ca fo tu voluntad;
»a los judíos te dexeste prender;—do dizen monte Calvarie
»pusiéronte en cruz—por nombre en Golgotá;
dos ladrones contigo,—estos de señas partes,
»el uno es en paradiso,—ca el otro non entró allá;
»estando en la cruz,—vertud fezist muy grant:
»Longinos era çiego,—que nunqua vido alguandre,
»diot con la lança en el costado,—dont yxió la sangre.
»corrió por el astil ayuso,—las manos se ovo de untar.
»alçolas arriva,—llególas a la faz,
»abrió sos ojos,—cató a todas partes,
»en ti crovo al ora,—por end es salvo del mal;
»en el monumento—*oviste* a resuçitar,
»fust a los infiernos,—commo fo tu voluntad;
»crebanteste las puertas,—e saqueste los santos padres.
»Tú eres rey de los reyes,—e de todel mundo padre,
»a ti adoro e credo—de toda voluntad,

»e ruego a san Peydro—que me ayude a rogar
»por mió Çid el Campeador,—que Dios le curie de mal.
»Quando oy nos partimos,—en vida nos faz juntar.»
　　La oración fecha,—la missa acabada la an,
salieron de la eglesia,—ya quieten cavalgar.
El Çid a doña Ximena—ívála abraçar;
doña Ximena al Çid—la manol va besar,
llorando de los ojos,—que non sabe qué se far.
E él a las niñas—tornólas a catar:
«a Dios vos acomiendo—e al Padre spirital;
»agora nos partimos,—Dios sabe el ajuntar.»
Llorando de los ojos,—que non vi*di*estes atal,
assis parten unos d'otros—commo la uña de la carne.
　　Myo Çid con los sos vassallos—penssó de cavalgar,
a todos esperando,—la cabeça tornando va,
A tan grand sabor—fabló Minaya Albar Fáñez:
«Çid, do son vuestros esfuerços?—en buena nasquiestes de madre;
»pensemos de ir nuestra vía,—esto sea de vagar.
»Aun todos estos duelos—en gozo se tornarán;
»Dios que nos dió las almas,—consejo nos dará.»
　　Al abbat don Sancho—tornan de castigar,
commo sirva a doña Ximena,—e a las fijas que ha,
e a todas sus dueñas—que con ellas están;
bien sepa el abbat—que buen galardón dello prendrá.
Tornado es don Sancho,—e fabló Albar Fáñez:
«Si viéredes yentes venir—por connusco ir, abbat,
»dezildes que prendan el rastro—e pie*n*ssen de andar,
»ca en yermo o en poblado—poder nos *han* alcançar.»
　　Soltaron las riendas,—pie*n*ssan de andar;
cerca viene el pla*z*do—por el reyno quitar.
Vino mio Çid yazer—a Spinaz de Can;
grandes yentes sele acojen—essa noch de todas partes.
Otro día mañana—pienssa de cavalgar.
Ixiendos va de tierra—el Campeador leal,
de siniestro Sant Estevan,—una, buena çipdad,
passó por Alcobiella—que de Castiella fin es ya;
la cálçada de Quinea—ívala traspassar;
sobre Navas de Palos—el Duero va passar,
a la Figueruela—mio Çid iva posar.
Vánssele acogiendo—yentes de todas partes.

19

**Última noche que el Cid duerme en Castilla.
—Un ángel consuela al desterrado.**

I se echava mio Çid—después que fo *de noch,*
un sueñol priso dulçe,—tan bien se adurmió.
El ángel Gabriel—a él vino en *visión:*
«Cavalgad, Çid,—el buen Campeador,
»ca nunqua en tan buen punto—cavalgó varón;
»mientra que visquiéredes—bien se fará lo to.»
Quando despertó el Çid,—la cara se santigó.

20

El Cid acampa en la frontera de Castilla.

Sinava la cara,—a Dios se fo acomend*ar,*
mucho era pagado—del sueño que soñado a.
Otro día mañana—pienssan de cavalgar;
es día a de plazo,—sepades que non más.
A la sierra de Miedes—ellos ivan posar,
de diestro *Atiença* las torres—que moros las han.

21

Recuento de las gentes del Cid.

Aun era de día,—non puesto el sol,
mandó ve*e*r sus yentes—mio Çid el Campeador;
sin las peonadas—e omnes valientes que son,
notó trezientas lanças—que todas tienen pendones.

22

El Cid entra en el reino moro de Toledo, tributarlo del rey Alfonso.

«Temprano dat çevada,—sí el Criador vos salue!
»El qui quisiere comer;—e qui no, cavalgue,
»Passaremos la sierra—que fiera es e grand,
»la tierra del rey Alfonso—está noch la podemos quitar.

»Después qui nos buscare—fallar nos podrá.»
   De noch passan la sierra,—vinida es la man,
e por la loma ayuso—pienssan de andar.
En medio d'una montaña—maravillosa e grand
fizo mio Çid posar—e çevada dar.
Díxoles a todos—commo querié trasnochar;
vassallos tan buenos—por coraçón lo an,
mandado de so señor—todo lo han a far.
Ante que anochesca—pienssan de cavalgar;
por tal lo faze mio Çid—que no *lo* ventasse nadi.
Andidieron de noch,—que vagar non se dan.
O dizen Castejón,—el que es sobre Fenares,
mio Çid se echó en çelada—con aquellos que él trae.

23

Plan de campaña.—Castejón cae en poder del Cid por sorpresa.— Algara contra Alcalá.

   Toda la noche—yace *Mio Çid* en çelada,
commo los consejava—Alvar Fáñez Minaya:
«Ya Çid,—en buen ora çinxiestes espada!
»Vos con çiento—de aquestra nuestra conpaña,
»pues que a Castejón—sacaremos a çelada,
»en *él fincaredes*—teniendo a la çaga;
»a mí dedes dozientos—pora ir en algara;
»con Dios e vuestra auze—feremos grand ganançia.»
Dixo el Campeador:—«*bien fablaste Minaya;*
»vos con los dozientos—id vos en algara;
»allá vaya Albar A*l*barez—e Albar Salvadórez sin falla,
»e Galín Garciaz,—una fardida lança,
»cavalleros buenos—que acompañen a Minaya.
»Aosadas corred,—que por miedo non dexedes nada,
»Fita ayuso—e por Guadalfajara,
»fata Alcalá—lleguen las algaras,
»e bien acojan—todas las ganaçias,
»que por miedo de los moros—non dexen nada.
»E yo con los çiento—aquí fincaré en la çaga,
»terné yo Castejón—don abremos grand enpara.
»Si cuenta vos *f*ore—alguna al algara,
»D'aqueste acorro—fablará toda España. »
   Nombrados son—los que irán en el algara,

e los que con mio Çid—fincarán en la çaga.
Ya crieban los albores—e vinie la mañana,
ixie el sol,—Dios, qué fermoso apuntava!
En Castejón—todos se levantavan,
abren las puertas,—de fuera salto davan,
por ver sus lavores—e todas sus heredanças.
Todos son exidos, —las puertas abiertas an dexadas
con pocas de gentes—en Castejón fincaran;
las yentes—de fuera todas son derramadas.
El Campeador—salió de la çelada,
en derredor corríe—a Castejón sin falla.
Moros e moras—avienlos de ganançia,
e essos gañados—quantos en derredor andan.
Mio Çid don Rodrigo—a la puerta adeliñava;
los que la tienen,—quando vidieron la rebata,
ovieron miedo—e fo desenparada.
Mio Çid Ruy Díaz—por las puertas entrava,
en mano trae—desnuda el espada,
quinze moros matava—de los que alcançava.
Gañó a Castejón—e el oro y ela plata.
Sos cavalleros—llegan con la ganançia,
déxanla a mio Çid,—todo esto non preçia' nada.

    Afevos los dozientos—*e* tres en el algara,
e sin dubda corren,—*toda la tierra preavan;*
fasta Alcalá—llegó la seña de Minaya;
e desí arriba—tórnanse con la ganançia,
Fenares arriba—e por Guadalfajara.
Tanto traen—las grandes ganançias,
muchos gañados—de ovejas e de vacas
e de ropas—e de otras riquizas largas.
Derecha viene—la seña de Minaya;
non osa ninguno—dar salto a la çaga.
Con aqueste aver—tornan se essa conpaña;
fellos en Castejón,—o el Campeador estava.
El castiello dexó en so poder,—el Campeador cavalga.
Saliólos reçebir—con esta su mesnada,
los braços abiertos—reçibe a Minaya:
«¿Venides, Albarfáñez,—una fardida lança!
»Do yo vos enbiás—bien abría tal esperança.
»Esso con esto sea ajuntado,—*e de toda la ganançia*
»dovos la quinta,—si la quisiéredes, Minaya.»

24

Minaya no acepta parte alguna en el botín y hace un voto solemne.

—«Mucho vos lo gradesco,—Campeador contado.
»D'aqueste quinto—que me avedes mandado,
pagar se ya delle—Alfonso el Castellano.
»Yo vos lo suelto—e avello quitado.
»A Dios lo prometo,—a aquel que está en alto:
»falta que yo me pague—sobre mío buen cavallo,
»lidiando—con moros en el campo,
»que empleye la lança—e al espada meta mano,
»e por el cobdo ayuso—la sangre destellando,
»ante Roy Díaz—el lidiador contado,
»non prendré de vos—quanto un dinero malo.
»Pues que por mí ganaredes—quesquier que sea dalgo,
»todo lo otro—afelo en vuestra mano.»

25

**El Cid vende su quinto a los moros.
—No quiere lidiar con el rey Alfonso.**

    Estas ganançias—allí eran juntadas.
Comidiós mio Çid,—el que en buena *çinxo espada*,
*e*l rey Alfonso—que, llegarién sus compañas,
quel buscaríe mal—con todas sus mesnadas.
Mandó partir—tod aqueste aver *sin falla*,
sos quiñoneros—que gelos diessen por carta.
Sos cavalleros—i an arribança,
a cada uno dellos—ca*d*en çien marcos de plata,
e a los peones—la meatad sin falla;
todo *el* quinto—a mio Çid fincava.
Aquí non lo puede vender—nin dar en presentaja;
nin cativos nin cativas—non quiso traer en su conpaña.
Fabló con los de Castejón—y envió a Fita y a Guadalfajara
esta quinta—por quanto serié conprada,
aun de lo que diessen—oviessen grand ganançia.
Asmaron los moros—tres mili marcos de plata.
Plogo a mió Çid—d'aquesta presentaja.
A tercer día—dados foron sin falla.
    Asmó mio Çid—con toda su conpaña

que en el castiello—non i avrie morada,
e que serie retenedor,—mas non i avrie agua.
«Moros en paz,—ca escripta es la carta,
»buscar nos ie el rey Alfonso,—con toda su*e* mesnada.
«Quitar quiero Castejón,—oid, escuelas e Minaya!

26

El Cid marcha a tierras de Zaragoza, dependientes del rey moro de Valencia.

«Lo que yo dixier*o*—non lo tengades a mal:
»en Castejón—non podriemos fincar;
»çerca es el rey Alfonso—e buscar non verná.
»Mas el castiello—non lo quiero hermar;
»çiento moros e çiento moras—quiero las *i* quitar,
»por que lo pris dellos—que de. mí non digan mal.
»Todos sodes pagados—e ninguno por pagar.
»Cras a la mañana—pensemos de cavalgar,
»con Alfons mió señor—non querría lidiar.»
Lo que dixo el Çid—a todos los otros plaz.
Del castiello que prisieron—todos ricos se parten;
los moros e las moras—bendiziéndol están.
　　Vansse Fenares arriba—quanto pueden andar,
troçen las Alcarrias—e ivan adelant,
por las Cuevas d'Anquita—ellos passando van,
passaron las aguas,—entraron al campo de T*a*ranz,
por essas tierras ayuso—quando pueden andar.
Entre Fariza e Çetina—mió Çid iva albergar.
Grandes ganancias priso—por la tierra do va;
non lo saben los moros—el ardiment que an.
Otro día moviós—mio Çid el de Bivar,
e passó a Alfama,—la Foz ayuso va,
passó a Boviera—e a Teca que es adelant,
e sobre Alcoçer—mio Cid iva posar,
en un otero redondo,—fuerte e grand;
acerca corre Salón,—agua nol puedent vedar.
Mio Çid don Rodrigo—Alcoçer cueda ganar.

27

El Cid acampa sobre Alcocer.

Bien puebla el otero,—firme prende las posadas,
los unos contra la sierra—e los otros contra la agua.
El buen Canpeador—que en buen ora *cinxo espada*
derredor del otero,—bien çerca del agua,
a todos sos varones—mandó fazer una cárcava,
que de día nin de noch—non les diessen arrebata,
que sopiessen que mio Çid—allí avie fincança.

28

Temor de los moros.

Por todas essas tierras—ivan los mandados,
que el Campeador mio Çid—allí avie poblado,
venido es a moros,—exido es de cristianos;
en la su vezindad—non se treven ganar tanto.
A*legra*ndo se va mio Çid—con todos *s*os vassallos;
el castiello de Alcoçer—en paria va entrando.

29

El Campeador toma a Alcocer mediante un ardid.

Los de Alcoçer—a mió Çid yal dan parias
e los de Teca—e los de Te*rr*er la casa;
a los de Calatauth,—sabet, ma'les pesava.
Allí yogo mio Çid—complidas quinze se*d*manas.
  Quando vi*d*o mio Çid—que Alcoçer non se le dava,
e*l l*e fizo un art—e non lo detardava:
dexa una tienda fita—e las otras levava,
cojo' Salón ayuso,—la su seña alçada,
as lorigas vestidas—e çintas las espadas,
a guisa de menbrado,—por sacarlos a çelada,
V*id*ienlo los de Alcoçer,—Dios, cómmo se alabavan!
«Fallido *ha* a mio Çid—el pan e la çevada.
»Las otras abés lieva,—una tienda a dexada.
»De guisa va mio Çid—commo si escapasse de arrancada:

»demos salto a él—e feremos grant ganançia,
»antes quel prendan—los de Ter*rer la casa*,
»*ca si ellos le prenden*,—non nos darán dent nada;
»la paria qu'él a presa—tornar nos la ha doblada.»
Salieron de Alcoçer—a una priessa much estraña.
Mio Çid quando los vio fuera,—cogiós commo de arrancada;
    Cojós Salón ayuso—con los sos abuelta *anda*.
Dizen los de Alcoçer:—«ya se nos va la ganancia!»
Los grandes e los chicos—fuera salto davan,
al sabor del prender—de lo al non pienssan nada,
abiertas dexan las puertas—que ninguno non las guarda.
El buen Campeador—la su cara tornava,
vío que entrellos y el castiello—mucho avié grant plaça;
mandó tornar la seña,—a priessa espoloneavan.
«¡Firidlos, cavalleros,—todos sines dubdança;
»con la merçed del Criador—nuestra es la ganancia!»
Bueltos son con ellos—por medio de la llaña.
Dios, qué bueno es el gozo—por aquesta mañana!
Mio Çid e Albar Fáñez—adelant aguijavan;
tienen buenos cavallos,—sabet, a su guisa les andan;
entrellos y el castiello—en essora entravan.
Los vassallos del mió Çid—sin piedad les davan,
en un poco de logar—trezientos moros matan.
Dando grandes alaridos—los que están en la çelada,
dexando van los delant,—por*a*l castiello se tornavan,
las espadas desnudas,—a la puerta se paravan.
Luego llegavan los sos—ca fecha es el arrancada.
Mió Çid gañó a Alcoçer,—sabet, por esta maña.

30

La seña del Cid ondea sobre Alcocer.

    Vino Per Vermu*doz*,—que la seña tiene en mano,
metióla en somo—en todo lo mas alto.
Fabló mio Çid R*o*y Díaz,—el que en buen ora fue nado:
«grado a Dios del çielo—e a todos los sos santos,
»ya mejoraremos posadas—a dueños e a cauallos.

31

Clemencia del Cid con los moros.

«Oíd a mí Albar Fáñez—e todos los cavalleros!
»En este castiello—grand aver avemos preso;
»los moros yacen muertos,—de bivos pocos veo.
»Los moros e las moras—vender non los podremos,
»que los descabeçemos—nada non ganaremos;
»cojámoslos de dentro,—ca el señorío tenemos;
»posaremos en sus casas—e dellos nos serviremos.»

32

**El rey de Valencia quiere recobrar a Alcocer.
—Envía un ejército contra el Cid.**

Mio Çid con esta ganançia—en Alcocer está;
fizo enbiar por la tienda—que daxara allá.
Mucho pesa a los de Teca—e a los de Ter*r*er non plaze,
e a los de Calatayuth—*sabet, pesando va.*
Al rey de Valençia—enbiaron con mensaje,
que a uno que dizien—mió Çid R*o*y Díaz de Bivar
«ayrólo rey Alfonso,—de tierra echado lo ha,
»vino posar sobre Alcoçer,—en un tan fuerte logar;
»sacólos a çelada,—el castiello ganado a;
»si non das consejo,—a Teca e a Ter*r*er perderás,
»perderás Calatayuth,—que non puede escapar,
»ribera de Salón—toda irá a mal,
»assí ferá lo de Siloca,—que es del otra part.»
Cuando lo o*d*ió rey Tamín—por cuer le pesó mal:
«Tres reyes veo de moros,—derredor de mí estar,
»non lo detardedes,—los dos id por allá,
»tres mill moros levedes—con armas de lidiar;
»con los de la frontera—que vos ayudarán,
»prendétmelo a vida,—aduzídmelo delant;
»por que se me entró en mí tierra—derecho me avrá a dar.»
Tres mill moros cavalgan—e pienssan de andar,
ellos vinieron a la noch—en Segorve posar.
Otro día mañana—pienssan de cavalgar,
vinieron a la noch—a Çelfa possar.

Por los de la frontera—pienssan de enviar;
non lo detienen.—vienen de todas partes.
Ixieron de Çelfa—la que dizen de Canal,
andidieron todo 'l día,—que vagar non se dan,
vinieron essa noche—en Calatayuth posar.
Por todas essas tierras—los pregones dan;
gentes se ajuntaron—sobejanas de grandes
con aquestos dos reyes—que dizen Fáriz e Galve;
al bueno de mió Çid—en Alcoçer le van çercar.

33

Fáriz y Galve cercan al Cid en Alcocer.

Fincaron las tiendas—e prendend las posadas,
creçen estos virtos,—ca yentes son sobejanas.
Las arrobdas,—que los moros sacan,
de día e de noche—enbueltos andan en armas;
muchas son las arrobdas—e grande es el almofalla.
A los de mio Çid—ya les tuellen el agua.
Mesnadas de mio Çid—exir querién a batalla,
el que en buen ora nasco—firme gelo vedava.
Toviérongela en çerca—complidas tres sedmanas.

34

Consejo del Cid con los suyos—Preparativos secretos.—El Cid sale a batalla campal contra Fáriz y Galve.—Pedro Vermúdez hiere los primeros golpes.

A cabo de tres sedmanas,—la quarta queríe entrar,
mío Çid con los sos—tornós a acordar:
«el agua nos an vedada,—exir nos ha el pan,
»que nos queramos ir de noch—no nos lo consintrán;
»grandes son los poderes—por con ellos lidiar;
»dezidme, cavalleros—cómo vos plaze de far.»
Primero fabló Minaya,—un cavallero de prestar:
«de Castiella la gentil—exidos somos acá,
»si con moros non lidiáremos,—no nos darán del pan.
»Bien somos nos seysçientos,—algunos ay de más;
» en el nombre del Criador,—que non passe por al:
»vayámoslos ferir—en aquel día de eras.»

Dixo el Campeador:—«a mi guisa fablastes;
»ondrástesvos, Minaya,—ca aver vos los iedes de far.»
   Todos los moros e las moras—de fuera los manda echar,
que non sopiesse ninguno—esta su poridad.
El día e la noche—piénssanse de adobar.
Otro día mañana,—el sol querie apuntar,
armado es mio Çid—con quantos que él ha;
fablava mio Çid,—commo odredes contar:
«todos iscamos fuera,—que nadi non raste,
»sino dos pe*d*ones solos—por la puerta guardar;
»si nos muriéremos en campo,—en castiello nos entrarán,
»si vençiéremos la batalla,—creçremos en rictad.
»E vos, Per Vermu*doz*,—la mí seña tomad;
»commo sodes muy bueno,—tener la edes sin ar*th*;
»mas non aguijedes con ella,—si yo non vos lo mandar.»
Al Çid besó la mano,—la seña va tomar.
   Abrieron las puertas,—fuera un salto dan;
viéronlo las arrobdas de los moros,—al almofalla se van tomar,
¡Qué priessa va en los moros!—e tornáronse a armar;
ante roído de atamores—la tierra querié quebrar;
veriedes armarse moros,—apriessa entrar en az.
De parte de los moros—dos señas ha cabdales,
e *los* pe*n*dones mezçlados,—¿quí los podrié contar?
Las azes de los moros—yas mueven adelant,
por a mio Çid e a los sos—a manos los tomar.
   »Quedas see*d*, mesnadas,—aquí en este logar,
»non derranche ninguno—fata que yo lo mande.»
Aquel Per Vermu*doz*—non lo pudo endurar,
la seña tiene en mano,—conpecó de espolonar:
«El Criador nos vala,—Çid Campeador leal!
»Vo meter la vuestra seña—en aquella mayor az;
»los que el debdo avedes—veré commo la acorrades.»
Dixo el Campeador:—«¡non sea, por caridad!»
Respuso Per Vermu*doz*:—«non rastará por al.»
Espolonó el cavallo,—e metiol en el mayor az.
Moros le reçiben—por la seña ganar,
danle grandes colpes,—mas nol pueden falssar.
Dixo el Campeador:—«¡valelde, por caridad!»

35

Los del Cid acometen para socorrer a Pedro Vermúdez.

 Enbraçan los escudos—delant los coraçones,
abaxan las lanças—abue/tas de los pendones,
enclinaron las caras—de suso de los arzones,
ívanlos ferir—de fuertes coraçones.
 A grandes vozes llama—el que en buen ora na*ció:*
«¡feridlos, cavalleros,—por amor del *Criador!*
»Yo soy R*o*y Díaz, el Çid—de Bivar Campeador!»
 Todos fieren en el az—do está Per Vermudoz.
Trezientas lanças son,—todas tienen pendones;
seños moros mataron,—todos de seños colpes;
a la tornada que fazen—otros tantos *muertos* son.

36

Destrozan las haces enemigas.

 Veriedes tantas langas—premer e alçar,
tanta adágara—foradar e passar,
tanta loriga—falssa*r* e desmanchar,
tantos pendones blancos—salir vermejos en sangre,
tantos buenos cavallos—sin sos dueños andar.
Los moros llaman Mafómat—e los cristianos santi Yague.
Ca*d*ien *por el campo*—en un poco de logar
moros muertos—mil e trezientos ya.

37

Mención de los principales caballeros cristíanos.

 ¡Quál lidia bien—sobre exorado arzón
mio Çid Ruy Díaz—el buen lidiador;
Minaya Albar Fáñez,—que Çorita mandó,
Martín Antolínez,—el Burgalés de pro,
Muño Gustioz,—que so criado *fo,*
Martin Muñoz,—el que mandó a Mont Mayor,
Albar Albaroz—e Albar Salvadórez,
Galín Garciaz,—el bueno de Aragón,

Félez Muñoz—so sobrino del Campeador!
Desí adelante,—quantos que y son,
acorren la seña—e a mio Çid el Campeador.

38

Minaya en pelígro.—El Cid hiere a Fáriz.

A Minaya Albar Fáñez—matáronle el cavallo,
bien lo acorren—mesnadas de cristianos.
La lança a quebrada.—al espada metió mano,
maguer de pie—buenos colpes va dando.
Víolo mio Çid—Roy Díaz el Castellano,
acostós a un aguazil—que tenié buen cavallo,
diol tal espadada—con el so diestro braço,
cortól por la çintura,—el medio echó en campo.
A Minaya Albar Fáñez—ival dar el cavallo:
«Cavalgad, Minaya,—vos sodes el mio diestro braço!
«Oy en este día—de vos abré grand bando;
»firme' son los moros,—aun nos' van del campo,
»*a menester—que los cometamos de cabo.*»
Cavalgó Minaya,—el espada en la mano,
por estas fuerças—fuerte mientre lidiando,
a los que alcança—valos delibrando.
Mio Çid Roy Díaz,—el que en buena nasco,
al rey Fáriz—tres colpes le avié dado;
los dos le fallen,—y el únol ha tomado,
por la loriga ayuso—la sangre destellando;
bolvió la rienda—por írsele del campo.
Por aquel colpe—rancado es el fonssado.

39

Galve herido y los moros derrotados.

Martín Antolínez—un colpe dio a Galve,
las carbonclas del yelmo—echógelas aparte,
cortól el yelmo,—que llegó a la carne,
sabet el otro—non gel osó esperar.
Arrancado es—el rey Fáriz e Galve;
¡tan buen día—por la cristiandad,
ca fuyen los moros—della *e della* part!

los de mio Çid—firiendo en alcaz
él rey Fáriz—en Ter*r*er se f*o* entrar,
e a Galve—nol cogieron allá;
Para Calatayu*t*h—quanto puede se va.
El Campeador—íval en alcaz,
fata Calatayuth—duró el segudar.

40

**Minaya ve cumplido su voto.—Botín de la batalla.
—El Cid dispone un presente para el Rey.**

A Minaya Albar Fáñez—bien l'anda el cavallo,
daquestos moros—mató treinta e quatro;
espada tajador,—sangriento trae el braço
por el cobdo ayuso—la sangre destellando.
Dize Minaya:—«agora so pagado,
»que mio Castiella—irán buenos mandados,
»que mio Çid R*o*y Díaz—lid campal a arrancado.»
    Tantos moros yazen muertos—que pocos bivos a dexados
Ca en alcaz—sin dubda les foron dando.
    Yas tornan—los del que en buen ora nasco.
Andava mio Çid—sobre so buen cavallo,
la cofia fronzida.—¡Dios cómmo es bien barbado!
almófar acuestas,—la espada en la mano.
    Vio los sos—commos van allegando:
«Grado a Dios,—aquel que está en alto,
»quando tal batalla—avemos arrancado.»
    Esta albergada—los de mio Çid luego la an robado
de escudos e de armase—de otros averes largos;
de los moriscos,—quando son llegados,
ffallaron—quinientos e diez cavallos.
Grand alegreya va—entre essos cristianos,
más de quinze de los sos—menos non fallaron.
Traen oro e plata—que non saben recabdo;
refechos son—todos essos cristianos
con aquesta ganançia—*que y avién fallado.*
A so castiello a los moros—dentro los an tornados,
mandó mio Çid—aun que les diessen algo.
Grant a el gozo mio Çid—con todos sos vassallos.
Dio a partir estos dineros—e estos averes largos;
en la su quinta—al Çid caen cient cavallos.

¡Dios qué bien pagó—a todos sus vassallos,
a los peones—e a los encavalgados!
Bien lo aguisa—el que en buen ora nasco,
quantos él trae—todos son pagados.
 «Oíd, Minaya,—sodes mió diestro braço!
»D'aquesta riqueza—que el Criador nos a dado
»a vuestra guisa—prended con vuestra mano.
»Enbiar vos quiero—a Castiella con mandado
»desta batalla—que avernos arrancado;
»al rey Alfons—que me a ayrado
»quieról enbiar—en don treinta cavallos,
»todos con siellas—e muy bien enfrenados,
»señas espadas—de los arzones colgando.»
Dixo Minaya Albar Fáñez:—«esto faré yo de grado.

41

El Cid cumple su oferta a la catedral de Burgos.

—«Evades aquí—oro e plata *fina,*
»una uesa lleña,—que nada nol mingua;
»en Santa María de Burgos—quitedes mill missas;
»lo que romaneçiere—daldo a mi mugier e a mis fijas,
»que rueguen por mí—las noches e los días;
»si les yo visquier*o,*—serán dueñas ricas.»

42

Minaya parte para Castilla.

Minaya Albar Fáñez—desto es pagado;
por ir con él—omnes son contados.
Agora davan çevada,—ya la noch *avie* entrado,
mio Çid R*o*y Díaz—con los sos se acorda*ndo:*

43

Despedida.

«¿Ides vos, Minaya,—a Castiella la gentil?
»A nuestros amigos—bien les podedes dezir:
»Dios nos valió—e vençiemos la lid.

»A la tornada,—si nos falláredes aquí;
»si non, do sopiéredes que somos,—indos conseguir.
»Por lanças e por espadas—avernos de guarir,
»si non, en esta tierra angosta—non podriemos bivir,
»*e commo yo cuedo,—a ir nos avremos d' aquí.*»

44

El Cid vende Alcocer a las moros.

Ya es aguisado,—mañánas *fo* Minaya,
e el Campeador—*fincó y* con su mesnada.
La tierra es angosta—e sobejana de mala,
Todos los días—a mio Çid aguardavan
moras de las fronteras—e unas yentes extrañas;
sanó el rey Fáriz,—con él se consejavan.
Entre los de Teca—e los de Ter*rer* la casa,
e los de Calatayut,—que es mas ondrada,
así lo an asmado—e metudo en carta:
vendido les a Alcoçer—por tres mill marcos de plata.

45

Venta de Alcocer. (Repetición.)

Mio Çid Ruy Díaz—a Alcoçer *ha* vendido;
qué bien pago—a s*o*s vassallos mismos!
A cavalleros e a peones—fechos los ha ricos,
en todos los sos—non fallarledes un mesquino.
Qui a buen señor sirve,—siempre bive en deliçio.

46

Abandono de Alcocer.—Buenos agüeros.
—El Cid se asienta en el Poyo sobre Monreal.

Quando mio Çid—el castiello quiso quitar.
moros e moras—tomáronse a quexar:
«¿vaste, mio Çid; nuestras oraçiones váyante delante;
»Nos pagados fincamos,—señor, de la tu part.»
Quando quitó a Alcoçer—mió Çid el de Bivar,
moros e moras—compeçaron de llorar.

Alçó su seña,—el Campeador se va,
passó Salón ayuso,—aguijó cabadelant,
al exir de Salón—mucho ovo buenas aves.
Plogo a los de Terrer—e a los de Calatayut más,
pesó a los de Alcocer,—ca pro les fazié grant.
Aguijó mio Cid.—ivas cabadelant.
y ffincó en un poyo—que es sobre Mont Real;
alto es el poyo,—maravilloso e grant;
non teme guerra,—sabet, a nulla part.
Metió en paria—a Daroca enantes,
desí a Molina,—que es del otra part,
la terçera Teruel,—que estava delant;
en su mano tenié—a Çelfa la del Canal.

47

Minaya llega ante el Rey.—Éste perdona Minaya, pero no al Cid.

Mio Çid Roy Díaz—de Dios aya su graçia!
Ido es a Castiella—Albar Fáñez Minaya,
treynta cavallos—al rey los enpresentava;
vídolos el rey,—fermoso sonrrisava:
«¿quin los dio estos,—si vos vala Dios, Minaya!»
—«Mio Çid Roy Díaz,—que en buen ora cinxo espada.
»Pues quel vos ayrastes,—Alcoçer gañó por maña;
»al rey de Valençia—dello el mensaje llegava,
»mandólo y çercar,—e tolléronle el agua.
»Mio Çid salió del castiello,—en campo lidiava,
»venció dos reyes de moros—en aquesta batalla,
»sobejana es,—señor, la sue ganançia.
»A vos, rey ondrado,—enbía esta presentaja;
»bésavos los piedes—e las manos amas
»quel ayades merçed,—si el Criador vos vala.»
Dixo el rey:— «mucho es mañana
»omne ayrado,—que de señor non ha graçia,
»por acogello—a cabo de tres sedmanas.
»Mas después que de moros fo,—prendo esta presentaja:
»aun me plaze de mio Çid—que fizo tal ganançia.
»Sobresto todo,—a vos quito Minaya.
»honores e tierras—avellas condonadas,
»id e venit,—d'aquí vos do mi graçia;
»mas del Çid Campeador,—yo non vos digo nada.

48

El rey permite a los castellanos irse con el Cid

»Sobre aquesto todo,—dezir vos quiero, *Albar Fáñez*
»de todo mio reyno—los que lo quisieren far,
»buenos e valientes—pora mió Çid huyar,
»suéltoles los cuerpos—e quitoles las heredades.»
Besóle las manos—Minaya Albar Fáñez:
«Grado e gragias, rey,—commo a señor natural;
»esto feches agora,—al feredes adelant;
»*con Dios nós guisaremos—commo vós lo fagades.*»
Dixo el rey:—«*Minaya,...esso sea de vagar.*
»Id por Castiella—e déxenvos andar,
»si'nulla dubda—id a mio Çid buscar.»

49

Correrías del Cid desde el Poyo.
—Minaya, con doscientos castellanos, se reúne al Cid.

Quiérovos dezir—del que en buena çinxo espada:
aquel poyo—en él priso posada;
mientras que sea el pueblo de moros—e de la yente cristiana
el Poyo de mio Çid—asil dirán por carta.
Estando allí,—mucha tierra preava,
el *val* del río Martín—todo lo metió en paria.
A Saragoça—sus nuevas legavan,
non plaze a los moros,—firme mientre les pesava.
Allí sovo mió Çid—conplidas quinze se*d*manas;
quando vio el caboso—que se tardava Minaya,
con todas sus yentes—fizo una trasnochada;
dexó el Poyo,—todo lo desenparava,
allén de Teruel—don Rodrigo passava;
an el pinar de Tévar—Roy Díaz posava;
todas essas tierras—todas las preava,
a Saragoça—metuda lâ en paria.
Quando esto fecho ovo,—a cabo de tres se*d*manas
de Castiella—venido es Minaya,
dozientos con él,—que todos çiñen espadas;
non son en cuenta,—sabet, las peonadas.

Quando vi*d*o mio Çid—asomar a Minaya,
el cavallo corriendo,—valo abraçar sin falla,
besóle la boca—e los ojos de la cara.
Todo gelo dize,—que nol encubre nada.
El Campeador—fermoso sonrrisava:
«grado a Dios—e a las sus vertudes santas;
»mientra vos visquiéredes,—bien me irá a mí, Minaya!

50

Alegría de los desterrados al recibir noticias de Castilla

¡Dios, cómmo f*o* alegre—todo aquel fonssado,
que Minaya Alvar Fáñez—assi era llegado,
diziéndoles saludes—de primos e de hermanos,
e de sus compañas,—aquellas que avien dexad*o*!

51

Alegría del Cid. (Serie gemela.)

Dios, cómmo es alegre—la barba vellida,
que Albar Fáñez—pagó las mill missas,
e aquel dixo saludes—de su mugier e de sus fijas!
Dios, cómmo f*o* el Çid pagado—e fizo grant alegría!
«Ya Alvar Fáñez,—bivades muchos días!
»*más valedes que nos,*—¡tara *buena mandadería!»*

52

El Cid corre tierras de Alcañiz.

Non lo tardó—el que en buen ora nasco,
priso dozientos cavalleros—*escollechos a mano,*
fizo una corrida—*la noch trasnochando;*
tierras d' Alcañiz—negras las va parando,
e a derredor—todo lo va preando.
Al terçer día,—don ixo i es tornado.

53

Escarmiento de los moros.

Hya va el mandado—por las tierras todas,
pesando va—a los de Monçon e a los de Huosca;
por que dan parias—plaze a los de Saragoça,
de mio Çid Roy Díaz—que non temién ninguna fonta.

54

El Cid abandona el Poyo.—Corre tierras amparadas por el conde de Barcelona.

Con estas ganançias—a la posada tornando se van,
todos son alegres,—ganançias traen grandes;
plogo a mió Çid,—e mucho a Albar Fáñez.
Sonrrisós el caboso,—que non lo pudo endurar:
«ya cavalleros,—dezir vos he la verdad:
»qui en un logar mora siempre,—lo so puede menguar;
»cras a la mañana—penssemos de cavalgar,
»dexat estas posadas—e iremos adelant.»
Entonces se mudó el Çid,—al puerto de Alucat;
dent corre mio Çid—a Huesa e a Mont Alván;
en aquessa corrida—diez días ovieron a morar.
Foron los mandados—a todas partes,
que el salido de Castiella—así los trae tan mal.

55

Amenazas del conde de Barcelona.

Los mandados son idos—*a las* partes todas;
llegaron las nuevas—al *com*de de Barçilona,
que mio Çid Roy Díaz—quel corrié la tierra toda;
ovo grand pesar—e tóvoslo a gran fonta.

56

El Cid trata en vano de calmar al conde.

El conde es muy follón—e dixo una vanidat:
«Grandes tuertos me tiene—mio Çid el de Bivar.
»Dentro en mi cort—tuerto me tovo grand:
»firióm el sobrino—e non lo enmendó más;
»agora córrem las tierras—que en mi enpara están;
»non lo desafié—nil torné *el a*miztad,
»mas quando él me lo busca,—ir gelo he yo demandar.»
  Grandes son los poderes—e a priessa llegandos van,
entre moros e cristianos—gentes se le allegan grandes
adeliñan tras mio Çid—el bueno de Bivar,
tres días e dos noches—penssaron de andar,
alcançaron a mio Çid—en Tévar e el pinar;
así vie*n*en esforçados—que a manos se le cuyda*n* tomar.
  Mio Çid don Rodrigo—trae ganançia grand,
diçe de una sierra—e llegava a un val.
Del conde don Remont—venido les mensaje;
mió Çid quando lo oyó,—enbió pora allá:
»digades al conde—non lo tenga a mal,
»de lo so non lievo nada,—déxem ir en paz.»
Repuso el co*m*de:—«esto non será verdad!
»Lo de antes e de agora—tódom lo pechará;
»sabrá el salido—a quien vino desondrar.»
Tornós el mandadero—quanto pudo más.
Essora lo conosçe—mio Çid el de Bivar
que a menos de batalla—non pueden den quitar.

57

Arenga del Cid a los suyos.

«Ya cavalleros—apart fazed la ganançia;
»apriessa vos guarnid—e metedos en las armas;
»el co*m*de don Remont—dar nos ha grant batalla,
»de moros e de cristianos—gentes trae sobejanas,
»a menos de batalla—non nos dexarié por nada.
»Pues adelant irán tras nos,—aquí sea la batalla;
»apretad los cavallos—e bistades las armas.

»Ellos vienen cuesta yuso,—e todos trahen calças;
»elas siellas coçeras—e las cinchas amojadas;
»nos cavalgaremos siellas gallegas,—e huesas sobre calças
»çiento cavalleros—devemos vençer aquellas mesnadas.
»Antes que ellos lleguen a Uaño,—presentémosles las lanças
»por uno que firgades,—tres siellas irán vázias.
«Verá Remont Verenguel—tras quien vino en alcança
»oy en este pinar de Tévar—por tollerme la ganançia.»

58

El Cid vence la batalla.—Gana la espada Colada.

Todos son adobados—quando mió Çid esto ovo fablado;
las armas avién presas—e sedién sobre los cavallos.
Vi*di*eron la cuesta yuso—la fuerça de los francos;
al fondón de la cuesta,—çerca es de'llaño,
mandólos ferir mio Çid,—el que en buen ora nasco:
esto fazen los sos—de voluntad e de grado;
los pendones e las lanças—tan bien las van enpleando,
a los unos firiendo—e a los otros derrocando.
Vençido a esta batalla—el que en buen*a* nasco;
al co*m*de don Remont—a preson le a tomado;
hi gañó a Colada—que más vale de mill marcos.

59

El conde de Barcelona, prisionero. Quiere dejarse morir de de hambre.

I venció esta batalla—por o ondró su barba,
prísole al co*m*de,—pora su tie*n*da lo levava;
a sos creenderos—guardar lo mandava.
De fuera de la tienda—un salto dava,
de todas partes—los sos se ajunta*van*;
plogo a mio Çid,—ca grandes son las gananças.
A mio Çid don Rodrigo—grant cozínal adobavan;
el conde don Remont—non gelo preçia nada;
adúzenle los comeres,—delant gelos paravan,
él non lo quiere comer,—a todos los sosoñava:
«Non combré un bocado—por cuanto ha en toda España,
»antes perderé el cuerpo—e dexaré el alma,
»pues que tales malcalçados—me vençieron de batalla.»

60

El Cid promete al conde la libertad.

Mio Çid R*o*y Díaz—odredes lo que dixo;
«comed, co*m*de, deste pan—e beved deste vino.
»Si lo que digo fiziéredes,—saldredes de cativo;
»si non, en todos vuestros días—non veredes cristianismo.»

61

Negativa del conde.

—«Comede, don Rodrigo,—e penssedes de folgar,
»que yo dexar mê morir,—que non quiero comer *al.*»
Fasta terçer día—nol pueden acordar;
ellos partiendo—estas ganançias grandes,
nol pueden fazer—comer un muesso de pan.

62

El Cid reitera al conde su promesa.
—Pone en libertad al conde y le despide.

Dixo mio Çid:—comed, co*m*de, algo,
»ca si non comedes—non veredes cristianos;
»e si vos comiéredes—don yo sea pagado,
»a vos, *el comde,*—e dos fijos dalgo
»quitarvos e los cuerpos—e darvos e de mano.»
Quando esto oyó el co*m*de,—ya iva alegrando:
«Si lo fiziéredes, Çid,—lo que avedes fablado,
»tanto quanto yo biva,—seré dent maravillado.»
 —«Pues comed, co*m*de,—e quando fóredes yantado,
»a vos e a otros dos—dar vos he de mano.
»Mas cuanto avedes perdido—e yo gané en canpo,
»sabet, non daré a vos—*de ello* un dinero malo;
»ca huebos me lo he pora estos—que comigo andan lazrados.
»Prendiendo de vos e de otros—ir nos hemos pagando;
»abremos esta vida—mientra ploguiere al Padre santo,
»commo que ira a de rey—e de tierra es echado.»
 Alegre es el conde—e pidió agua a las manos,

e tiénengelo delant—e diérongelo privado.
Con los cavalleros—que el Çid le avie dados
comiendo va el comde,—¡Dios, qué de buen grado!
Sobrél sedie—el que en buen ora nasco:
«Si bien no comedes, comde,—don yo sea pagado,
»aquí feremos la morada,—no nos partiremos amos.»
Aquí dixo el comde:—«de voluntad e de grado.»
Con estos dos cavalleros—apriesa va yantando:
pagado es mio Çid,—que lo está aguardando,
por que el comde don Remont—tan bien bolvie las manos.

 «Si vos ploguiere, mio Çid,—de ir somos guisados;
»mandadnos dar las bestias—e cavalgaremos privado:
»del día que fué comde—non yanté tan de buen grado,
»el sabor que dend—e non será olbidado.»

 Danles tres palafrés—muy bien ensillados
e buenas vestiduras—de pellizones y de mantos.
El comde don Ramont—entre los dos es entrado..
Fata cabo del albergada—escurriólos el Castellano
«Ya vos ides, comde,— a guisa, de muy franco,
»en grado vos lo tengo—lo que me avedes dexado.
»Si vos viniere emiente—que quisiéredes vengallo,
»si me viniéredes buscar,—*fazedme antes* mandado;
»o me dexaredes de lo vuestro—o de lo mio levaredes algo.»
—«Folguedes, ya mio Cid,—sodes en vuestro salvo.
»Pagado vos he—por todo aqueste año;
»de venirvos busca—sol non será penssano.»

63

El conde se ausenta receloso.—Riqueza de los desterrados.

 Aguijaba el comde,—e penssava de andar,
tornando va la cabeça,—e catándos atrás;
miedo iva aviendo,—que mio Çid fie repintrá,
lo que non ferié el caboso,—por quanto en el mundo ha,
una deslea*l*tanca,—ca non la fizo alguandre.

 Ido es el comde, ,—tornós el de Bivar,
juntós con sus mesnadas,—conpeçós de alegrar
de la ganançia que han fecha—maravillosa e grand;
tan ricos son los sos—que non saben qué se an.

CANTAR SEGUNDO

BODAS DE LAS HIJAS DEL CID

64

El Cid se dirige contra tierras de Valencia

Aquis conpieça la gesta—de mio Çid el de Bivar.
Poblado ha mio Çid—el puerto de Alucat,
dexado *ha* Saragoça—e a las tierras ducá,
e dexado *ha* Huesca—e tierras de Mont Alván.
Contra la mar salada—conpeçó de guerrear;
a orient exe el sol,—e tornos a essa part.
Myo Çid gañó a Xérica—e a Onda e Almenar,
tierras de Borriana—todas conquistas las ha.

65

Toma de Murviedro

Ayudól el Criador,—el Señor que es en çielo.
El con todo esto—priso a Murviedro;
ya vi*d*íe mio Çid—que Dios le iva valiendo.
Dentro en Valençia—non es poco el miedo.

66

Los moros valencianos cercan al Cid. —Éste reúne sus gentes.—Arenga.

Pesa a los de Valençia,—sabet, non les plaze;
prisieron so consejo—quel viniessen çercar.
Trasnocharon de noch,—al alva de la man
açerca de Murviedro—tornan tiendas a fincar.
Viólo mio Çid,—tomós a maravillar:
«Grado a tí,—Padre spirital!
»En sus tierras somos—e femosles tod mal,
»bevemos so vino—e comemos el so pan;
»si nos çercar vienen,—con derecho lo fazen,

»A menos de lid—aquesto nos partirá;
»vayan los mandados—por los que nos deven ayudar
»los unos a Xérica—e los otros a Alucad,
»desí a Onda—e los otros a Almenar,
»los de Borriana—luego vengan acá;
»conpeçaremos—aquesta lid campal,
»yo fío por Dios—que en nuestro pro eñadrán.»
   Al terçer día—todos juntados s'*a*n,
el que en buen ora nasco—compeçó de fablar:
«Oíd, mesnadas,—sí el Criador vos salve!
»Después que nos partiemos—de la linpia cristiandad,
»—non f*o* a nuestro grado—ni nos non pudiemos mas,—
»grado a Dios,—lo nuestro f*o* adelant,
»Los de Valençia,—çercados nos han;
»si en estas tierras—quisiéremos durar,
»firme mientre—son estos a esarmentar.

67

Fin de la arenga del Cid.

»Passe la noche—e venga la mañana,
»aparejados me se*e*d—a cavallos e armas;
»iremos ve*e*r—aquella su almofalla.
»Commo omnes exidos—de tierra estraña
»allí pareçrá—el que mereçe la soldada.»

68

Minaya da el plan de batalla.
—El Cid vence otra lid campal. Toma de Cebolla.

   Oíd que dixo—Minaya Albar Fáñez:
«Campeador,—fagamos lo que a vos plaze.
»a mí dedes çien cavalleros,—que non vos pido más;
»vos con los otros—firádeslos delant.
»Bien los ferredes,—que dubda non i avrá,
»yo con los çiento—entraré del otra part,
»commo fío por Dios,—el campo nuestro será.»
Commo gelo a dicho—al Campeador mucho plaze.
Mañana era—e piénssanse de armar,
quis cada uno dellos—bien sabe o que ha de far.

Con los alvores—mio Çid ferirlos va:
«¡En el nombre del Criador—e d'apostol santi Yague,
»feridlos, cavalleros,—d'amor e de voluntad,
»ca yo so Roy Díaz,—mio Çid el de Bivar!»
Tanta cuerda de tienda—i veriedes crebar,
arrancarse las estacas—e acostarse a todas partes los tendales.
Moros son muchos,—ya quieren reconbrar.
Del otra part—entróles Albar Fáñez;
maguer les pesa—oviéronse a dar e a arrancar:
de piedes de cavallo—los ques pudieron escapar.
Dos reyes de moros—mataron en es alcaz,
fata Valençia—duró el segudar.
Grandes son las ganançias—que mio Çid fechas ha;
robavan el campo—e piénssanse de tornar.
Entravan a Murviedro—con estas ganançias que traen:
grand es el gozo—que va por es logar.
«Prisieron Çebolla—e quanto que es i adelant;
»miedo an en Valençia—que no saben qué se far;
»las nuevas de mio Çid.—sabet, sonando van.

69

Correrías del Cid al sur de Valencia.

Sonando van sus nuevas,—alent parte del mar *andan*;
alegre era el Çid—e todas sus compañas,
que Dios le ayudara—e fiziera esta arrancada.
Davan sus corredores—e fazien las trasnochadas,
llegan a Gujera—e llegan a Xátiva,
aun más ayuso,—a Denia la casa;
cabo del mar tierra de moros—firme la quebranta.
Ganaron Peña Cadiella,—las exidas e las entradas.

70

El Cid en Peña Cadiella.

Cuando el Çid Campeador—ovo Peña Cadiella,
ma'les pesa en Xátiva—e dentro en Gujera,
non es con recabdo—el dolor de Valençia.

71

Conquista de toda la región de Valencia.

En tierra de moros—prendiendo e ganando,
e durmiendo los días—e las noches tranochando,
en ganar aquellas villas—mio Çid duró tres años.

72

El Cid asedia a Valencia.—Pregona a los cristianos la guerra.

A los de Valençia—escarmentados los han,
non osan fueras exir—nin con él se ajuntar;
tajávales las huertas—e fazíales grand mal,
en cada uno destos años—mio Çid les tollió el pan.
Mal se aquexan los de Valençia—que non saben ques far.
De ninguna part que sea—non les viníe pan;
nin da conssejo padre a fijo,—nin fijo a padre,
nin amigo a amigo—nos pueden consolar.
Mala cueta es, señores,—aver mingua de pan,
fijos e mugieres—veer los morir de fanbre.
Delante veyen so duelo,—non se pueden huviar,
por el rey de Marruecos—ovieron a enbiar;
con el de los Montes Claros,—avíe guerra tan grand,
non les dixo consejo,—nin los vino huviar.
Sóplo mio Çid—de coraçón le plaz;
salió de Murviedro—una noch a trasnochar
amaneció a mio Çid—en tierras de Mon Real.
Por Aragón. e por Navarra—pregón mandó echar,
a tierras de Castiella—enbló sos menssajes:
Quien quiere perder—cueta e venir a rritad,
viniesse a mio Çid—que a sabor de cavalgar;
çercar quiere a Valençia—pora cristianos la dar:

73

Repítese el pregón (Serie gemela.)

«quien quiere ir comigo—çercar a Valençia,
»—todos vengan de grado,—ninguno non ha premia,—
»tres días le speraré—en Canal de Çelfa.»

74

Gentes que acuden al pregón.—Cerco y entrega de Valencia.

Eso dixo mió Çid—el *Campeador leal.*
Tornávas a Murviedro,—ca él ganada se la a
Andidieron los pregones,—sabet, a todas partes,
al sabor de la ganançia,—non lo quieren detardar,
grandes yentes se le acojen—de la buena cristiandad.
Sonando van sus nuevas—todas a todas partes;
mas le vienen a mio Çid,—sabet, que nos le van;
creçiendo va riqueza—a mio Çid el de Bivar;
quando vido las gentes juntadas,—compeços de pagar.
Mio Çid don Rodrigo—non lo quiso detardar,
adeliñó pora Valençia—e sobrellas va echar,
bien la çerca mio Çid,—que non i avía hart;
viédales exir—e viédales entrar.
Metióla en plazelo,—si les viniessen huviar.
Nueve meses complidos,—sabet, sobrella yaz,
quando vino el dezeno—oviérongela a dar.
Grandes son los gozos—que van por es logar.
quando mio Çid gañó a Valençia—e entró en la çibdad.
Los que foron de pie—cavalleros se fazen;
el oro e la plata—¿quien vos lo podrie contar?
Todos eran ricos—quantos que allí ha.
Mio Çid don Rodrigo—la quinta mandó tomar.
en el aver monedado—treynta mill marcos le caen,
e los otros averes—¿quien les podrié contar?
Alegre era el Campeador—con todos los que ha.
cuando su seña cabdal—sedié en somo del alcáçer.

75

El rey de Sevilla quiere recobrar Valencia.

Ya folgava mio Çid—con todas sus conpañas:
âquel rey de Sevilla—el mandado llegava,
que presa es Valençia,—que non gelan enparan.
vino los veer—con treynta mill de armas.
Aprés de la uerta—ovieron la batalla,
arrancólos mio Çid—el de la luenga barba.

Fata dentro en Xátiva—duró el arrancada,
en el passar de Xúcar—i veriédes barata,
moros en arruenço—amidos bever agua.
Aquel rey de *Sevilla*—con tres colpes escapa.
Tornado es mio Çid—con toda esta ganançia.
Buena *f*o la de Valençia—quando ganaron la casa,
mas mucho fue provechosa,—sabet, esta arrancada;
a todos los menores—cayeron çient marcos de plata.
Las nuevas del cavallero—ya ve*e*des do llegavan,

76

El Cid deja su barba intonsa.—Riqueza de los del Cid.

    Grand alegría es—entre todos essos cristianos
con mio Çid R*o*y Díaz—el que en buen ora nasco.
Yal creçe la barba—e vale allongando;
ca dixera mio Çid—de la su boca atanto:
«por amor del rey Alffonsso,—que de tierra me a echado.»
nin entrarié en ella tigera,—ni un pelo non avrié tajado,
e que fablasen desto—moros e cristianos.
    Mio Çid don Rodrigo—en Valençia está folgando,
con él Minaya Albar Fáñez—que nos le parte de so braço.
Los que exieron de tierra—de ritad son abondados,
a todos les die en Valençia—*el Campeador contado*
casas y heredades—de que son pagados;
el amor de mio Çid—ya lo ivan provando.
Los que *f*oron después—todos son pagados;
veelo mio Çid—que con los averes que avién tomados,
que sis pudiessen ir,—fer lo ien de grado.
Esto mandó mio Çid,—Minaya lo ovo conssejado:
que ningún omne de los sos—*que con él ganaron algo*
ques le non spidiés,—o nol besás la mano,
sil pudiessen prender—o f*o*sse alcançado,
tomássenle el aver—e pusiéssenle en un palo.
Afevos todo aquesto—puesto en buen recabdo;
con Minaya Albar Fáñez—él se va conseja*n*do:
«si vos quisiéredes, Minaya,—quiero saber recabdo
»de los que son aquí—e comigo ganaron algo;
»meterlos he en escripto,—e todos sean contados,
»que si algunos furtare—o menos le fallar*o*,
»el aver me avrá a tornar,—âquestos myos vassallos

»que curian a Valençia—e andan arrobdando.»
Allì dixo Minaya:—«consejo es aguisado.»

77

Recuento de la gente del Cid.
—Éste dispone nuevo presente para el rey.

    Mandólos venir a la corth—e a todos los juntar,
quando los falló,—por cuenta físolos nonbrar:
tres mill e seys çientos—avie mio Çid el de Bivar;
alégrasle el coraçón—e tornos a sonrrisar:
«Grado a Dios, Minaya,—e a santa Marìa madre!
»Con más pocos ixiemos—de la casa de Bivar.
»Agora avemos riquiza,—más avremos adelant.
    »Si a vos polguiere, Minaya,—e non vos caya en pesar,
»enbiar vos quiero a Castiella,—do avemos heredades,
»al rey Alfonsso—mio señor natural;
»destas mis gananças,—que avernos fecha acá,
«dar le quiero çient cavallos,—e vos ídgelos levar;
»desí por mí besalde la mano—e firme gelo rogad
»por mi mugier *doña Ximena*—e mis fijas *naturales*,
»si *f*ore su merçed—quenlas dexe sacar.
»Enbiaré por ellas,—e vos sabed el mensage:
»la mugier de mio Çid—e sus fijas las iffantes
»de guisa irán por ellas—que a grand ondra vernán
»a estas tierras estrañas—que nos pudiemos ganar.»
Essora dixo Minaya:—«de buena voluntad.»
    Pues esto an fablado,—piénssanse de adobar.
Ciento omnes le dio—mio Çid a Albar Fáñez
por servirle en la carrera—*a toda su voluntad,*
e mandó mill marcos de plata—a San Pero levar
e que los *quinientos* diesse—a don Sancho el abbat.

78

Don Jerónimo llega a Valencia.

    En estas nuevas—todos se alegrando,
de parte de orient—vino un coronado;
el obispo don Jero*me*—so nombre es llamado.
Bien entendido es de letras—e mucho acordado,

de pie e de cavallo—mucho era arreziado.
Las provezas de mio Çid—andávalas demandando,
sospirando ques viesse—con moros en el campo:
que si fartás lidiando—e firiendo con sus manos,
a los días del sieglo—non le llorassen cristianos.
Quando lo oyó mio Çid,—de aquesto fo pagado:
«Oíd, Minaya Albar Fáñez,—por aquel que está en alto,
»quando Dios prestar nos quiere,—nos bien gelo gradescamos:
»en tierras de Valençia—fer quiero obispado,
»e dárgelo a este—buen cristiano;
»vos, quando idos a Castiella,—levaredes buenos mandados.»

79

Don Jerónimo hecho obispo.

Plogo a Albar Fáñez—de lo que dixo don Rodrigo.
A este don Jerome—yal otorgan por obispo;
diéronle en Valencia—o bien puede estar rico.
¡Dios, qué alegre era—tod cristianismo,
que en tierras de Valençia—señor avie obispo!
Alegre fo Minaña—e spidiós e vinos.

80

Minaya se dirige a Carrión.

Tierras de Valençia—remanidas en paz,
adeliñó pora Castiella—Minaya Albar Fáñez.
Dexarévos las posadas,—non las quiero contar,
Demandó por Alfonsso,—do lo podrie fallar.
Fora el rey a San Fagunt—aun poco ha,
tornós a Carrión,—i lo podrie fallar.
Alegre fo de aquesto—Minaya Albar Fáñez,
con esta prsentaja—adeliñó pora allá.

81

Minaya saluda al rey.

De missa era exido—essora el rey Alfonsso,
afe Minaya Albar Fáñez—do llega tan apuosto:

fincó sos inojos—ante tod el pu*o*blo,
a los pie*des* del Rey Alfons—cayó con gran du*o*lo,
besávale las manos—e fabló tan apu*o*sto:

82

**Discurso de Minaya al rey.—Envidia de Garci Ordóñez.
—El rey perdona a la familia del Cid.—Los infantes de Carrión
codician las ríquezas del Cid.**

«Merced, señor Alfonsso,—por amor del Criador!
»Besávavos las manos—mio Çid lidiador,
»los pie*des* e las manos,—commo a tan buen señor,
»quel ayades merçed,—si vos vala el Críador!
»Echástesle de tierra,—non ha la vuestra amor;
»maguer en tierra agena,—él bien faze lo so:
»ganada a Xérica—e a Onda por nombre,
»priso a Almenar—e a Murviedro que es miyor,
»assí fizo Çebolla—e adelant Castejón,
»e Peña Cadiella,—que es una peña fu*o*rt;
»con aquestas todas—de Valençia es señor,
»obispo fizo de su mano—el buen Campeador,
»e fizo çinco lides çampales—e todas la sarranco.
»Grandes son las gananças—quel dio el Criador,
»fevos aqui las señas,—verdad vos digo yo:
»çien cavallos—gruessos e corredores,
»de siellas e de frenos—todos guarnidos son,
»bésavos las manos—que los prendades vos;
»razonas por vuestro vassallo—e a vos tiene por señor.»

Alçó la mano diestra,—el rey se santigó:
«De tan fieras gananças—commo a fechas el Campeador
»¡sí me vala sant Esid*r*e!—plázme de coraçón.
»e plázem de las nuevas—que faze el Campeador;
»reçibo estos cavallos—quem enbía de don.»

Maguer plogo al rey,—mucho pesó a Garci Ordóñez:
«Semeja que en tierra de moros—non a bivo omne.
»quando assí faze a su guisa—el Çid Campeador!»
Dixo el rey al co*m*de:—«dexad essa razón,
»que en todas guisas—mijor me sirve que vos.»

Fablaba Minaya i—a guisa de varón:
«merçed vos pide el Çid,—si vos ca*d*iesse en sabor,
»por su mugier doña Ximena—e sus fijas amas a dos
»saldríen del monasterio—do elle las dexó,
»e irién pora Valençia—al buen Campeador.»
Essora dixo el rey:—«Plazme de coraçon*e*;
»yo les mandaré dar conducho—mientra que por mi tierra foren;
»de fonta e de mal—curiallas e de desonor*e*
»quando en cab o de mi tierra—aquestas dueñas foren,
»catad cómmo las sirvades—vos e el Campeador*e*.
»Oídme, escuelas,—e toda la mi cort!
»non quiero que nada—pierda el Campeador;
»a todas las escuelas—que a él dizen señor
»por que los deseredé,—todo gelo suelto yo;
»sírvanle' sus her*e*dades—do f*o*re el Campeador,
»atrégoles los cuerpos—de mal e de ocasión,
»por tal fago aquesto—que sirvan a so señor.»
Minaya Albar Fáñez—las manos le besó:
Sonrrisós el rey,—tan vellido fabló:
«Los que quisieren ir—se*r*vir al Campeador
»de mí sean quitos—e vayan a la graçia del Criador.
»Más ganaremos en esto—que en otra des*a*mor.»
    Aquí entraron en fabla—iffantes de Carrión:
«Mucho creçen las nuevas—de mio Çid el Campeador,
»bien casariemos con sus fijas—pora huebos de pro.
»non la osariemos—acometer nos esta razón.
»Mio Çid es de Bivar—e nos de co*m*des de Carrión.»
Non lo dizen a nadi—e fincó esta razón.
    Minaya Albar Fáñez—al buen rey se espidió.
«¿Hya vos ides, Minaya?—id a la graçia del Criador!
»Levedes un portero,—tengo que vos avrá pro;
»si leváredes las dueñas,—sírvanlas a su sabor,
»fata dentro en Medina—denles quanto huebos les f*o*r,
»desí adelant—piensse dellas el Campeador.»
Espidiós Minaya—e vasse de la cort.

83

Minaya va a Cardeña por doña Jimena.—Más castellanos se prestan a ir a Valencia.—Minaya en Burgos. Promete a los judíos buen pago de la deuda del Cid. — Minaya vuelve a Cardeña y parte con Jimena.—Pedro Bermúdez parte de Valencia para

recibir a Jimena.—En Molina se le une Avengalvón.—Encuentran a Minaya en Medinacell.

Iffantes de Carrión—*so consejo preso ane,*
dando ivan conpaña—a Minaya Albar Fáñez:
«En todo sodes pro,—en esto assí lo fagades:
»saludadnos—a mio Çid el de Bivar*e*,
»somos en so pro—quanto lo podemos far*e*;
»el Çid que bien nos quiera—nada non perderav*e*.»
Respuso Minaya:—«esto non me a por qué pesar*e*.»
    Ido es Minaya,—tórnansse los iffantes.
Adeliñó pora San Pero,—o las dueñas están,
tan grand fue el gozo—quandol vieron assomar.
Deçido es Minaya—a ssan Pero va rogar.
Quando acabó la oración,—a las dueñas se *fo* torna*r*.
«Omíllom, doña Ximena,—Dios vos curie de mal,
»assí ffaga a vuestras fijas.—amas *a dos las iffantes.*
»Salúdavos mio Çid—allá onde elle está;
»sano lo dexé—e con tan grand rictad.
»El rey por su merçed—sueltas me vos ha,
»por levaros a Valençia—que avernos por heredad.
»Si vos viesse el Çid,—sanas e sin mal,
»todo serié alegre,—que non avrié ningún pesar.»
Dixo doña Ximena.:—«el Criador lo mande!»
Dio tres cavalleros—Minaya Albar Fáñez,
enviólos a mio Çid,—a Valengia do está:
«Dezid al Canpeador—(que Dios le curie de mal)
»que su mugier e sus fijas—el rey sueltas me las ha,
»mientra que fóremos por sus tierras—conducho nos mandó dar.
»De aquestos quinze días,—si Dios nos curiare de mal,
»sermos *i* yo e su mugier—e sus fijas que él a
»y todas las dueñas con ellas—quantas buenas ellas han.»
Idos son los cavalleros—e dello penssarán,
remaneçió en San Pero—Minaya Albar Fáñez.
    Veriedes cavalleros—venir de todas partes,
irse quiere*n* a Valençia—a mio Çid el de Bivar.
Que les toviesse pro—rogavan a Albar Fáñez;
diziendo Minaya:—«esto feré de veluntad.»
Sessaenta e cinco cavalleros—acreçídol han,
e él se tenié çiento—que aduxiera d'allá;
por ir con estas dueñas—buena conpaña se faze.
    Los quinientos marcos—dió Minaya al abbat;

de los otros quinientos—dezir vos he que faze:
Minaya a doña Ximena—e a sus fijas que ha,
e a las otras dueñas—que las sirven delant,
el bueno de Minaya—pensólas de adobar
de los mejores guarnimientos—que en Burgos pudo fallar,
palafrés e muías—que non parescan mal.
Quando estas dueñas—adobadas las ha,
el bueno de Minaya—piensa de cavalgar;
afevos Raquel e Vidas—a los piedes le caen;
«Merced, Minaya,—cavallero de prestar!
»Desfechos nos ha el Çid,—sabet, si no nos val;
»soltariemos la ganançia,—que nos diesse el cabdal.»
—«Yo lo veré con el Çid,—si Dios me lieva allá.
»Por lo que avedes fecho—buen cosiment y avrá.»
Dixo Raquel e Vidas:—«el Criador lo mande!
«Si non, dexaremos Burgos,—ir lo hemos buscar.»

  Ido es pora San Pero—Minaya Albar Fáñez,
muchas yentes se le acogen,—penssó de cavalgar,
grand duelo es—al partir del abbat:
«¡Si vos vala el Criador,—Minaya Albar Fáñez!
»por mí al Campeador—las manos le besad
»aqueste monesterio—no lo quiera olbidar;
»todos los días del sieglo—en levarlo adelant
»el Çid *Campeador*—siempre valdrá más.»
Repuso Minaya:—«fer lo he de veluntad.»

  Yas espiden—e pienssan de cavalgar,
el portero con ellos—que los ha de aguardar;
por la tierra del rey—mucho conducho les dan.
De San Pero fasta Medina,—en çinco días van;
felos en Medina—las dueñas e Albar Fáñez.

  Direvos de los cavalleros—que levaron el menssaje;
al ora que lo sopo—mio Çid el de Bivar,
plógol de coraçón—e tornós a alegrar;
de la su boca—conpeçó de fablar:
«Qui buen mandadero enbía,—tal deve sperar.
»Tú, Muño Gustioz—e Per Vermudoz delant,
»e Martín Antolínez,—un Burgalés leal;
»el obispo don Jerome,—coronado de prestar,
»cavalguedes con giento—guisados pora huebos de lidiar;
»por Santa María—vos vayades passar,
»vayades a Molina,—que iaze más adelant,
»tiénela Avengalvón,—mio amigo es de paz,

»con otros çiento cavalleros—bien vos conssigrá:
»id pora Medina—quanto lo pudiéredes far,
»mi mugier e mis fijas—con Minaya Albar Fáñez,
»así commo a mí dixieron,—hi los podredes fallar;
»con grand ondra—aduzídmelas delant.
»E yo fincaré en Valençia,—que mucho costadom ha;
»grand locura serie—si la desenparás;
»yo ffincaré en Valençia,—ca la tengo por heredad.»
    Esto era dicho,—pienssan de cavalgar,
e quanto que pueden—non fincan de andar.
Troçieron a Santa María—e vinieron albergar a Fronchales,
e el otro día vinieron—a Molina posar. [
El moro Avengalvón,—quando sopo el menssaje,
saliólos reçebir—con grant gozo que faze:
«¿Venides, los vassallos—de myo amigo natural?
»A mí non me pesa,—sabet, mucho me plaze!»
Fabló Muño Gustioz,—non speró a nadi:
«mió Çid vos saludava.—e mandólo recabdar,
»con çiento cavalleros—que privádol acorrades;
»su mugier e sus fijas—en Medina están;
»que vayades por ellas,—adugades gelas acá,
»e ffata en Valençia—dellas non vos partades.»
Dixo Avengalvón:—«fer lo he de veluntad.»
Essa noch—conducho les dio grand.
a la mañana—pienssan de cavalgar;
çientol pidieron,—mas él con dozientos va.
Passan las montañas,—que son fieras e grandes,
passaron *desí*—Mata de Taranz
de tal guisa—que ningún miedo non han,
por el val de Arbux*uelo*—pienssan a deprunar.
    E en Medina—todo el recabdo está;
vídolos venir armados—temiás Minaya Albar Fáñez,
envió dos cavalleros—que sopiessen la verdad;
esto non detarda*n*,—ca de coraçón lo han;
el uno fincó con ellos—y el otro tornó a Albar Fáñez:
«Virtos del Campeador—a nos vienen buscar;
»afevos aquí—Per Vermu*doz delant*
»e Muño Gustioz—que vos quieren sin hart
»e Martín Antolínez,—el Burgalés natural,
»e obispo don Jero*me*,—coranado leal,
»e alcáyaz Avengalvón—con sues fuerças que trahe,
»por sabor de mio Çid—de grand óndral dar;

»todos vienen en uno,—agora llegarán.»
Essora dixo Minaya:—«vayamos cavalgar.»
Esso ffo apriessa fecho,—que nos quieren detardar.
Bien salieron den çiento—que non pareçen mal,
en buenos cavallos—a cuberturas de çendales
e peytrales a cascaviellos,—e escudos a los cuellos *traen*,
e en las manos lanças—que pendones traen,
que sopiessen los otros—de qué seso era Albar Fáñez
o quomo saliera de Castiella—con estas dueñas que trahe.
    Los que ivan mesurando—e llegando delant
luego toman armas—e tómanse a deportar;
por çerca de Salón—tan grandes gozos van.
Don llegan los otros,—a Minaya se van homillar.
Quando llegó Avengalvón—dont a ojo *lo* ha,
sonrrisándose de la boca,—hívalo abraçar,
en el ombro lo saluda,—ca tal es *so* husaje:
«Tan buen día convusco,—Minaya Albar Fáñez!
»Traedes estas dueñas—por o valdremos más,
»mugier del Çid lidiador—e sus ffijas naturales
»ondrar vos hemos todos,—ca tal es la su auze,
»maguer que mal le queramos,—non gelo podremos *far*.
»en paz o en guerra—de lo nuestro abrá;
»muchol tengo por torpe—qui non conosçe la verdad.»

84

Los viajeros descansan en Medina.—Parten de Medina a Molina.—Llegan cerca de Valencia.

    Sorrisós de la boca—Albar Fáñez Minaya:
«Ya Avengalvón,—amígol sodes sin falla!
»Si Dios me llegare al Çid—e lo vea con el alma,
»desto que avedes fecho—vos non perderedes nada.
»Vayamos posar,—ca la cena es adobada.»
Dixo Avengalvón:—«plazme desta presentaja;
»antes deste terçer día—a vos la daré doblada.»
Entraron en Medina,—sirvíalos Minaya,
todos fueron alegres—del çerviçio que tomaran,
el portero del rey—quitar lo mandava;
ondrado es mio Çid—en Valençia do estava
de tan grand conducho—commo en Medínal sacaran;
el rey lo pagó todo—e quito se va Minaya.

Passada es la noche,—venida es la mañana,
oída es la missa,—e luego cavalgavan.
Salieron de Medina,—e Salón passavan.
Arbuxuelo arriba—privado aguijavan.
el campo de T*aranz*—luégol atravessavan,
vinieron a Molina,—la que Ave*n*galvón mandava.
El obispo don Jero*me*—buen cristiano sin falla,
las noches e los días—las dueñas aguarda*v*a;
e b*ue*n caballo en diestro—que va ante su*es* armas.
Entre él e Albar Fáñez—hivan a una compaña.
Entrados son a Molina,—buena e rica casa;
el moro Ave*n*galvón—bien los sirvié sin falla,
de quanto que quisieron—non ovieron falla,
aun las ferraduras—quitar gelas mandava;
a Minaya e a las dueñas.—¡Dios cómmo las ondrava!
Otro día mañana—luego cavalgaban,
fata en Valençia—sirviálos sin falla;
lo so despendié el moro,—que de*l*los non tomava nada.
Con estas alegrías—e nuevas tan ondradas
aprés son de Valençia—a tres leguas contadas.
A mio Çid,—el que buena *çinxo espada,*
dentro a Valençia—el mandádo*l levarv*an.

85

**El Cid envía gentes al encuentro de los viajeros. Alegre *fo* mio
Çid,—que nunqua más nin tanto, *e*a de lo que más amava
—yál viene el mandado.**

Dozie*n*tos cavalleros—mandó exir privado,
que reçiban a Minaya—e a las dueñas fijas dalgo;
él sedíe en Valençia—curiando e guardando,
ca bien sabe que Albar Fáñez—trahe todo recabdo;

86

**Don Jerónimo se adelanta a Valencia para preparar una
procesión.—El Cid cabalga al encuentro de Jimena.
—Entran todos en la ciudad.**

afevos todos aquestos—reçiben a Minaya
e a las dueñas e a las niñas—e a las otras conpañas.

Mandó mio Çid—a los que ha en sue casa
que guardassen el alcáçer—e las otras torres altas
e todas las purtas—e las exidas e las entradas,
e aduxiéssenle a Bavieca;—poco avié, quel ganara
d'aquel rey de Sevilla—*e de la sue arrancada,*
aun non sabié mio Çid,—el que en buen ora çinxo espada;
si serié corredor—o ssi abrié buena parada;
a la puerta de Valençia,—do en so salvo *estava,*
delante su mugier e de sus fijas—querié tener las armas.
   Reçebidas las dueñas—a una grant ondrança,
obispo don Jero*me*—adelant se entrava,
y dexava el cavallo,—pora la capiella adeliñava;
con quantos que él puede,—que con oras se acordar*an,*
sobrepelliças vestidas—e con cruzes de plata,
reçibir salién las dueñas—e al bueno de Minaya.
   El que en buen ora nasco—non lo detardava:
vistiós el sobregonel;—luega trahe la barba;
ensiellanle a Bavieca,—cuberturas le echavan,
mío Çid salió sobrél,—e armas de fuste tomava.
Por nombre el cavailo—Bavieca cavalga,
fizo una corrida,—ésta *fo* tan estraña,
quando ovo corrido,—todos se maravillavan;
des día se preçió Bayieca—en quant grant *fo* España.
En cabo del cosso—mio Çid desca*va*lgava,
adeliñó a su mugier—e a su*es* fijas amas;
quando lo vio doña Ximena,—a pie*des* se le echava:
«Merced, Campeador,—en buen ora cinxiestes espada!
»Sacada me avedes—de muchas vergüenças malas;
»afeme aquí, señor,—yo *e* vuestras fijas amas,
»con Dios e convusco—buenas son e criadas.»
A la madre e a las fijas—bien las abraçava,
del gozo que avíen—de los sos ojos lloravan.
Todas las sus mesnadas—en grant deleyt estavan,
armas teníen—e tablados cre*ba*ntavan.
Oíd lo que dixo—el que en buena çinxo espada:
«vos *doña Ximena,*—querida mugier e ondrada,
»e amas mis fijas—mi*o* coraçón e mi alma,
»entrad comigo—en Valençia la casa,
»en esta heredad—que vos yo he ganada.»
Madre e fijas—las manos le basavan.
A tan gran ondra—ellas a Valençia entravan.

87

Las dueñas contemplan a Valencia desde el Alcázar.

 Adeliñó mio Çid—con ellas el alcáçer,
allá las subie—en el más alto logar.
Ojos vellidos—catan a todas partes,
miran Valençia—cómmo yaze la çibdad,
e del otra parte—a ojo han el mar,
miran la huerta,—espessa es e grand,
e todas las otras cosas—que eran de solaz;
alçan las manos—pora Dios rogar,
desta ganançia—cómmo es buena e grand.
 Mio Çid e sus compañas—tan a grand sabor están.
El ivierno es exido,—que el margo quiere entrar.
Dezir vos quiero nuevas—de allent partes del mar,
de aquel rey Yúcef—que en Marruecos está.

88

El rey de Marruecos viene a cercar a Valencia.

 Pesól al rey de Marruecos—de mio Çid don Rodrigo:
«que en mis heredades—fuertemientre es metido,
»e él non gelo gradeçe—sinon a Jesu Cristo.»
Aquel rey de Marruecos—ajuntava sus virtos;
con çinquaenta vezes mill de armas—todos foron conplidos,
entraron sobre mar,—en las barcas son metidos,
van buscar a Valençia—a mio Çid don Rodrigo.
Arribado an las naves,—fuera eran exidos.

89

Llegan a Valencia y plantan su campamento.

 Llegaron a Valençia,—la que mio Çid a conquista,
fincaron las tiendas,—e posan las yentes descreidas.
Estas nuevas—a mio Çid eran venidas.

90

Alegría del Cid al ver las huestes de Marruecos.
—Temor de Jimena.

«¡Grado al Criador,—e al Padre espirital!
»Todo el bien que yo he,—todo lo tengo delant:
»con afán gané a Valençia,—e ela por heredad,
»a menos de muert—no la puodo dexar;
»grado al Criador—e a santa María madre,
»mis fijas e mi mugier—que las tengo acá.
»Venídom es deliçio—de tierras d'allent mar,
»entraré en las armas,—non lo podré dexar;
»mis fijas e mi mugier—veerme an lidiar;
»en estas tierras agenas—verán las moradas cómmo se fazen,
»afarto verán por los ojos—cómmo se gana el pan.»
　　Su mugier e sus fijas—subiólas al alcáçer,
alçavan los ojos,—tiendas vidieron fincar:
«¿Quês esto, Çid,—sí el Criador vos salve!»
—«Ya mugier ondrada,—non ayades pesar!
»Riqueza es que nos acreçe—maravillosa e grand:
»a poco que viniestes,—presend vos quieren dar:
»por casar son vuestras fijas,—adúzenvos axuvar.»
—«A vos grado, Çid,—e al Padre spirital.»
—«Mugier, seed en este—palaçio, en el alcáçer;
»non ayades pavor—por que me veades lidiar,
»con la merced de Dios—e de santa María madre.
»créçem el coraçón—por que estades delant;
»con Dios aquesta lid—yo la he de arrancar.»

91

El Cid esfuerza a su mujer y a sus hijas.
—Los moros invaden la huerta de Valencia.

　　Fincadas son las tiendas—e paregen los alvores,
a una grand priessa—tañién los atamores;
alegravas mio Çid e dixo:—«tan buen día es oy!»
Miedo a su mugier—e quiérel crebar el coraçón,
assí ffazie a las dueñas—e a sus fijas amas a dos:
del día que nasquieran—non vidieran tal tremor.

Prisos a la barba—el buen Çid Campeador:
«on ayades miedo,—ca todo es vuestra pro;
»antes destos quinze días,—si ploguiere a*l* Criador.
»*abremos a ganar*—aquellos atamores;
»a vos los pondrán delant—e veredes quáles son,
»desí an a ssee*r*—del obispo don Jero*m*e,
»colgar los han en Santa María—madre del Criador.»
Voçación es que fizo—el Çid Campeador.
Alegre' son las dueñas,—perdiendo van el pavor.
Los moros de Marruecos—cavalgan a vigor,
por las huertas adentro—e*ntr*an sines pavor.

92

Espolonada de los cristianos.

Ví*d*olo el atalaya—e tanxo el esquila;
prestas son las mesnadas—de las yentes de *Roy Díaz,*
adóbanse de coraçon—e dan salto de la villa.
Dos fallan con los moros—cometiénlos tan aína,
sácanlos de las huertas—mucho a fea guisa;
quinientos mataron dellos—conplidos en ese día.

93

Plan de batalla.

Bien fata las tiendas—dura aqueste alcaz,
mucho avién fecho,—pie*n*ssans*e de tornar.*
Albar Salvadórez—preso fincó allá,
Tornados son a mio Çid—los que comién so pan;
él se lo vío con los ojos,—cuéntangelo delant,
alegre es mio Çid—por quanto fecho han:
«Oídme, cavalleros,—non rastará por al;
»oy es día bueno—e mejor será cras:
»por la mañana prieta—todos armados seades,
»el obispo do Jero*m*e—soltura nos dará,
»dezir nos ha la missa,—e penssad de cavalgar;
»ir los hemos fferir,—*non passará por al,*
»en el nombre del Criador—e d' apóstol santi Yague.
»Mas vale que noslos vezcamos,—que ellos cojan el pan.»
Essora dixieron todos:—«damor e de voluntad.»

Fablava Minaya,—non lo quiso detardar:
«pues esso queredes,—Çid, a mí mandedes al;
»dadme çiento e treínta cavalleros—pora, huebos de lidiar;
»quando vos los fóredes ferir,—entraré yo del otra part;
»o de amas o del una—Dios nos valdrá.»
Essora dixo el Cid:—«dé buena voluntad.»

94

El Cid concede al obispo las primeras heridas.

Es día es salido—e la noch es entrada,
nos detardan de adobasse—essas yentes cristianas.
A los mediados gallos,—antes de la mañana,
el obispo don Jero*me*—la missa les cantava;
la missa dicha—grant soltura les dava:
«El que aquí muriere—lidiando de cara,
«préndol yo los pecados,—e Dios le abrá el alma.
»A vos Çid don Rodrigo,—en buen*a* çinxiestes espada,
»yo vos canté la missa—por aquesta mañana;
»pídovos un*a* don*a*—e seam presentad*a*:
»las feridas primeras—que las aya yo otorgadas.»
Dixo el Campeador:—«desaquí vos sean mandadas.»

95

Los cristianos salen a batalla.—Derrota de Yúcef.
—Botín extraordinario.—El Cid saluda a su mujer y a sus hijas.
—Dota a las dueñas de Jimena.—Reparto del botín.

Salidos son todos armados—por las torres de *Quarto,*
mio Çid a los sos vassallos—tan bien los acordando.
Dexan a las puertas—omnes de grant recabdo.
Dios salto mio Çid—en Bavieca el so cavallo;
de todas guarnIzones—muy bien es adobado.
La seña sacan fuera—de Valençia dieron salto,
quatro mill menos treínta—con mio Çid van a cabo,
a los çinquaenta mill—vanlos ferir de grado;
Alvar Alvar*oz* e Minaya—entráronles del otro cabo.
Plogo al Criador—e ovieron de arrancarlos.
Mio Çid enpleó la langa,—al espada metió mano,
atantos mata de moros—que non fueron contados;

por el cobdo ayuso—la sangre destellando.
Al rey Yúcef—tres colpes le ovo dados.
salióse del sol espada,—ca muchol andido el cavallo,
metiósle en Gujera,—un castiello palaçiano;
mio Çid el de Bivar—fasta allí llegó en alcanço
con otros quel consiguen—de sos buenos vassallos.
Desd' allí se tornó—el que en buen ora nasco,
mucho era alegre—de lo que an caçado;
allí preçió a Bavieca—de la cabeça fasta a cabo.
Toda esta ganançía—en su mano a rastado.
Los çinquaenta mill—por cuenta fuero' notados:
non escaparon—más de çiento e quatro.
Mesnadas de mio Çid—robado an el canpo;
enter oro e plata—fallaron tres mill marcos,
de las otras ganaçias—non avía recabdo,
Alegre era mío Cid—e todos sos vassallos,
que Dios les ovo merçed—que vençieron el campo;
quando al rey de Marruecos—assí lo an arrancado,
dexó Albar Fáñez—por saber todo recabdo;
con çient cavalleros—a Valencia es entrado,
fronzida trahe la cara,—que era desarmado,
assí entró sobre Bavieca,—el espada en la mano.

  Reçibiendo las dueñas—que lo están esperando;
mio Çid fincó antellas,—tovo la rienda al cavallo:
«A vos me omilla, dueñas,—grant prez vos he gañado:
»vos teniendo Valençia,—e yo vençí el campo;
»esto Dios se lo quiso—con todos los sos santos,
»quando en vuestra venida—tal ganançia nos han dad*e*
»Ve*e*des el espada sangrienta—e sudiento el cavallo:
»con tal cum esto—se vençen moros del campo.
»Rogad al Criador—que vos viba algunt año,
»entraredes en prez—e besarán vuestras manos.»
Esto dixo mio Çid,—diçiendo del cavallo,
Quandol vieron de pie—que era descavalgado,
las dueñas e las fijar,—e la mugier que vale algo
delant del Campeador—los inojor fincaron:
«Somos en vuestra merçed—e bivades muchos años!»

  En buelta con él—entraron al palaçio,
e ivan posar con él—en unos preçiosos escaños.
«Ya mugier doña Ximena,—nom lo aviedes rogado?
»Estas dueñas que aduxiestes,—que vos sirven tanto,
»quiérolas casar—con de aquestos mios vassallos;

»a cada una dellas—doles dozientos marcos,
»que lo sepan en Castiella,—a quién sirvieron tanto.
»Lo de vuestras fijas—venir se a más por espacio.»
Levantáronse todas—e besáronle las manos,
grant *fo* el alegría—que *fo* por el palaçio.
Commo lo dixo el Çid,—assí lo han acabado.

    Minaya Albar Fáñez—fuera era en el campo,
con todas estas yentes—escriviendo e contando;
entre tiendas e armas—e vestidos preçiados
tanto fallan *ellos* desto—que *mucho* es sobejano.
Quiérovos dezir—lo que es más granado:
non pudieron saber la cuenta—de todos los cavallos
que andan arriados—e non ha qui tomallos;
los moros de las tierras—ganado se an y algo;
maguer de todo esto,—el Campeador contado
de los buenos e otorgados—cayéronle mill cavallos;
quando a mio Çid—cayeron tantos,
los otros bien pueden—fincar pagados.
Tanta tienda preciada—e tanto tendal obrado
que a ganado mio Çid—con todos sos vassallos!
La tienda del rey de Marruecos,—que de las otras es cabo,
dos tendales la sufren,—con oro son labrados;
mandó mio Cid—*el Campeador contado,*
que fita sovisse la tienda,—e non la tolliesse dent cristiano;
«Tal tienda commo esta—que de Marruecos *ha* passado,
»enbiar la quiero—a Alfonso el Castellano,
»que croviesse *sus* nuevas—de mio Çid que avíe algo.»

    Con aquestas riquezas tantas—a Valençia son entrados.
El obispo don Jerome,—caboso coronado,
quando es farto de lidiar—con amas las sus manos,
non tiene en cuenta—los moros que ha matados;
lo que ca*d*ié a él—mucho era sobejano;
mio Çid don Rodrigo,—el que en buen ora nasco,
de toda la su quinta—el diezmo l'a mandado.

96

Gozo de los cristianos.—El Cid envía el nuevo presenta al rey.

    Alegres son por Valençia—las yentes cristianas,
tantos avien de averes,—de cavallos e de armas;
alegre es doña Ximena—e sus fijas amas,

e todas las otras dueñas—ques tienen por casadas.
El bueno de mio Çid—non lo tardó por nada:
«¿Do sodes, caboso?—venid acá. Minaya;
»de lo que a vos cadió—vos non gradeçedes nada;
»desta mi quinta,—dígovos sin falla,
»prended lo que quisiéredes,—lo otro remanga.
»E cras ha la mañana—ir vos hedes sin falla
»con cavallos desta quinta,—que yo he ganada,
»con siellas e con frenos—e con señas espadas;
»por amor de mi mugier—e de mis fijas amas,
»por que assí las enbió—dond ellas son pagadas,
»estos dozientos cavallos—irán en presentajas,
»que non diga mal el rey Alfons—del que Valençia manda.»
Mandó a Per Vermudoz—que fosse con Minaya.
Otro día mañana—privado cavalgavan,
e dozientos omnes—lievan en su conpaña,
con saludes del Çid—que las manos le besava:
desta lid—que *mio Çid* ha arrancada
dozientos cavallos—el enbiava en presentaja,
«e servir lo he siempre—mientra que ovisse el alma.»

97

Minaya lleva el presente a Castilla.

Salidos son de Valençia—e pienssan de andar,
tales ganancias traen—que son a aguardar.
Andan los días e las noches,—*que vagar non se dan*
e passada han la sierra,—que las otras tierras parte
Por el rey don Alfons—tómanse a preguntar.

98

Minaya llega a Valladolid.

Passando van las sierras—e los montes e las aguas.
llegan a Valladolid—do el rey Alfons estava;
enviávale mandado—Per Verudoz e Minaya,
que mandasse reçebir—a esta conpaña
mio Çid el de Valençia—enbía sue presentaja.

99

El rey sale a recibir a os del Cid.—Envidia de Garci Ordóñez.

    Alegre f*o* el rey,—non vi*di*estes atanto,
mandó cavalgar apriessa—todos sos fijos dalgo
i en los primeros—el rey fuera dió salto,
a ve*er* estos mensajes—del que en buen ora nasco.
Ifantes de Carrión,—sabet, is açertaron,
e co*m*de don García—*del* Çid so enemigo malo.
A los unos plaze—e a los otros va pesando.
A ojo los avien—los del que en buen ora nasco,
cuédanse que es amofalla,—ca non vienen con mandado
el rey don Alfonso—seíse santiguando.
Minaya e Per Vermud*oz*—adelante son llegados,
firiéronse a tierra—*di*çieron de los cavallos;
antel rey Alfons—los inoios fincados,
besan la tierra—e los pie*des* amos;
«Merced, rey, lfonsso,—sodes tan ondrado!
»por mio Çid el Campeador—todo esto vos besamos;
»a vos llama por señor,—e tienes por vuestro vassallo
»mucho preçía la ondra—el Çid quel avedes dado
»Pocos días ha, rey,—que una lid a arrancado:
»a aquel rey de Marruecos,—Yúcef por nombrado,
»con çincuaenta mill—arrancólos del campo.
»Los ganados que *fizo*—mucho son sobejan*os*,
»ricos son venidos—todos los son vasallos,
»e embíavos dozientos cavallos,—e bésavos las manos.»
Dixo rey don Alfons:—«Reçíbolos de grado.
»Gradéscolo a mio Çid—que tal don me ha enbiado;
»aun vea ora—que de mí sea pagado.»
Esto plogo a muchos—e besáronle las manos.
    Pesó al co*m*de don García,—e mal era irado;
con diez de sos parientes—aparte davan salto;
»¡Maravilla es el Çid,—que su ondra creçe tanto.
»En la ondra que él ha—nos seremos abiltados;
»por tal biltadamientre—vençer reyes del campo,
»commo si los fallasse muertos—aduzirse los cavallos
»por esto que él faze—nos abremos enbargo.»

100

El rey muéstrase benévolo hacia el Cid.

   Fabló el rey don Alfons—*odredes lo que dix:*
»Grado al Criador—e a señor sant Esidre
»estos dozientos cavallos—quem enbía mio Çid.
»Mio reyno adelant—mejor me podrá servir.
»A vos Minaya Alvar Fáñez—e a Per Vermud*oz* aquí
»mándovos los cuorpos—ondradamientre vestir
»e guarnirvos de todas armas—commo vos dixiéredes aquí
»que bien parescades—ante R*o*y Díaz mio Çid;
»dovos tres cavallos—e prendedlos aquí.
»Assí commo semeja—e la veluntad me lo diz,
»todas estas nuevas—a bien abrán de venir.»

101

Los infantes de Carrión piensan casar con las hijas del Cid.

   Besáronle las manos—y entraron a posar;
bien los mandó servir—de quanto huebos han.
   D' iffantes de Carrión—yo vos quiero contar,
fablando en s*o* conssejo,—aviendo su poridad:
«Las nuevas del Çid—mucho van adelant,
»demandemos sus fijas—pora con ellas casar;
»creçremos en nuestra ondra—e iremos adelant.»
Vinien al rey Alfons—con esta poridad:

102

Los infantes logran que el rey les trate el casamiento.—El rey pide vistas con el Cid.—Minaya vuelve a Valencia y entera al Cid de todo.—El Cid fija el lugar de las vistas.

   «Merced vos pidimos—commo a rey e a señor;
»con vuestro conssejo—lo queremos fer nos,
»que nos demandedes—fijas del Campeador;
»casar queremos con ellas—a su ondra y a nuestra pro.»
Una grant ora—el rey penssó e comidió:
«Yo eché de tierra—al buen Campeador,

»e faciendo yo a él mal,—e él a mí grand pro,
»del casamiento—non sé sis abrá sabor;
»mas pues bos lo queredes—entremos en la razón.»
　　A Minaya Albar Fáñez—e a Per Vermudoz
el rey don Alfonsso—essora los llamó
a una quadra—elle los apartó:
«Oídme, Minaya,—e vos, Per Vermu*doz*:
»sírvem mio Çid—*Roi Díaz* Campeador
»el*l*e lo mereçe—e de mí abrá perdón;
»viniéssem a vistas—si oviesse dent sabor.
»Otros mandados ha—en esta mi cort:
»Dí*dag*o a Ferrando,—los iffantes de Carrión,
»sabor han de casar—con sus fijas amas a dos.
»Se*e*d buenos mensageros,—e ruégovoslo yo
»que gelo digades—al buen Campeador:
»abrá y ondra—e creçrá en onor,
»por conssagrar—con iffantes de Carrión.»
Fabló Minaya—e plogo a Per Vermu*doz*:
«Rogar gelo emos—lo que dezides vos;
después faga el Çid—lo que oviere sabor.»
—«Dezid al Roy Díaz,—el que en buen ora na*çió*,
»quel iré a vistas—do aguisado f*o*re;
»do el*l*e dixiere,—y sea el mo*j*ón.
»Andar le quiero—a mio Çid en toda pro.»
Espidiensse al rey,—con esto tornados son,
van pora Valençia—ellos e todos los sos.
　　Quando lo sopo—el buen Campeador,
apriessa cavalga,—a reçebirlos salió;
sonrrisós mio Çid—e bien los abraçó:
«¿Venides, Minaya,—e vos, Per Vermu*doz*!
»En pocas tierras a—tales dos varones.
»¿Commo son las saludes—de Alfons mio señor?
»¿si es pagado—o reçibió el don?»
Dixo Minaya:—«d' alma e de coraçón
»es pagado,—e davos su amor.»
Dixo mio Çid:—«grado al Criador!»
Esto diziendo,—conpieçan la razón,
lo quel rogava—Alfons el de León
de dar su*e*s fijas—a ifantes de Carrión,
quel connosçie i ondra—e creçrié en onor,
que gelo conssejava—d alma e de coraçón.
Quando lo oyó mio Çid—el buen Campeador,

una grand ora—penssó e comidió:
«Esto gradesco a Cristus—el mio señor
»echado fu de tierra,—*he* tollida la onor,
»con grand afán gané—lo que he yo;
»a Dios lo gradesco—que del rey he su *amor,*
»e pídenme mis fijas—pora ifantes de Carrión.
«¿Dezid, Minaya—e vos, Per Vermudoz,
»d' aqueste casamiento—que semeja a vos?»
—«Lo que a vos ploguiere—esso dezimos nos.»
   Dixo el Çid: «de grand natura—son ifantes de Carrión,
»ellos son mucho urgullosos—e an part en la cort,
»deste casamiento—non avría sabor;
»mas pues lo conseja—el que más vale que nos,
»fablemos en ello,—en la poridad seamos nos,
»Afé Dios del çielo—que nos acuerde en lo mijor.»
—«Con todo esto,—a vos dixo Alfons
»que vos vernié a vistas—do oviéssedes sabor;
»querer vos ye ve*er*—e dar vos su amor,
»acordar vos yedes después—a todo lo mejor.»
Essora dixo el Çid:—«plazme de coraçón.»
—«Estas vistas—o las ayades vos,»
dixo Minaya,—«vos seed sabidor.»
—«Non era maravilla—si quisiesse el rey Alfons,
»fasta do lo fallássemos—buscar lo iriemos nos,
»por darle grand ondra—commo a rey *e señor.*
»Mas lo que él quisiere,—esso queramos nos.
»Sobre Tajo,—que es una agua *mayor,*
»ayamos vistas—quando lo quiere mio señor.»
   Escrivien cartas,—bien las se*e*lló,
con dos cavalleros—luego las enbió:
lo que el rey quisiere,—esso ferá el Campeador.

103

El rey fija plazo para las vistas.
—Dispónese con los suyos para ir a ellas.

   Al rey ondrado—delant le echaron las cartas;
quando las vio,—de coraçón se paga:
«Saludadme a mio Çid,—el que en buen*a* çinxo espada;
«sean las vistas—destas tres se*d*manas;
»s' yo bivo so,—allí iré sin falla.»

Non lo detardan,—a mio Çid se tornavan.
　　Della part e della—pora las vistas se adobavan;
¿quién vido por Castiella—tanta mula preçiada,
e tanto palafré—que bien anda,
cavallos gruessos—e corredores sin falla,
tanto buen pendón—meter en buenas astas,
escudos boclados—con oro e con plata,
mantos e pielles—e buenos çendales d' Andria?
Conduchos largos—el rey enbiar mandava
a las aguas de Tajo,—o las vistas son aparejadas.
Con el rey—atantas buenas conpañas.
Iffantes de Carrión—mucho alegres andan,
lo uno adebdan—e lo otro pagavan;
commo ellos tenien,—creçer les ya la ganançia,
quantos quisiessen—averes d' oro o de plata.
El rey don Alfonso—a priessa cavalgaba,
cuemdes e podestades—e muy grandes mesnadas,
Ifantes de Carrión—lievan grandes conpañas.
Con el rey van leoneses—e mesnadas gallizianas,
non son en cuenta,—sabet, las castellanas;
sueltan las riendas,—a las vistas se van adeliñadas.

104

El Cid y los suyos se disponen para ir a las vistas.—Parter de Valencia.—El rey y el Cid se avistan a orillas del Tajo.—Perdón solemne dado por el rey al Cid.—Convites.—El rey pide al Cid sus hijas para los infantes.—El Cid confía sus hijas al rey y éste las casa.—Las vistas acaban.—Regalos del Cid a los que se despiden —El rey entrega os infantes al Cid.

　　Dentro en Valençia—mio Çid el Campeador
non lo detarda,—pora las vistas se adobó.
Tanta gruessa mula—e tanto palafré de sazón,
tanta buena arma,—e tanto buen cavallo corredor,
tanta buena capa—e mantos e pelliçones;
chicos e grandes—vestidos son de colores.
Minaya Albar Fáñez—e aquel Per Vermudoz.
Martín Muñoz—*el que mandó a Mont Mayor,*
e Martín Antolínez,—el Burgalés de pro,
el obispo don Jerome,—coranado mejor,
Albar Alvaroz,—e Albar Salvadórez,

Muño Gustioz,—el cavallero de pro,
Galind Garçiaz,—el que fo de Aragón:
estos se adoban—por ir con el Campeador,
e todos los otros—*quantos* que i son.
　　Alvar Salvadórez—e Galind Garciaz el de Aragón,
a aquestos dos—mandó el Campeador
que curien a Valençia—d' alma e de coraçón,
e todos los *otros*—que en poder dessos fossen.
Las puertas del alcáçer,—*mio Çid lo mandó*,
que non se abriessen—de día nin de noch;
dentro es su mugier—e sus fijas amas a dos,
en que tiene su alma—e *so* coraçón,
e otras dueñas—que las sirven a su sabor;
recabdado ha,—commo tan buen varón,
que del alcáçer—una salir non pu*o*de,
fata ques torne,—el que en buen ora na*ç*ió.
　　Salien de Valençia—aguijan *a* espolón,
Tantos cavallos en diestro,—gruessos e corredores,
mio Çid se los gañara,—que non ge los dieran en don.
Hyas va pora las vistas—que con el rey paró.
　　De un día es llegado antes—el rey don Alfons.
Quando vieron que vinie—el buen Campeador,
reçebir lo salen—con tan gran onor.
Don lo ovo a ojo—el que en buen ora nació,
a todos los sos—estar los mandó,
si non a estos cavalleros—que querie de coraçón.
Con unos quinze—a tierras firió,
como lo comidía—el que en buen ora nació,
los inojos e las manos—en tierra los fincó.
las yerbas del campo—a dientes las tomó,
llorando de los ojos,—tanto avié el gozo mayor;
assí sabe dar omildança—a Alfons so señor.
De aquesta guisa—a los pie*des* le cayó;
tan grand pesar ovo—el rey don Alfons:
«Levantados en pie,—ya Çid Campeador,
»besad las manos,—ca los pie*des* no;
»si esto non feches,—non avredes mi amor.»
Hinojos fitos—sedie el Campeador.
«¡Merçed vos pido a vos,—mio natural señor,
»assí estando,—dédesme vuestra amor,
»que lo oyán *todos*—quantos aquí son.»
Dixo el rey: «esto feré—d'alma e de coraçón;

»aquí vos perdono—e dovos mi amor,
»ên todo mió reyno—parte desde oy.»
Fabló mio Çid—e dixo *esta razón:*
«merced; yo lo reçibo,—Alfons mio señor;
»gradéscolo a Dios del çielo—e después a vos,
»e a estas mesnadas—que están a derredor.»
Hinojos fitos—las manos le besó.
Levós en pie—e en la bóca¹ saludó.
Todos los demás—desto avien sabor;
pesó a Albar Díaz—e a Garci Ordóñez.
    Fabló mio Cid—e dixo esta razón:
«Esto gradesco—al *padre* Criador,
»quando he la graçia—de Alfons mio señor;
»valer me a Dios—de día e de noch.
»F*o*ssedes mi*o* huesped,—si vos ploguiesse, señor.»
Dixo el rey:—«non es aguisado oy:
»vos agora llegastes,—e nos viniemos anoch;
»mio huesped seredes,—Çid Campeador,
»e cras feremos—lo que ploguiere a vos.»
Besóle la mano—mio Çid, lo otorgó.
Essora se le omillan—iffantes de Carrión:
«Omillámosnos, Çid—en bue*n*a nasquiestes vos!
»En quanto podemos—andamos en vuestro pro.»
Respuso mio Çid:—«assí lo mande el Criador!»
Mio Cid R*o*y Díaz,—que en ora buena naçió,
en aquel día—del rey so huesped f*o*;
non se puede fartar dél,—tántol querie de coraçón;
catándol sedie la barba,—que tan aína¹ creçió.
Maravíllanse de mio Çid—quantos que y son.
    Es día es passado,—e entrada es la noch.
Otro día mañana,—claro salie el sol,
el Campeador—a los sos lo mando
que adobassen cozina—pora quantos que i son,
de tal guisa los paga—mio Çid el Campeador,
todos eran alegres—e acuerdan en una razón:
passado avie tres años—no comieran mejor.
    Al otro día mañana,—assí commo salió el sol,
el obispo don Jero*me*—la missa cantó.
Al salir de la missa—todos juntados son;
non lo tardó el rey,—la razón conpeçó:
«Oidme, las escuelas,—cue*m*des e ifançones!
»cometer quiero un ruego—a mio Çid el Campeador;

»assí lo mande Cristus—que sea a so pro.
»Vuestras fijas vos pido,—don Elvira e doña Sol,
»que las debes por mugieres,—a ifantes de Carrión.
»Semejan el casamiento—ondrado e con grant pro,
»ellos vos las piden—e mándovoslo yo.
»Della e della parte—quantos que aquí son,
»los míos e los vuestros—que sean rogadores;
»dándoslas, mio Çid,—si vos vala el Criador!»
—«Non abría fijas de casar»,—respuso el Campeador,
»ca non han grant hedad—e de días pequeñas son.
»De grandes nuevas son—ifantes de Carrión,
»perteneçen pora mis fijas—e criásteslas vos,
»Hyo las engendré amas—e criásteslas vos,
»entre yo y ellas—en vuestra merçed somos nos;
»afellas en vuestra mano—don Elvira e doña Sol,
»dadlas a qui quisiéredes vos,—ca yo pagado so.»
—«Graçias», dixo el rey,—«a vos e a tod esta cort.»
Luego se levantaron—iffantes de Carrión,
ban besar las manos—al que en ora buena nació;
camearon las espadas—antel rey don Alfons.
 Fabló rey don Alfons—commo tan buen señor:
«Graçias, Çid. commo tan bueno,—e primero al Criador,
»quem dades vuestras fijas—pora ifantes de Carrión.
»Daquí las prendo por mis manos—don Elvira e doña Sol,
»e dólas por veladas—a ifantes de Carrión.
»Yo las caso a vuestras fijas,—con vuestro amor,
»al Criador plega—que ayades ende sabor.
»Afellos en vuestras manos—ifantes de Carrión,
»ellos vayan convusco,—ca d' aquén me torno yo.
»Trezientos marcos de plata—en ayuda les do yo,
»que metan en sus bodas—o do quisiéredes vos;
»pues fueren en vuestro poder—en Valençia la mayor.
»los yernos e las fijas—todos vuestros fijos son:
»lo que vos ploguiere,—dellos fet, Campeador.»
Mio Çid gelos reçibe,—las manos le besó:
«Mucho vos lo gradesco,—commo a rey e a señor!
»Vos casades mis fijas,—ca non gelas do yo.»
 Las palabras son puestas,—*los omenajes dados son,*
que otro día mañana—quando saliesse el sol,
ques tornasse cada uno—don salidos son.
Aquís metió en nuevas—mio Çid el Campeador;
tanta gruessa mula—e tanto palafré de sazón,

tantas buenas vestiduras—que d' alfaya son,
conpeçgó mío Çid a dar—a quien quiere prender so don;
cada uno de lo que pide,—nadi nol dize de no.
Mio Çid de los cavallos—sessaenta dio en don.
Todos son pagados de las vistas—quantos que y son;
partir se quieren,—que entrada era la noch.
   El rey a los ifantes—a las manos les tomó,
metiólos en poder—de mio Çid el Campeador:
«Evad aquí vuestros fijos,—quando vuestros yernos son;
»de oy mas, sabed—qué fer dellos, Campeador;
»*sírvanvos commo a padre—e guárdenvos cum a señor.*»
—«Gradéscolo, rey,—e prendo vuestro don;
»Dios que está en çielo—de*vos* dent buen galardon.

105

El Cid no quiere entregar las hijas por si mismo. —Minaya será representante del rey.

   »Yo vos pido merçed—a vos rey natural:
»pues que casades mis fijas.—así commo a vos plaz,
»dad manero a qui las dé—quanto vos las tomades;
»non gelas daré yo con mi mano,—nin de*nd* non se alabarán.»
Respondió el rey:—«afé aquí Albar Fáñez;
»prendellas con vuestras manos—e daldas a los ifantes,
»assí commo yo las prendo daquent,—commo si fosse delant,
»sed padrino dellas—a tpd el velar;
»quando vos juntáredes comigo—quem digades la verdat.»
Dixo Albar Fáñez:—«señor, afé que me plaz.»

106

El Cid se despide del rey.—Regalos.

   Tod esto es puesto,—sabed, en gran recabdo.
«Ya rey don Alfons,—señor tan ondrado,
»destas vistas que oviemos,—de mí tomedes algo.
»Tráyovos *treínta* palafrés,—estos bien adobados,
»e treinta cavallos corredores,—estos bien enssellados;
»tomad aquesto—e beso vuestras manos.»
Dixo el rey don Alfons:—«mucho me avedes enbargado.

»Reçibo este don—que me avedes mandado;
»plega al Criador,—con todos los son santos,
»este plazer quem feches—que bien sea galardonado.
»Mio Çid Roy Díaz,—mucho me avedes ondrado,
»de vos bien so servido,—e tengon por pagado;
»aun bivo sediento,—de mí ayades algo!
»A Dios vos acomiendo,—destas vistas me parto.
»Afé Dios del çielo,—que lo ponga en buen recabdo!»

107

**Muchos del rey se van con el Cid a Valencia.
—Los infantes acompañados por Pedro Vermúdez.**

    Sobrel so cavallo Bavieca—mio Çid salto dio:
«Aquí lo digo,—ante mió señor el rey Alfons:
»qui quiere ir a las bodas,—o reçebir mio don.
»daquend vaya comigo;—cuedo quel avrá pro.»
    Yas espidió mio Çid—de so señor Alfons,
non quiere quel escurra,—dessí luégol quitó.
Veriedes cavalleros,—que bien andantes son,
besar las manos,—espedirse de rey Alfons:
«Merçed vos sea—e fazednos este perdón:
»hiremos en poder de mio Çid—a Valençia la mayor;
»seremos a las bodas—d' ifantes de Carrión
»he de fijas de mio Çid,—de don Elvira e doña Sol.»
Esto plogo al rey—e a todos los soltó;
la conpaña del Cid creçe,—e la del rey mengó,
grandes son las yentes—que van con el Canpeador.
    Adeliñan pora Valençia—la que en buen punto ganó.
A Fernando e a Díago—aguardar los mandó
a Per Vermudoz—e Muño Gustioz,
—en casa de mio Çid—non a dos mejores,—
que sopiessen sus mañas—d' ifantes de Carrión.
E va i Ansuor Gonçalvez,—que era bullidor,
que es largo de lengua,—mas en lo al non es tan pro.
Grant ondra les dan—a ifantes de Carrión.
Afelos en Valençia,—la que mio Çid ganó;
quando a ella assomaron,—los gozos son mayores.
Dixo mio Çid a don Pero—e a Muño Gustioz:
«Dad les un reyal—a ifantes de Carrión,
»e vos con ellos seed,—que assi vos lo mando yo.

»Quando viniere la mañana,—que apuntare el sol,
»verán a sus esposas,—a don Elvira e a doña Sol.»

108

El Cid anuncia a Jimena el casamiento.

Todos essa noch—foron a sus posadas,
mio Çid el Campeador—al alcáçer entrava;
recibiólo doña Ximena—e sus fijas amas:
«¿Venides, Campeador,—buena çinziestes espada!
«muchos dias vos veamos—con los ojos de las caras!»
—«Grado al Criador,—vengo, mugier ondrada!
»yermos vos adugo—de que avremos ondrança;
»gradidmelo, mis fijas,—ca bien vos he casadas!»

109

Doña Jimena y las hijas se muestran satisfechas.

Besáronle las manos—la mugier e las fijas
e todas las dueñas—de *quien son servidas:*
«Grado al Criador—e a vos, Çid, barba vellida!
»todo lo que vos feches—es de buena guisa.
»Non serán menguadas—en todos vuestros días!»
—«Quando vos nos casáredes—bien seremos ricas.»

110

El Cid recela del casamiento.

—«Mugier doña Ximena,—grado al Criador.
»A vos digo, mis fijas,—don Elvira e doña Sol:
»deste vuestro casamiento—creçremos en onor;
»mas bien sabet verdad—que non lo levanté yo:
»pedidas vos ha e rogadas—el mio señor Alfons,
»atan firme mientre—e de todo coraçón
»que yo nulla cosa—nol sope dezir de no.
»Metivos en sus manos,—fijas, amas ados;
»bien me lo creades,—que él vos casa, ca non yo.»

111

Preparativos de las bodas.—Presentación de los infantes.—Minaya entrega las esposas a los infantes.—Bendiciones y misas.—Fiestas durante quince días.—Las bodas acaban: regalos a los convidados. — El juglar se despide de sus oyentes.

    Penssaron de adobar—essora el palaçio,
por el suelo e suso—tan bien encortinado,
tanta pórpola e tanto xámed—e tanto paño preciado.
Sabor abriedes de seer—e de comer en palaçio.
Todos sos cavalleros—apriessa son juntados.
    Por iffantes de Carrión—essora enbiaron,
cavalgan los iffantes,—adelant adeliñavan al palaçio,
con buenas vestiduras—e fuertemientre adobados;
de pie e a sabor,—Dios, qué quedos entraron!
Reçibiólos mio Çid—con todos sos vasallos;
a el/e e a ssu mugier—delant se le omillaron,
e ivan posar—en un preçioso escaño.
Todos los de mió Çid—tan bien son acordados,
están parando mientes—al que en buen ora nasco.
    El Campeador—en pie es levantado:
«Pues que a fazer lo avemos,—por qué lo imos tardando?
»Venit acá, Albar Fáñez,—el que yo quiero e amo!
»affé amas mis fijas,—métolas en vuestra mano;
»sabedes que al rey—assí gelo he mandado,
»no lo quiero fallir por nada—de quanto ay parado:
»a ifantes de Carrión—dadlas con vuestra mano,
»e prendan bendiciones—e vayamos recabdando.»
—Estoz dice Minaya:—«esto faré yo de grado.»
Levántanse derechas—e metiógelas en mano.
A ifantes de Carrión—Minaya va fablando:
«Afevos delant Minaya,—amos sedes hermanos.
»Por mano del rey Alfons,—que a mí lo ovo mandado
»dovos estas dueñas,——amas son fijas dalgo.—
»que las tomassedes por mugieres—a ondra e a recabdo.»
Amos las reçiben—d' amor e de grado,
mío Çid e a su mugier—van besar la mano.
    Quando ovieron aquesto fecho,—salieron del palacio
pora Santa María—a priessa adelinnando;
el obispo don Jerome—vistiós tan privado,

a la puerta de la eclegia—sediellos sperando;
dióles bendictiones,—la missa a cantado.
    Al salir de la ecclegia—cavalgaron tan privado,
a la glera de Valençia—fuera dieron salto;
Dios, qué bien tovieron armas—el Çid e sos vassallos!
Tres cavallos cameó—el que en buen ora nasco.
Mio Çid de lo que *vid*ie—mucho era pagado:
ifantes de Carrión—bien an cavalgado.
Tórnanse con las dueñas,—a Valençia an entrado;
ricas fueron las bodas—en el alcaç*e*r ondrado,
e al otro día fizo mió Çid—fincar siete tablados:
antes que entrassen a yantar—todos los c*r*ebantaron.
    Quinze días conplidos—en las bodas duraron,
çerca de los quinze días—yas van los fijos dalgo.
Mio Çid don Rodrigo,—el que en buen ora nasco,
entre palafrés e muías—e corredores cavallos,
en bestias sines al—çiento *ha* mandados;
mantos e pelliçones—e otros vestidos largos;
non foron en cuenta—los averes monedados.
Los vassallos de mio Çid—assí son acordados,
cada uno por sí—sos dones avien dados.
Qui aver quiere prender—bien era abastado;
ricos tornan a Castiella—los que a las bodas llegaron.
Yas ivan partiendo—aquestos ospedados.
espidiéndos de Roy Diaz,—el que en buen ora nasco;
e a todas las dueñas—e a los fijos dalgo;
por pagados se parten—de mio Çid e de sos vassallos.
Grant bien dizen dellos—ca será aguisado.
Mucho eran alegres—*Didago* e Ferrando;
estos foron fijos—del co*m*de don Gonçalvo.
    Venidos son a Castiella—aquestos ospedados,
el Çid e sos hyernos—en Valençia son rastados.
Y moran los ifantes—bien cerca de dos años.
los amores que les fazen—mucho eran sobejanos.
Alegre era el Çid—e todos sos vassallos.
¡Plega a Santa María—e al Padre santo
ques pague des casamiento—mio Cid o el que lo ovo algo.
    Las coplas deste cantar—aquis van acabando.
El Criador vos vala—con todos los sos santos.

CANTAR TERCERO

LA AFRENTA DE CORPES

112

Suéltase el león del Cid.—Miedo de los infantes de Carrión. El Cid amansa al león.—Vergüenza de los infantes.

En Valençia se*dí*—mio Çid con todos *los sos,*
con el*le* amos sos yernos—ifantes de Carrión.
Yazies en un escaño,—durmie el Campeador,
mala sobrevienta,—sabed, que les cuntió:
saliós de la red—e desatós el león.
En grant miedo se vieron—por medio de la cort;
enbraçan los mantos—los del Campeador,
e çercan el escaño,—e fincan sobre so señor.
Fernan*t* Gonçal*v*ez,—*ifant de Carrión,*
non vi*d*o allí dos alçasse,—nin cámara abierta nin torre;
metiós sol escaño,—tanto ovo el pavor.
Dí*ag* Gonçal*v*ez—por la puerta salió,
diziendo de la boca:—«non veré Carrión!»
Tras una viga lagar—metiós con grant pavor;
el manto e el brial—todo suzio lo sacó.
En esto despertó—el que en buen ora nació;
vi*d*o çercado el escaño—de sos buenos varones:
«Qués esto, mesnadas,—o qué queredes vos?»
—«Ya señor ondrado,—rebata nos dió el león.»
Mio Çid fincó el cobdo,—en pie se levantó,
el manto trae al cuello,—e adeliñó pora' león;
el león quando lo vío,—assí envergonçó,
ante mio Çid la cabeça—premió e el rostro fincó.
Mio Çid don Rodrigo—al cuello lo tomó,
e llévalo adestrando,—en la red le metió.
A maravilla lo han—quantos que i son,
e tornáronse a palaçio—pora la cort.
Mio Cid por sos yernos—demando e no los falló;
maguer los está llamando,—ninguno non responde.
Quando los fallaron,—assí vinieron sin color;
non vi*d*iestes tal juego—commo iva por la cort,

mandólo vedar mió Çid—el Campeador.
Muchos tovieron por enbaídos—ifantes de Carrión,
fiera cosa les pesa—desto que les cuntió.

113

El rey Búcar de Marruecos ataca a Valencia.

Ellos en esto estando,—don avient grant pesar,
fuerças de Marruecos—Valençia vienen çercar;
en el campo de Quarto—ellos fueron posar,
cinquaenta mili tiendas—fincadas ha de las cabdales,
aqueste era el rey Búcar, —sil oviestes contar.

114

Los infantes temen la batalla—El Cid les reprende.

Alegravas el Çid—e todos sos varones,
que les creçe la ganangia,—grado al Criador.
Mas sabed, de cuer les pesa—a ifantes de Carrión;
ca veyen tantas tiendas de moros—de que non avien sabor.
Amos hermanos—a part salidos son:
«Catamos la ganançia—e la pérdida no;
»ya en esta batalla—a entrar abremos nos;
»esto es aguisado—por non veer Carrión,
»bibdas remandrán—fijas del Campeador.»
Oyó la poridad—aquel Muño Gustioz,
vino con estas nuevas—a mió Çid el Campeador:
«Evades vuestros yernos—tan osados son,
»por entrar en batalla—desean Carrión.
»Idlos conortar,—sí vos vala el Criador,
»que sean en paz—e non ayan i raçión.
»Nos con vusco la vençremos,—valer nos ha el Criador.»
Mid Çid don Rodrigo—sonrrisando salió:
«Dios nos salve, yernos,—ifantes de Carrión,
»en braços tenedes mis fijas—tan blancas commo el sol!
»Yo desseo lides,—e vos a Carrión,
»en Valençia folgad—a todo vuestro sabor,
»ca d' aquellos moros—yo so sabidor;
»arrancar me los trevo—con la merçed del Criador.»

115

Mensaje de Búcar.—Espolonada de los cristianos.—Cobardía del infante Fernando. (Laguna del manuscrito; hay una omisión de cincuenta versos que se suplen con el texto de la *Crónica de Veinte Reyes*.)—Generosidad de Pedro Vermúdez.

Ellos en esto fablando, enbió el rey Búcar dezir al Çid que le dexase Valençia e se fuesse en paz; sinón, que le pecharie quanto y avie fecho. El Çid dexo a aquel que troxiera el mensaje: «id dezir a Búcar, a aquel fi de enemigo «que ante destos tres días le daré yo lo que él demanda.»

Otro día mandó el Çid armar todos los suyos e sallió a los moro. Los infantes de Carrión pidiéronle estonces la delantera; e después que el Cid ovo paradas sus azes don Ferrando, el uno de los infantes, adelantóse por ir ferir a un moro a que dezían Aladraf. El moro cuando lo vio fue contra él otrossí; e el infante, con el grand miedo que ovo dél bolvió la rienda e fuxó. que solamente non lo osó esperar.

Pero Vermúdez que iva açerca dél, quando aquéllo vio, fue ferir en el moro, el lidió con él e matólo. Desí, tomó el cavallo del moro, e fue en pos el infante que iva fuyendo e díxole: "don Ferrando, tomad este cavallo e dezid a todos que vos matastes al moro cúyo era, e yo otorgarlo e con vusco."

El infante le dixo: "don Pero Vermúdez, mucho vos "gradezco lo que dezides;

»aun vea el ora que—vos meresca dos tanto.»
En una conpaña—tornados son amos.
Assí lo otorga don Pero—quomo se alaba Ferrando.
Plogo a mio Çid—e a todos sos vassallos;
«Aun si Dios quisiere—e el Padre que está en alto,
»amos los míos yernos—buenos serán en canpo.»
  Esto van diziendo—e las yentes se allegando,
en la ueste de los moros—los atamores sonando;
a maravilla lo avien—muchos dessos cristianos,
ca nunca lo vieran,—ca nuevos son llegados.
Mas se maravillan—entre Díago e Ferrando,
por la su voluntad—non serien allí llegados.
Oíd lo que fabló—el que en buen ora nasco:
«¡Ala, Per Vermudoz,—el mio sobrino caro!
»cúriesme a Díago—e cúriesme a Ferrando
»mios yernos amos a dos,—la cosa que mucho amo,
»ca los moros, con Dios,—non fincarán en canpo.»

116

Pedro Vermúdez se desentiende de los infantes.—Minaya y don Jerónimo pieden el primer puesto en la batalla.

 —«Yo vos digo, Çid,—por toda caridad,
»que oy los ifantes—a mí por amo non abrán;
»cúrielos qui quier,—ca dellos poco m' incal.
»Yo con los mios—ferir *los* quiero delant,
»vos con los vuestros—firme mientre a la çaga tengades;
»si cuenta fuere,—bien me podredes huviar.»
 Aquí llegó—Minaya Albar Fáñez:
»Oíd, ya Çid,—Canpeador leale!
»Esta batalla—el Criador la fera*v*e,
»e vos tan dinno—que con él avedes parte.
»Mandádno'los—ferir de qual part vos semejare,
»el debdo que *ha* cada uno—a conplir *se*ra*v*e.
»Verlo hemos con Dios—e con la vuestra auze.»
Dixo mio Çid:—«ayamos más de vegare.»
 Afevos el obispo don Jero*me*—muy bien armado *estave*.
Parávas delant al Campeador—siempre con la buen auze:
»Oy vos dix la missa—de santa Trinidade.
»Por esso salí de mi tierra—e vin vos buscare,
»por sabor que avía—de algún moro matare;
»mi orden e mis manos—querría las ondrar,
»e a estas feridas—yo quiero ir delant.
»Pendón trayo a corças—e armas de señal,
»si plogiesse a Dios—querríalas ensayar,
»mio coraçón—que pudiesse folgar,
»e vos, mio Çid,—de mí más vos pagar.
»Si este amor non feches,—yo de vos me quiero quitar.»
Essora dixo mió Çid:—«Lo que vos queredes plazme.
»Afé los moros a ojo,—idlos ensayar.
»Nos d' aquent veremos—cómmo lidia el abbat.»

117

El obispo rompe la batalla,—El Cid acomete —Invade el campamento de los moros.

 El obispo don Jero*me*—priso a espolonada
e ívalos ferir—a cabo del albergada.

Por la su ventura—e Dios quel amava
a los primeros colpes—dos moros matava.
El astil a *cre*bado—e metió mano al espada.
Ensayavas el obispo,—Dios, qué bien lidiava!
Dos mató con lanca—e çinco con el espada.
Moros son muchos,—derredor le çercavan,
dávanle grandes colpes,—mas nol falssan las armas.
   El que en buen ora nasco—los ojos le fincava,
enbraçó el escudo—e abaxó el asta,
aguijó a Bavieca,—el cavallo que bien anda,
ívalos ferir—de coraçón e de alma.
En las azes primeras—el Campeador entrava,
abatió a siete—e a quatro matava.
Plogo a Dios,—aquesta fo el arrancada.
Mio Çid con los sos—cade en alcança;
veries *cre*bar ta*n*tas cuerdas—e arrancarse las estacas
acostarse los tendales,—con huebras eran tantas.
Los del mio Çid a los de Búcar—de las tiendas los sacan.

118

Los cristianos persiguen al enemigo.—El Cid alcanza y mata a Búcar.—Gana la espada Tizón.

   Sácanlos de las tiendas,—cáenlos en alcaz;
tanto braço con loriga—veriedes caer a part,
tantas cabeças con yelmos—que por el campo ca*de*n,
cavallos sin dueños—salir a todas partes.
Siete migeros complidos—duró el segudar.
   Mio Çid al rey Búcar—ca*di*ól en alcaz:
»Acá torna, Búcar!—venist delant mar.
»Veerte as con el Çid,—el de la barba grant.
»saludar nos hemos amos,—e tajaremos amizta*t*.»
Respuso Búcar al Çid:—«cofonda Dios tal amiztad!
»Espada tienes en mane—e veot aguijar;
»así commo semeja,—en mí la quieres ensayar.
»Mas si el cavallo non estropieça—o comigo non ca*de*,
»non te juntarás comigo—fata dentro en la mar.»
Aquí respuso mío Çid:—«esto non será verdad.»
Buen cavallo tiene Búcar—e grandes saltos faz,
mas Bavieca el de mio Çid—alcancandolo va.
Alcançólo el Çid a Búcar—a tras bragas del mar,

arriba alçó Colada—un grant colpe dádol ha,
las carbonclas del yelmo—tollidas gelas ha,
cortól el yelmo—e, librado todo lo al,
fata la çintura—el espada llegado ha.
Mató a Búcar,—al rey de allén mar,
e ganó a Tizón—que mill marcos d' oro val.
Vençió la batalla—maravillosa e grant,
Aquís ondró mio Çid—e quantos con el*le están*.

119

Los del Cid vuelven del alcance.—El Cid satisfecho de sus yernos; éstos, avergonzados.—Ganancias de la victoria.

Con estas gananças—yas ivan tornando;
sabet, todos de firme—robavan el campo.
A las tiendas eran llegados—*con* el que en buena nasco,
mio Çid Roy Díaz,—el Campeador contado.
Con dos espadas—que él preçiava algo
por la matança—vinía tan privado,
la cara fronzida—e almófar soltado,
cofia sobre los pelos—fronzida della yaquanto.
De todas partes—sos vassallos van llegando;
algo vi*die* mio Çid—de lo que era pagado,
alçó sos ojos—estdva adelant catando,
e vi*do* venir a Díago—e a Fernando;
amos son fijos—del co*m*de don Gonçal*v*o.
Alegrós mio Çid—fermosó sonrrisarido:
»¿Venides, mios yernos,—mios fijos sodes amos!
»Sé que de lidiar—bien sodes pagados;
»a Carrión de vos—irán buenos mandados,
»cómmo al rey Búcar—avemós arrancado.
»Commo yo fio por Dios—y en todos los sos santos,
»desta arrancada—nos iremos pagados.»
Minaya Albar Fáñez—essora es llegado,
el escudo trae al cuello—e todo espad*a*do;
de los colpes de las lanças—non avie recabdo;
aquellos que gelos dieran—non gelo avien logrado.
Por el cobdo ayuso—la sangre destellando;
de veinte arriba—ha moros matado:
«Grado a Dios—e al padre que está en alto,
»e a vos, Çid,—que en buen ora *f*ostes nado!

»Mataste a Búcar—e arrancamos el canpo.
»Todos estos bienes—de vos son e de vuestros vassallos.
»E vuestros yernos—aquí son ensayados,
»fartos de lidiar—con moros en el campo.»
Dixo mio Çid:—«yo desto so pagado;
»quando agora son buenos,—adelant serán preçiados.»
Por bien lo dixo el Çid,—mas ellos lo touieron a *escarnio.*

    Todos los ganados—a Valençia son llegados;
alegre es mid Çid—con todos sos *vassallos,*
que a la raçión ca*die*—de plata seys çientos marcos.

    Los yernos de mio Çid—quando este aver tomaron
desta arrancada,—que lo tenien en so salvo,
cuydaron que en sos días—nunqua serien minguados.
Foron en Valençia—muy bien arreados,
conduchos a sazones.—buenas pieles e buenos mantos.
Muchos son alegres—mio Çid e sos vassallos.

120

El Cid satisfecho de su victoria y de sus yernos. (Repetición.)

    Grant fo el dia—*por* la cort del Campeador,
después que esta batalla vencieron—e al rey Búcar mató,
alçó la, mano,—a la barba se tomó:
«Grado a Cristus,—que del mundo es señor,
»quando veo—lo que avía sabor,
»que lidiaran comigo en campo—mios yernos amos a dos:
»mandados buenos irán—dellos a Carrión,
»commo son ondrados—e aver *nos han* grant pro.»

121

Reparto del botín.

    Sobejanas son las gananças—que todos an ganado
lo uno es *dellos,*—lo otro han en salvo.
Mandó mio Çid,—el que en buen ora nasco,
desta batalla—que han arrancado
que todos prisiessen—so derecho contado,
e *el so* quinto *de mio Çid*—non fosse olbidado.
Assí lo fazen todos,—ca eran acordados.
Ca*die*rónle en quinta al Çid—seys çientos cavallos,

e otras azémilas—e camellos largos
tantos son de muchos—que non serién contados.

122

**El Cid, en el colmo de su gloria, medita dominar a Marruecos.
—Los infantes ricos y honrados en la corte del Cid.**

 Todas estas ganançias—fizo el Canpeador.
«Grado a Dios—que del mundo es señor!
»Antes fu minguado,—agora rico so,
»que he aver e tierra—e oro e onor,
»e son mios yernos—ifantes de .Carrión;
»arranco las lides—commo plaze al Criador,
»moros e cristianos—de mi han grant pavor.
»Allá dentro en Marruecos,—o las mezquitas son,
»que abrám de mi salto—quiçab alguna noch
»ellos lo temen,—ca non lo piensso yo:
»non los iré buscar,—en Valençia seré yo,
»ellos me darán parias—con ayuda del Criador,
»que paguen a mi—o a qui yo ovier sabor.»
 Grandes son los gozos—en Valengia *la mayor*
de todas sus conpañas—*de* mio Çid el Canpeador,
d' aquesta arrancada—que lidiaron de coraçon;
grandes son los gozos—de sos yernos amos a dos:
valía de cinco mili marcos—ganaron amos a dos;
muchos tienen por ricos—ifantes de Carrión.
 Ellos con los otros—vinieron a la cort;
aquí está con mio Çid—el obispo de Jero*me*,
el bueno de Albar Fañez,—cavallero lidiador,
e otros muchos—que crió el Campeador;
quando entraron—ifantes de Carrión,
recibiólos Minaya—por mio Çid el Campeador:
«Acá, venid, cuñados,—que mas valemos por vos.»
Assí commo llegaron,—pagos el Campeador:
«Evades aquí, yernos,—la mie mugier de pro,
»e amas las mis fijas,—don Elvira e doña Sol;
»bien vos abracen—e sírvanvos de coraçon.
»Grado a santa María,—madre del nuestro señor Dios!
»destos *v*uestros casamientos—vos abredes honor.
»Buenos mandados irán—a tierras de Carrión.»

123

Vanidad de los infantes.—Burlas de que ellos son objeto.

  A estas palabras—fabló *ifant* Ferran*do*:
«Grado al Criador—e a vos, Çid ondrado,
»tantos avemos de averes—que no son contados;
»por vos avemos ondra—e avernos lidiado,
»vençiemos moros—en campo e matamos
»a aquel rey Búcar,—traydor provado.
»Pensad de lo otro,—que lo nuestro tenésmoslo en saluo.»
  Vassallos de mio Çid—se*di*ense sonrrisando:
quien lidiara mejor—o quien fora en alcanço;
mas non fallavan i—a Dí*dag*o ni a Ferrando.
Por aquestos juegos—que ivan levantando,
elas noches e los días—tan mal los escarmentando,
tan mal se conssejaron—estos iffantes amos.
Amos salieron a part,—veramientre son hermanos;
desto que ellos fablaron—nos parte non ayamos;
—«Vayamos pora Carrión,—aquí mucho detardamos.
»Los averes que tentemos—grandes son e sobejanos,
»despender no los podremos—mientras que *blvos seamos.*»

124

Los infantes deciden afrentar a las hijas del Cid.—Piden al Cid sus mujeres para llevarlas a Carrión.—El Cid accede.—Ajuar que da a sus hijas.—Los Infantes dispónense a marchar.—Las hijas despídense del padre.

—«Pidamos nuestras mugieres—al Çid Campeador,
»digamos que las llevaremos—a tierras de Carrión,
»enseñar las hemos—do *e*llas heredadas son.
»Sacar las hemos de Valençia,—de poder del Campeador;
»después en la carrera—feremos nuestro sabor,
»ante que nos retrayan—lo que cuntió del león.
»Nos de natura somos—de co*m*des de Carrión!
»Averes levaremos grandes—que valen grant valor;
»escarniremos—las fijas del Canpeador.»
  —«D' aquestos averes—siempre seremos ricos omnes.
»podremos casar con fijas—de reyes o de enperadores
»ca de natura somos—de *comdes* de Carrión.

»Assí las escarniremos—a fijas del Campeador,
»antes que nos retrayan—lo que fo del león.»
　　Con aqueste conssejo—amos tornados son,
fabló Ferran*t* Gonçalvez—e fizo callar la cort:
«Sí vos vala el Criador,—Cid Campeador!
»que plega a doña Ximena—e primero a vos
»e a Minaya Albar Fáñez—e a quantos aquí son:
»dadnos nuestras mugieres—que avemos e bendiçiones
»levar las hemos—a nuestras tierras de Carrión,
»meter las hemos en arras—que les diemos por onores;
»veran vuestras fijas—lo que avemos nos,
»los fijos que oviéramos—en qué avrán partición.»
　　Nos curiava de *fonta*—mio Çid el Campeador:
»Darvos he mis fijas—e algo de lo mio;
»vos les diestes villas por arras—en tierras de Carrión,
»yo quiéroles dar axuvar—tres mili marcos de *valor*;
»darvos e muías e palafrés,—muy gruessos de sazón,
»cavallos pora en diestro—fuertes e corredores,
»e muchas vestiduras—de paños e de çiclatones;
»darvos he dos espadas,—a Colada e a Tizón,
»bien lo sabedes vos que las gané—a guisa de varón;
»mios fijos sodes amos,—quando mis fijas vos do;
»allá me levades—las telas del coraçón.
»Que lo sepan en Gallizia—e en Castiella e en León.
»con que riqueza enbio—mios yernos amos a dos.
»A mis fijas sirvades,—que vuestras mugieres son;
»si bien las servides,—yo vos rendré buen galardón.»
Atorgado lo han esto—iffantes de Carrión.
Aquí reçiben—fijas del Campeador;
conpieçan a reçebir—lo que el Çid mandó.
　　Quando son pagados—a todo so sabor,
ya mandavan cargar—iffantes de Carrión.
Grandes son las nuevas—por Valençia la mayor,
todos prenden armas—e cavalgan a rigor,
por que escurren fijas del Çid—a tierras de Carrión.
　　Ya quieren cavalgar,—en espidimiento son.
Amas hermanas,—don Elvira e doña Sol,
fincaron los inojos—antel Çid Campeador:
»Merçed vos pedimos, padre,—sí vos vala el Criador?
»vos nos engendrastes,—nuestra madre nos parió:
»delant sodes amos,—señora e señor.
»Agora nos enviades—a tierras de Carrión,

»debdo nos es a cunmplir—lo que mandáredes vos.
»Assí vos pedimos merged—nos amas a dos,
»que ayades vuestros menssajes—en tierras de Carrión.»
Abracólas mio Çid—e saludólas amas a dos.

125

Jimena despide a sus hijas.—El Cid cabalga para despedir a los viajeros.—Agüeros malos.

El*e* fizo aquesto,—la madre lo doblava:
«Andad, fijas; d' aquí—el Criador vos vala!
»de mí e de vuestro padre,—bien avedes nuestra graçia.
»Id a Carrión—do sedes heredadas,
»assí commo yo tengo,—bien vos he casadas.»
Al padre e a la madre—las manos les besavan;
amos las bendixieron—e diéronles su graçia.
Mio Çid e los otros—de cavalgar penssavan,
a grandes guarnimientos,—a cavallos e armas,
Ya salien los ifantes—de Valençiá la clara,
espi*d*i*é*ndos de las dueñas—e de todas su*e*s conpañas.
Por la huerta de Valençia—teniendo salien armas;
alegre va mio Çid—con todas su*e*s compañas.
Viólo en los avueros—el que en buena cinxo espada,
que estos casamientos—non serién sin alguna tacha.
Nos puede repentir,—que casadas las ha amas.

126

El Cid envía con sus hijar a Félez Muñoz.—Último adiós.—El Cid torna a Valencia.—Los viajeros llegan a Molina.—Abengalvón les acompaña a Medina.—Los infantes piensan matar a Abengalvón.

«¿O eres mio sobrino,—tú, Félez Muñoz,
»primo eres de mis fijas amas—d' alma e de coraçón!
»Mándot que vayas con ellas—fata entro en Carrión,
»verás las heredades—que a mis fijas dadas son;
»con aquestas nuevas—vernás al Campeador.»
Dixo Félez Muñoz:—«plazme d' alma e de coraçón».
Minaya Albar Fáñez—ante mio Çid se paró:
«Tornémosnos, Çid—a Valençia la mayor;
»que si a Dios ploguiere—e al Padre Criador,

»ir las hemos veder—a tierras de Carrión.»
—«A Dios vos acomendamos,—don Elvira e doña Sol
»atales cosas fed—que en plazer caya a nos.»
Respondien los yernos:—«assi lo mande Dios!»
Grandes fueron los duelos—a la departiçión.
El padre con las fijas—lloran de coraçón,
assí fazían—los cavalleros del Campeador.
   «Oyas, sobrino,—tú, Félez Muñoz!
»por Molina iredes,—i yazredes una noch;
»saludad a mio amigo—el moro Avengalvón:
»reciba a mios yernos—commo elle pudier mejor;
»dil que enbío mis fijas—a tierras de Carrión,
»de lo que ovieren huebos—sírvalas a so sabor,
»desí encurralas fasta Medina—por la mí amor.
»De quanto él fiziere—yol daré por ello buen galardón.»
Quomo la uña de la carne—ellos partidos son.
   Yas tornos pora Valençia—el que en buen ora nasció.
Piénssanse de ir—ifantes de Carrión;
por Santa María d'Alvarrazín—la posada *fecha fo,*
aguijan quanto pueden—ifantes de Carrión;
félos en Molina—con el moro Avengalvón.
El moro cuando lo sopo,—plógol de coraçón;
saliólos recebir—con grandes avorozes;
Dios, que bien los sirvió—a todo so sabor!
Otro día mañana—con ellos cavalgó,
con dozientos cavalleros—escurrir los mandó;
ivan troçir los montes,—los que dizen de Luzón,
troçieron Arbuxuelo—e llegaron a Salón,
o dizen el Anssarera—ellos posados son.
A las fijas del Çid—el moro sus donas dió,
ouenos seños cavallos—a ifantes de Carrión;
tod esto les fizo el moro—por el amor del Çid Campeador.
   Ellos ve*d*ien la riqueza—que el moro sacó,
entramos hermanos—conssejaron traçión:
»Ya pues que a dexar avernos—fijas del Campeador,
»si pudiéssemos matar—el moro Avengalvón,
»quanta riquiza tiene—aver la yemos nos.
»Tan en salvo lo abremos—commo lo de Carrión;
»nunqua avrié derecho—de nos el Çid Campeador.»
Quando esta falssedad—dizien los de Carrión,
un moro latinado—bien gelo entendió;
non tiene poridad,—díxole Avengalvón:

«Acáyaz, cúriate destos,—ca eres mio señor:
»tu muert odi conssejar—a ífantes de Carrión.»

127

Abengalvón se despide amenazando a los infantes.

   El moro Avengalvón,—mucho era buen barragán,
con dozientos que tiene—iva cavalgar;
armas iva teniendo,—parós ante los ifantes;
de lo que el moro dixo—a los ifantes non plaze;
«Si no lo dexás—por mio Çid el de Bivar,
»tal cosa vos faria—que por el mundo sonás,
»e luego levaría sus fijas—al Campeador leal;
»vos nunqua en Carrión—entrariedes jamás.

128

El moro se torna a Molina, presintiendo la desgracia de las hijas del Cid.—Los viajeros entran en el reino de Castilla.—Duermen en el robledo de Corpes. — A la mañana quédanse solos los infantes con sus mujeres y se preparan a maltratarlas.—Ruegos inútiles de doña Sol.—Crueldad de los infantes.

   »Dezidme, qué vos fiz,—ifantes de Carrión!
»yo sirviéndovos sin art,—e vos conssejastes mie muort
»Aquim parto de vos—commo de malos e de traydores
»Iré con vuestra graçia,—don Elvira e doña Sol;
»poco preçio las nuevas—de los de Carrión.
«Dios lo quiera e lo mande,—que de tod el mundo es señor,
»d' aqueste casamiento—ques grade el Campeador.»
Esto les ha dicho,—e el moro se tornó;
teniendo iva armas—al troçir de Salón;
quommo de buen seso—a Molina se tornó.
   Ya movieron del Anssarera—ifantes de Carrión,
acójense a andar—de día e de noche;
a ssiniestro dexan Atiença,—una peña muy fuort,
la sierra de Miedes—passáronla estoz,
por los Montes Claros—aguijan a espolón;
assiniestro dexan a Griza—que Alamos pobló,
allí son caños—do a Elpha ençerró;
a diestro dexan a Sant Estevan,—mas cade aluon.

Entrados son los ifantes—al robredo de Corpes,
los montes son altos—las ramas pujan con las nuoves,
elas bestias fieras—que andan aderredor.
Fallaron un vergel—con una limpia fuont;
mandan fincar la tienda—ifantes de Carrión,
con quantos que ellos traen—i yazen essa noch,
con sus mugieres en braços—demuéstranles amor;
¡mal gelo cunplieron—quando salle el sol!

    Mandaron cargar las azémilas—con averes *a nombre,*
cogida han la tienda—do albergaron de noch,
adelant eran idos—los de criazón:
assí lo mandaron—ifantes de Carrión,
que non i fincás ninguno,—mugier nin várón,
si non amas sus mugieres—doña Elvira e doña Sol:
deportar se quieren con ellas—a todo su sabor.

    Todos eran idos,—ellos quatro solos son,
tanto mal comidieron—ifantes de Carrión:
»Bien lo creades—don Elvira e doña Sol,
»aquí seredes escarnidas—en estos fieros montes.
»Oy nos partiremos,—e daxadas seredes de nos;
»non abredes part—en tierras de Carrión.
»Irán aquestos mandados—al Çid Campeador;
»nos vengaremos aquesta—por la del león.»

    Allí les tuellen—los mantos e los pelliçones,
páranlas en cuerpos—y en camisas y en çiclatones.
Espuelas tienen calçadas—los malos traydores,
en mano prenden las çinchas—fuertes e duradores.
Quando esto vieron las dueñas,—fablava doña, Sol:
«Por Dios vos rogamos,—don Díago e don Ferrando, *nos!*
»dos espadas tenedes—fuertes e tajadores,
»al una dizen Colada—e al otra Tizón,
»cortandos las cabeças,—mártires seremos nos.
»Moros e cristianos—departirán desta razón,
»que por lo que nos mereçemos—no lo prendemos nos.
»Atan malos enssienplos—non fagades sobre nos:
»si nos fuéremos majadas,—abiltaredes a vos;
»retraer vos lo an—en vistas o en cortes.»

    Lo que ruegan las dueñas—non les ha ningún pro.
Essora les conpieçan a dar—ifantes de Carrión;
con las çinchas corredizas—májanlas tan sin sabor;
con las espuelas agudas,—don ellas an mal sabor,
ronpien las camisas e las carnes—a ellas amas a dos;

linpia salie la sangre—sobre los çiclatones.
Ya lo sienten ellas—en los sos coraçones.
¡Quál ventura serie esta,—si ploguiesse al Criador,
que assomasse essora—el Çid Campeador!
    Tanto las majaron—que sin cosimente son;
sangrientas en las camisas—e todos los ciclatones.
Canssados son de ferir—ellos amos a dos.
Ensayandos amos—quál dará mejores colpes.
Ya non pueden fablar—don Elvira e doña Sol,
por muertas las dexaron—en el robredo de Corpes.

129

Los Infantes abandonan a sus mujeres. (Serie gemela.)

    Leváronles los mantos—e las pieles armiñas,
mas déxanlas marridas—en briales y en camisas,
e a las aves del monte—e a las bestias de la fiera guisa
Por muertas las dexaron,—sabed, que non por bivas.
¡Quál ventura serie—si assomas essora el Çid *Roy Díaz!*

130

Los infantes alaban de su cobardía.

    Ifantes de Carrión—por muertas las dexaron,
que el una al otra—nol torno recabdo.
Por los montes do ivan,—ellos ívanse alabando:
«De nuestros casamientos—agora somos vengados.
»Non las deviemos tomar por varraganas,—ai non fossemos rogados,
»pues nuestras parejas—non eran pora enbraços
»la desondra del león—assís irá vengando.»

131

Félez Muñoz sospecha de los infantes—Vuelve atrás en busca de las hijas del Cid.—Las reanima y las lleva en su caballo a San Esteban de Gormaz.—Llega al Cid la noticia de su deshonra.—Minaya va a San Esteban a recoger las dueñas.—Entrevista de Minaya con sus primas.

    Alabandos ivan—ifantes de Carrión.
Mas yo vos diré—d' aquel Félez Muñoz;
sobrino era—del Cid Campeador;
mandáronle ir delante—mas de so grado non fo.
En la carrera do iva—doliól el coraçón,
de todos los otros—aparte se salió,
en un monte espesso—Félez Muñoz se metió,
fasta que viesse venir—sus primas amas a dos
o que an fecho—ifantes de Carrión.
Víolos venir—e odió una razón,
ellos nol vi*di*en—ni dend sabien raçión;
sabed bien que si ellos le vi*di*essen—non escapara de mu*o*rt.
    Vansse los ifantes,—aguijan a espolón.
Por el rastro—tornos Félez Muñoz,
falló sus primas—amorteçidas amas a dos.
Llamando: «primas, primas!»,—luego descavalgó.
arrendó el cavallo,—a ellas adeliñó:
«Ya primas, las mis primas,—don Elvira e doña Sol,
»mal se ensayaron—ifantes de Carrión!
»A Dios plega que dent prendan—ellos mal galardón!»
Valas tornando—a ellas amas a dos;
tanto son de traspuestas—que nada dezir non pueden.
Partiéronsele las telas—de dentro del coraçon.
llamando: «¡Primas, primas,—don Elvira e dona Sol!
»Despertedes, primas,—por amor del Criador!
»mientras es el día,—ante que entre la noch,
»los ganados fieros—non nos coman en aqueste mont.»
Van recordando—don Elvira e doña Sol,
abrieron los ojos—e vieron a Félez Muñoz
«Esforçadvos, primas,—por amor del Criador!
»De que non me fallaren—ifantes de Carrión,
»a grant priessa—seré bascado yo;
»si Dios non nos vale,—aquí morremos nos.»
Tan a grant duelo—fabrava doña Sol:
«sí vos meresca mio primo, nuestro padre el Canpeador,
»dadnos del agua,—sí vos vala el Criador.»
Con un sombrero—que tiene Félez Muñoz
nuevo era e fresco,—que de Valencial sacó,
cogió del agua en elle—e a sus primas dio;
mucho son lazradas—e amas las fartó.
    Tanto las rogó—fata que las assentó.
Valas conortando—e metiendo coraçón

fata que esfuercan,—e amas las tomó
e privado—en el cavallo las cavalgó;
con el so manto—a amas las cubrió,
el cavallo priso por la rienda—e luego dent las partió.
Todos tres señeros—por los robredos de Corpes,
entre noch e día—salieron de los montes;
a las aguas de Duero—ellos arribados son,
a la torre de don Urraca—elle las dexó.
A Sant Estevan—vino Félez Muñoz,
falló a Díag Téllez—el que de Albar Fáñez *fo*;
quando elle lo odió,—pesól de coraçón;
priso bestias—e vestidos de pro,
hiva a reçebir—a don Elvira e a doña Sol;
en Sant Esteban—dentro las metió,
quanto él mejor puede—allí las ondró.
Los de Sant Estevan,—siempre mesurados son,
quanto sabien esto,—pesóles de coraçón;
a las fijas del Çid—danles enffurçión.
Allí sovieron ellas—fata que sanas son.
 Alabándos sedían—ifantes de Carrión.
Por todas essas tierras—*estas nuevas sabidas son;*
de cuer pesó esto—al buen rey don Alfons.
Van aquestos mandados—a Valençia la mayor;
quando gelo dizen—a mio Çid el Campeador,
una grand ora—penssó e comidió;
alçó la su mano,—a la barba se tomó;
«Grado a Cristus,—que del mundo es señor,
»quando tal ondra me an dada—ifantes de Carrión;
»par aquesta barba—que nadi non messó
»non la lograrán—ifantes de Carrión;
»que a mis fijas—bien las casaré yo!»
Pesó a mió Çid—e a toda su cort,
e Alvar Fáñez—d' alma e de coraçón.
 Cavalgó Minaya—con Per Vermu*doz*.
e Martín Antolínez,—el Burgalés de pro,
don dozientos cavalleros,—quales mio Çid mandó;
dixoles fuertemientre—que andidiessen de dia e de noch,
aduxiessen a ssus fijas—a Valençia la mayor.
Non lo detardan—el mandado de so señor,
apriessa cavalgan,—andan los dias e las noches;
vinieron a Gormaz,—un castillo tan fuort,
i albergaron—por verdad una noch.

A Sant Estevan—el mandado llegó
que vinie Minaya—por sus primas amas a dos.
Varones de Sant Estevan,—a guisa de muy proes,
reçiben a Minaya—e a todos sos varones,
presentan a Minaya—essa noch grant enffurçión;
non gelo quiso tomar,—mas mucho gelo gradió:
«Graçias, varones de Sant Estevan,—que sodes coñoscedores,
»por aquesta ondra que vos diestes—a esto que nos cuntió;
»mucho vos lo gradeçe,—allá do está, mio Çid el Canpeador;
»assí lo ffago yo—que aquí estó.
»Affé Dios de lo çielos—que vos de dent buen galardón!»
Todos gelo gradeçen—e sos pagados son,
adeliñan a posar—pora folgar essa noch.
Minaya va veer—sues primas do son,
en el*le* fincan los ojos—don Elvira e doña Sol:
«Atanto vos lo gradimos—commo si viéssemos al Criador;
»e vos a él lo gradid,—quando bivas somos nos.
»En los días de vagar,—*en Valençia la mayor,*
»toda nuestra rencura—sabremos contar nos.»

132

**Minaya y sus primas parten de San Esteban.
—El Cid sale a recibirlos.**

Lloravan de los ojos—las dueñas e Albar Fáñez,
e Per Vermu*doz*—otro tanto las ha;
«Don Elvira e doña Sol,—cuydado non ayades,
«quando vos sodes sanas—e bivas e sin otro mal.
«Buen casamiento perdiestes,—mejor podredes ganar.
»Aun veamos el día—que vos podamos vengar!»
I yazen essa noche,—e tan grand gozo que fazen.
Otro dia mañana—pienssan de cavalgar.
Los de Sant Estevan—escurriéndolos van
fata Rio d' amor,—dándoles solaz;
d' allent se espidieron dellos,—piénssanse de tornar,
e Minaya con las dueñas—iva cabadelant.
Troçieron Alcoçeva,—adiestro de*x*an Gormaz,
o dizen Bado de Rey,—allá ivan passar,
a la casa de Berlanga—posada presa han.
Otro día mañana—mátense a andar,
a qual dizen Medina—ivan albergar,

e de Medina a Molina—en otro día van;
al moro Avengalvón—de coragón le plaz,
saliólos a reçebir—de buena voluntad,
por amor del mio Çid—rica cena les da.
Dent pora Valençia—adeliñechos van.
   Al que en buen ora nasco—llegava el menssaje,
privado cavalga,—a reçebirlos sale;
armas iva teniendo—e grant gozo que faze.
Mio Çid a sus fijas—ívalas abraçar,
besándolas a amas,—tornos de sonrrisar:
«¿Venides, mis fijas?—Dios vos curie de mal!
»Yo tomé el cassamiento,—mas non osé dezir al.
»Plega al Criador,—que en çielo está,
»que vos vea mejor cassadas—d' aquí en adelant.
»De mios yernos de Carrión—Dios me faga vengar!»
Besaron las manos—las fijas al padre.
Teniendo ivan armas,—entráronse a la cibdad;
grand gozo fizo con ellas—doña Ximena su madre.
   El que en buen ora nasco—non quiso tardar,
fablós con los sos—en su poridad,
al rey Alfons de Castiella—penssó de enbiar.

133

**El Cid envía a Muño Gustioz que pida al rey Justicia.
—Muño llalla al rey en Sahagún y le expone su mensaje.
—El rey promete reparación.**

«¿O eres, Muño Gustioz,—mio vassallo de pro.
»En buen ora te crié—a tí en la mi cort!
«Lieves el mandado—a Castiella al rey Alfons;
»por mí bésale la mano—d' alma e de coraçón,
»—quomo yo so so vassallo,—e elle es mío señor,—
»desta desondra que me an fecha—ifantes de Carrión
»quel pese al buen rey—d' alma e de coraçón.
»Elle casó mies fijas,—ca non gelas di yo;
»quando las han dexadas—a grant desonor,
»si desondra y cabe—alguna contra nos,
»la poca e la grant—toda es de mio señor.
»Mios averes se me an levado,—que sobejanos son;
»esso me puede pesar—con la otra desonor.
»Adúgamelos a vistas,—o a juntas o a cortes,

»commo aya derecho—de ifantes de Carrión,
»ca tan grant es la rencura—dentro en mi coraçon.»
Muño Gustioz,—privado cavalgó,
con él dos cavalleros—quel sirvan a so sabor,
e con él escuderos—que son de criazón.
  Salien de Valençia—e andan quanto pu*o*den,
nos dan vagar—los días e las noches.
Al rey *don Alfons*—en San*t* Fagunt lo falló.
Rey es de Castiella—e rey es de León
e de las Asturias—bien a San Çalvador,
fasta dentro de Santi Yaguo—de todo es señor,
ellos co*m*des gallizanos—a él tienen por señor.
Assí commo descavalga—aquel Muño Gustioz
omillós a los santos—e rogó al Criador;
adeliñó poral palaçio—do estava la cort,
con *elle* dos cavalleros—quel aguardan cum a sseñor.
  Assí commo entraron—por medio de la cort
vídolos el rey—e coñosció a Muño Gustioz;
levantós el rey—tan bien los reçibió.
Delant el rey *Alfons*—los inojos fincó,
besábale los piedes,—aquel Muño Gustioz;
«Merçed, rey, de largos reynos—a vos dizen señor!
»Los piedes e las manos—vos besa el Campeador;
»elle es vuestro vassallo—e vos sodes so señor.
»Casastes sus fijas—con ifantes dé Carrión,
»alto fo el casamiento—ca lo quisiestes vos!
»Ya vos sabedes la ondra—que es cuntida a nos,
»qu*o*mo nos han abultados—ifantes de Carrión:
»mal majaron sus fijas—del Çid Campeador;
»majadas e desnudas—a grande desonor,
»desenparadas las dexaron—en el robredo de Corpes,
»a las bestias fieras—e a las aves del mont.
»Aféelas sus fijas—en Valençia do son.
»Por esto vos besa las manos,—commo vassallo e señor,
»que gelos levedes a vistas,—o a juntas o a cortes;
»tienes por desondrado,—mas la vuestra es mayor,
»e que vos pese, rey,—commo sodes sabidor;
»que aya mio Çid derecho—de ifantes de Carrión.»
El rey una gran ora—calló e comidió;
«Verdad te digo yo,—que me pesa de coraçón
»e verdad dizes en esto,—tú, Muño Gustioz,
»ca yo casé sus fijas—con ifantes de Carrión;

»fizlo por bien,—que ffosse a su pro.
«¡Si quier el casamiento—fecho non fosse oy!
»Entre yo e mio Çid—pésanos de coraçon.
»Ayudar lê a derecho,—sin salve el Criador!
»Lo que non cuydava fer—de toda esta sazón,
»andarán mios porteros—por todo el reyno mio,
»pora dentro en Toledo—pregonarán mie cort.
»que allá me vayan—cuemdes e iffançones;
»mandaré commo i vayan—ifantes de Carrión,
»e commo den derecho—a mio Çid el Campeador;
»e que non aya rencura—podiéndolo vedar yo.

134

El rey convoca corte en Toledo.

»Dizidle al Campeador,—que en buen ora nasco,
»que destas siet sedmanas—adóbes con sos vassallos,
»véngam a Toledo,—éstol do de plazo.
»Por amor de mio Çid—esta cort yo fago.
»Saludádmelos a todos,—entrellos aya espaçio;
»desto que les abino—aun bien serán ondrados.»
Espidiós Muñoz Gustioz,—a mio Çid es tornado.
  Assi como lo dixo,—suyo era el cuydado:
non lo detiene por nada—Alfons el Castellano,
enbía sus cartas—pora León e a Santi Yaguo,
a los portogaleses—e a gallizianos,
e a los de Carrión—e a varones castellanos,
que cort fazie en Toledo—aquel rey ondrado,
a cabo de siet sedmanas—que i fóssen juntados;
qui non viniesse a la cort—non se toviesse por so vassallo.
Por todas sus tierras—assí lo ivan penssando,
que non falliessen—de lo que el rey avié mandado.

135

Los de Carrión ruegan en vano al rey que desista de la corte.
—Reúnese la corte.—El Cid llega el postrero.
—El rey sale a su encuentro.

  Ya les va pesando—a ifantes de Carrión,
por que en Toledo—el rey fazie cort;

miedo han que i verná—mio Çid el Campeador.
Prenden so conssejo,—assí parientes commo son,
ruegan al rey—que los quite desta cort.
Dixo el rey: «Non lo feré,—sin salve Dios!
»ca i verná—mio Cid el Campeador;
»darlêdes derecho,—ca rencura ha de vos.
»Qui lo fer non quisiesse,—o no irá mi cort,
»quite mio reyno,—ca dél non he sabor.»
Ya lo vidieron que es a fer—ifantes de Carrión,
prenden conssejo—parientes commo son;
el comde don Garçía—en estas nuevas fo,
enemigo de mio Çid—que mal siemprel buscó,
aqueste conssejo—los ifantes de Carrión.
Llegava el plazdo,—querien ir a la cort;
en los primeros—va el buen rey don Alfons.
el comde don Anrric—y el comde don Remond,
—aqueste fo padre—del buen enperador,—
el comde don Froilan—y el comde don Birbón.
Foron i de so reyno—otros muchos sabidores,
de toda Castiella—todos los mejores.
El comde don Garçía,—*el Crespo de Grañón,*
e Alvar Díaz...—el que Oca mandó,
e Ansuor Gonçalvez—e Gonçalvo Ansuórez.
e Per Ansuórez,—sabet, allís açertó,
e Diago e Ferrando—i son amos a dos,
e con ellos grand bando—que aduxieron a la cort:
enbair le cuydan—a mio Çid el Campeador.
   De todas partes—allí juntados son.
Aun non era llegado—el que en buen ora naçió,
por que se tarda—el rey non ha sabor,
Al quinto día—venido es mio Çid el Campeador;
Alvar Fáñez—adelantel enbió,
que besasse las manos—al rey so señor:
bien lo sopiesse—que i serie essa noch.
Quando lo odió el rey,—plógol de coraçón;
con grandes yentes—el rey cavalgó
e iva reçebir—al que en buen ora naçió.
Bien aguisado viene—el Çid con todos los sos,
buenas conpañas—que assí an tal señor.
Quando lo ovo a ojo—el buen rey don Alfons,
firiós a tierra—mio Çid el Campeador;
biltar se quiere—e ondrar a so señor.

Quando lo *vido* el rey,—por nada non tardó:
«¡Par sant Esidre,—verdad non será oy!
»Cavalgad, Çid; si non,—non avría dend sabor;
»saludar nos hemos—d' alma e de coraçón,
»De lo que a vos pesa—a mí duele el coraçón;
»Dios lo mande que por vos—se ondre oy la cort!»
—«Amen», dixo mio Çid,—el *buen* Campeador;
besóle la mano—e después le saludó;
«Grado a Dios,—quando vos veo, señor.
»Omíllom a vos—e al comde do Remond
»e al comde don Arrie—e a quantos que i son;
»Dios salve a nuestros amigos—e a vos más, señor!
»Mi mugier doña Ximena,——dueña es de pro,—
»bésavos las manos,—e mis fijas amas a dos,
»desto que nos abino—que vos pese, señor.»
Respondió el rey:—«sí fago, sin salve Dios!»

136

El Cid no entra en Toledo.
—Celebra vigilia en San Servando.

Pora Toledo—el rey tornada da;
essa noch mio Çid—Tajo non quiso passar:
«Merged, ya rey,—sí el Criador vos salve!
»Penssad, señor,—de entrar a la cibdad,
»e yo con los mios—posaré a San Serván:
»las mis compañas—esta noche llegarán.
»Terné vigilia—en aqueste santo logar;
»cras mañana—entraré a la çibdad,
»e iré a la cort—enantes de yantar.»
Dixo el rey:—«plazme de veluntad.»
El rey don Alfons—a Toledo *va* entrar,
mio Çid Roy Díaz—en Sant Serván posar,
Mandó fazer candelas—e poner en el altar;
sabor a de velar—en essa santidad,
al Criador rogando—e fablando en poridad.
Entre Minaya—e los buenos que i ha
acordados foron,—quando vino la man.

137

Preparación del Cid en San Servando para ir a la corte.—El Cid va a Toledo y entra en la corte.—El rey le ofrece asiento en su escaño.—El Cid rehúsa.—El rey abre la sesión.—Proclama la paz entre los litigantes.—El Cid expone su demanda.—Reclama Colada y Tizón.—Los de Carrión entregan las espadas.—El Cid las da a Pedro Vermúdez y a Martín Antolínez.—Segunda demanda del Cid.—El ajuar de sus hijas.—Los infantes hallan dificultad para el pago.

 Matines e prima—dixieron faza los albo*res*,
suelta fo la missa—antes que saliesse el sol,
e ssu ofrenda han fecha—muy buena e *a sazón.*
«Vos Minaya Albar Fáñez,—el mio braço mejor.
»Vos iredes comigo—e obispo don Jerome
»e Per Vermu*doz*—e aqueste Muño Gustioz
»e Martín Antolínez,—el Burgalés de pro,
»e Albar Albar*oz*—e Albar Salvadórez
»e Martín Muñoz,—que en buen punto nació,
»e mio sobrino—Félez Muñoz;
»comigo irá Mal Anda,—que es bien sabidor,
»e Galind Gargiez,—el bueno d' Aragón;
»con estos cúnplansse çiénto—de los buenos que i son.
»Velmezes vestidos—por sufrir las guarnizones,
»de suso las lorigas—tan blancas commo el sol;
»sobre las lorigas,— armiños e pelliçones,.
»e que no parescan las armas,—bien presos los cordones;
»so los mantos las espadas—dulges e tajadores;
»d' aquesta guisa—quiero ir a la cort,
»por demandar mios derechos—e dezir mi*e* razón.
»Si desobra buscaren—ifantes de Carrión,
»do tales çiento tovier,—bien seré sin pavor.»
Respondieron todos:—«nos esso queremos, señor.»
Assí commo lo ha dicho,—todos adobados son.
 Nos detiene por nada—el que en buen ora nació:
calças de buen paño—en sus camas metió,
sobrellas unos çapatos—que a grant huebra son.
Vistió camisa de rançal—tan blanca commo el sol,
con oro e con plata,—todas las presas son,
al puño bien están,—ca él se lo mandó;
sobrella un brial—primo de çiclatón,

obrado es con oro,—paregen por o son.
Sobresto una piel vermeja,—las bandas d' oro son,
siempre la viste—mio Çid el Campeador.
Una cofia sobre los pelos—d' un escarín de pro,
con oro es obrada,—fecha por razón,
que nol contalassen los pelos—al buen Çid Campeador;
la barba avie luenga—e prísola con el cordón,
por tal lo faze esto—que recabdar quiere todo lo so.
De suso cubrió un manto—que es de grant valor,
en el*l*e abríen que ve*e*r—quantos que i son.
 Con aquestos çiento—que adobar mandó,
apriessa cavalga,—de San Serván salió;
assí iva mio Çid—adobado a lla cort.
 Ala puerta de fuera—descavalga a sabor;
cuerdamientra entra—mio Çid con todos los sos:
el*l*e va en medio—elos çiento aderredor.
Quando lo vieron entrar—al que en buen ora naçió.
Levantós en pie—el buen rey don Alfons
e el co*m*de don Anrric—e el comde don Remont
e desi adelant, sabet,—todos los otros *de la cort*:
a grant ondra lo reçiben—al que en buen ora naçió,
Nos quiso levantar—el Crespo de Grañón,
nin todos los del bando—de ifantes de Carrión.
 El rey *a mío* Çid:—*a las manos le tomó*:
«Venid acá seer—comigo, Campeador,
»en aqueste escaño—quem diestes vos en don;
»maguer que algunos pesa,—mejor sodes que nos.»
Essora dixo muchas merçedes—el que Valençia gañó:
«seed en vuestro escaño—commo rey e señor;
«acá posaré—con todos aquestos mios.»
Lo que dixo el Çid—al rey plogo de coraçón.
En un escaño torniño—essora mio Çid posó,
los çiento quel aguardan—posan aderredor.
Catando están a mio Çid—quantos ha en la cort,
a la barba que avié luenga—e presa con el cordón;
en sos aguisamientos—bien semeja varón.
Nol pueden catar de vergüenza—ifantes de Carrión.
 Essora se levó en pie—el buen rey don Alfons:
«Oíd, mesnadas,—sí vos vala el Criador!
»Yo, de que fu rey,—non fiz mas de dos cortes:
»la una f*o* en Burgos,—e la otra en Carrión,
»esta terçera—a Toledo la vin fer oy,

»por el amor de mio Çid—el que en buen ora naçió,
»que reçiba derecho—de ifantes de Carrión.
»Grande tuerto le han tenido,—sabérnoslo todos nós;
»alcaldes sean desto—co*m*de don Anrric e co*m*de don Remond
»e estos otros co*m*des—que del vando non sodes.
»Todos meted i mientes,—ca sodes coñoscedores,
»por escoger el derecho,—ca tuerto non mando yo.
»Della e della part—en paz seamos oy.
»Juro par sant Isidre,—el que bolviere mi cort
»quitar me a el reyno,—perderá mi amor.
»Con el que toviere derecho—yo dessa parte me so.
»Agora demande—mío Çid el Campeador:
»sabremos qué responden—ifantes de Carrión.»
  Mio Çid la mano besó al rey—e en pie se levantó:
«Mucho vos lo gradesco—commo a rey e a señor,
»por quanto esta cort—fiziestes por mi amor.
»Esto les demando—a ifantes de Carrión:
»por mis fijas quem dexaron—yo nan he desonor,
»ca vos las casastes, rey,—sabredes qué fer oy;
»mas quando sacaron mis fijas—de Valençia la mayor,
»yo bien los quería—d' alma e de coraçón.
»Diles dos espadas—a Colada e a Tizón
«—estas yo las gané—a guisa de varón,—
»ques ondrassen con ellas—e sirviessen a vos;
»quando dexaron mis fijas—en el robredo de Corpes.
conmigo non quisieron aver nada—e perdieron mi amor;
denme mis espadas—quando mios yernos non son.»
  Atorgan los alcaldes:—«tod esto es razón.»
Dixo co*m*de don García:—«a esto fablemos nos.»
Essora salién aparte—ifantes de Carrión,
con todos sos parientes—y el bando que i son;
apriessa lo ivan trayendo—e acuerdan la razón:
«Aun grand amor nos faze—el Çid Campeador,
»quando desondra de sus fijas—no nos demanda oy;
»bien nos abendremos—con el rey don Alfons.
»Démosle sus espadas,—quando assí finca la boz,
»e quando las toviere,—partir se a la cort;
»ya mas non avrá derecho—de nos el Çid Campeador.»
Con aquesta fabla—tornaron a la cort.
«Merçed, ya rey don Alfons,—sodes nuestro señor!
»No lo podemos negar,—ca dos espadas nos dió;
»quando las demanda—e dellas ha sabor,

»dárgelas queremos—delant estando vos.»
　　Sacaron las espadas—Colada e Tizón,
pusiéronlas en mano—del rey so señor;
sacan las espadas—e relumbra toda la cort.
las maçanas e los arriazes—todos d' oro son;
maravíllanse dellas—lo omnes buenos de la cort.
A mio Çid llamó el rey—las espadas le dió,
reçibió las espadas—las manos le besó,
tornos al escaño—don*t* se levantó.
En las manos las tiene—e amas las cató;
non las pueden camear.—ca el Çid bien las connosçe;
alegrósle tod el cuerpo,—sonrrisós de coraçón,
alçava la mano,—a la barba se tomó;
«par aquesta barba—que nadi non messó,
»assís irán vengando—don Elvira e doña Sol.»
A so sobrino *don Pero*—por nómbrel llamó,
tendió el braço,—la espada Tizón le dió:
«Prendetla, sobrino,—ca mejora en señor.»
A Martín Antolínez,—el Burgalés de pro,
tendió el braço,—el espada Coládal dio;
«Martín Antolínez,—mio vassallo de pro,
»prended a Colada,—gánela de buen señor,
»de Remont Verenguel—de Barçilona la mayor.
»Por esso vos la do—que la bien curiedes vos.
»Sé que si vos acaeçiere—o *viniere sazón,*
»con ella ganaredes—grand prez e grand valor.»
Besóle la mano,—el espada reçibió.
　　Luego se levantó—mio Çid el Campeador:
«Grado al Criador—e a vos, rey señor!
»ya pagado so de mis espadas,—de Colada e de Tizón.
»Otra rencura he—de ifantes de Carrión:
»quando sacaron de Valençia—mis fijas amas a dos,
»en oro e en plata—tres mill marcos les dio;
»yo faziendo esto,—ellos acabaron lo so;
»denme mios averes—quando mios yernos non son.»
　　Aquí veriedes quexarse—ifantes de Carrión!
Dize el comde don Remond:—«dezid dessí o de no.»
Essora responden—ifantes de Carrión:
«Por essol diemos sus espadas—al Çid Campeador,
»que al no nos demandasse,—que aquí fincó la boz.»
Allí les respondió—el comde do Remond:
«si ploguiere al rey,—assí dezimos nos:

»a lo que demanda el Çid—quel recudades vos.»
Dixo el buen rey:—«assí lo otorgo yo».
Levantós en pie—el Çid Campeador:
«Destos averes—que vos di yo,
»si me los dades,—o dedes dello razón.»
　　Essora salien aparte—ifantes de Carrión;
non acuerdan en conssejo,—ca los averes grandes son:
espesos los han—ifantes de Carión.
Tornan con el conssejo—e fablavan a sso sabor:
«Mucho nos afinca—el que Valençia gañó,
»quando de nuestros averes,—assíl prende sabor;
«pagar le hemos de heredades—en tierras de Carrión.»
Dixieron los alcaldes—quando manfestados son:
«Si esso ploguiere al Çid,—non gelo vedamos nos;
»mas en nuestro juvizio—assí lo mandamos nos;
»que aquí lo enterguedes—dentro en la cort.»
　　A estas palabras—fabló rey don Alfons:
«Nos bien la sabemos—aquesta razón,
»que dercho demanda—el Çid Campeador.
»Destos tres mil marcos—los dozientos tengo yo;
»entramos me los dieron—ifantes de Carrión.
»Tornárgelos quiero,—ca tan desfechos son,
»enterguen a mio Çid—el que en buen ora naçió;
»quando ellos los an a pechar,—non gelos quiero yo.»
　　Ferrand Gonçalvez—*odredes qué* fabló:
«everes monedados—non tenemos nos.»
Luego respondió—el conde don Remond:
«el oro e la plata—espendiésteslo vos;
»por juvicio lo damos—antel rey don Alfons:
»páguenle en apreçiadura—e préndalo el Campeador.»
　　Ya vieron que es a fer—ifantes de Carrión.
Veriedes aduzir—tanto cavallo corredor,
tanta gruessa mula,—tanto palafré de sazón,
tanta buena espada—con toda guarnizón;
recibiólo mio Çid—commo apreçiaron en la cort.
Sobre los dozientos marcos—que tenía el rey Alfons
pagaron los ifantes—al que en buen ora naçió;
enpréstales de lo ageno,—que non les cunple lo so.
Mal escapan jogados,—sabed, desta razón.

138

Acabada su demanda civil, el Cid propone el reto.

    Estas apreçiaduras—mio Çid presas las ha,
sos omnes las tienen—e dellas penssarán.
Man quando esto ovo acabado,—penssaron luego d'al.
    «Merçed, *ya* rey señor,—por amor de caridad!
»La rencura mayor—non se me puede olbidar.
»Oídme toda la cort—e pésevos de mío mal;
»ifantes de Carrión,—quem desondraron tal mal,
»a menos de riebtos—no los puedo dexar.

139

Inculpa de menos valer a los Infantes.

    «Dezid ¿qué vos merecí,—ifantes *de Carrión,*
»en juego o en vero—o en alguna razón?
»aquí lo mejoraré—a juvizio de la cort.
»¿A quém descubriestes—las telas del coraçón?
»A la salida de Valençia—mis fijas vos di yo,
»con muy gran ondra—e averes a nombre;
»quando las non queriedes,—ya canes traidores;
»¿por qué las sacávades—de Valençia sus honores?
»¿A qué las firiestes—a çinchas e a espolones?
»Solas las dexastes—en el robredo de Corpes,
»a las bestias fieras—e a las aves del mont.
»Por quanto las fiziestes—menos valedes vos.
»Si non recudedes,—véalo esta cort.»

140

Altercado entre Garci Ordóñez y el Cid.

    El comde don Garçía—en pie se levantava:
«Merçed, ya rey,—el mejor de toda España!
»Vezós mio Çid—a llas cortes pregonadas;
»dexóla creçer—e luenga trae la barba;
»los unos le han miedo—e los otros espanta.
»Los de Carrión—son de natura tan *alta,*

»non gelas devién querer—sus fijas por varraganas,
»¿o quien gelas diera—por parejas o por veladas?
»Derecho fizieron—porque las han dexadas.
»Quanto él dize—non gelo preçiamos nada.»
　　Essora el Campeador—prísos a la barba;
»yrado a Dios—que çielo e tierra manda!
»por esso es luenga—que a deliçio fo criada.
　　»Qué avedes vos, comde,—por retraer la mi barba?
»ca de quando nasco—a deliçio fo criada;
»ca non me priso a ella,—fijo de mugier nada,
»nimbla messó—fijo de moro nin de cristiana;
«commo yo a vos, comde,—en el castiello de Cabra.
«Cuando pris a Cabra,—e a vos por la barba,
»non i ovo rapaz—que non messó su pulgada;
«la que yo messé—aun non es eguada,
»*ca yo la trayo aqui—en mi bolsa alçada.*»

141

Fernando rechaza la tacha de menos-valer.

　　Ferrán Gonçalvez—en pie se levantó,
a altas vozes—odredes qué fabló:
«Dexássedesvos Çid—de aquesta razón;
»de vuestros averes—de todos pagado ssodes.
»Non creciés varaja—entre nos e vos.
»De natura somos—de comdes de Carrión;
»deviemos casar con fijas—de reyes o de enperadores,
»ca non perteneçien—fijas de ifançones.
»Por que las dexamos—derecho fiziemos nos;
»mas nos pregiamos,—sabet, que menos no.»

142

El Cid incita a Pedro Vermúdez al reto.

　　Mio Çid Roy Díaz—a Per Vermudoz cata;
«Fabla, Pero Mudo,—varón que tanto callas!
»Yo las he fijas,—e tú primas cormanas;
»a mí lo dizen,—a ti dan las orejadas.
Si yo respondiero,—tú non entrarás en armas.»

143

Pedro Bermúdez reta a Fernando.

 Per Vermu*doz*—conpeçó de fablar;
detiénesle la lengua,—non puede delibrar,
mas cuando enpieça,—sabed, nol da vagar:
»Dirévos, Çid,—costu*n*bres avedes tales,
»siempre en las cortes—Pero Mudo me llamades!
»Bien lo sabedes—que yo non puodo más;
»por lo que yo ovier a fer—por mi non mancará.
 »Mientes, Ferrando,—de quanto dicho has,
»por el Campeador—mucho valiestes más,
»Las tues mañas—yo te las sabré contar:
»miémbrat quando lidiamos—çerca Valencia la grand;
»pedist las feridas primeras—al Canpeador leal,
»vist un moro,—fústel ensayar;
»antes fuxiste—que a *él* te allegasses.
»Si yo non uviás,—el moro te jugara mal;
»passé por ti,—con el moro me of de ajuntar.
»de los primeros colpes—ofle de arrancar;
»did el cavallo,—tóveldo en poridad:
»fasta este día—no lo descubrí a nadi.
»Delant mio Çid e delante todos—ovístete de alabar
»que mataras el moro—e que fizieras barnax;
»croviérontelo todos,—mas non saben la verdad.
»E eres fermoso,—mas mal varragán!
»¡Lengua sin manos,—quomo osas fablar?

144

Prosigue el reto de Pedro Vermúdez.

 »Di, Ferrando,—otorga esta razón:
»¿non te viene en miente—en Valencia lo del león
»quando durmie mio Çid—y el león se desató?
»E tú, Ferrando,—¡qué fizist con el pavor?
»¡metístet tras el escaño—de mio Çid el Campeador!
»metístet, Ferrando,—por o menos vales oy.
»Nós çercamos el escaño—por curiar nuestro señor,
»fasta do despertó mio Çid,—el que Valençia gañó;
»levantós del escaño—e fos poral león;

»el león premió la cabeça,—a mio Çid esperó,
»dexósle prender al cuello,—e a la red le metió.
»¡Quando se tornó—el buen Campeador,
a sos vassallos,—víolos aderredor;
»demandó de sos yernos,—ninguno non falló!
»Riébtot el cuerpo—por malo e por traidor.
»Estos lidiaré aquí—ante el rey don Alfons
»por fijas del Çid,—don Elvira e doña Sol:
»por quanto las dexastes—menos valedes vos;
»ellas son mugieres—e vos sodes varones,
»en todas guisas—más valen que vos.
»Quando fore la lid,—si ploguiere al Criador,
»tú lo otorgarás—a guisa de traydor;
»de quanto he dicho—verdadero seré yo.»
D' aquestos amos—aquí quedó la razón.

145

Diego desecha la inculpación de menos-valer.

Díag Gonçalvez—odredes lo que dixo:
«De natura somos—de los co*m*des más li*n*pios;
»¡estos casamientos—non fuessen apareçidos,
»por consagrar—con mio Çid don Rodrigo!
»Porque dexamos sus fijas—aun no nos repentimos;
»mientra que bivan—pueden aver sospiros;
»lo que les fiziemos—seer les ha retraydo.
»Esto lidiaré—a tod el más ardido:
»que por lo que las dexamos—ondrados somos *venidos.*»

146

Martín Antolínez reta a Diego González.

Martín Antolínez—en pie se *fo* levanta*r*;
«Calla, alevoso,—boca sin verdad!
»Lo del león—no se te deve olbidar;
»saliste por la puerta,—metístet al corral,
»fústed meter—tras la viga lagar;
»mas non vesti*st*—el manto nin el brial.
»Yollo lidiaré,—non passará por al:
»fijas del Çid,—por que las vos dexastes,

»en todas guisas,—sabed, que mas que vos valen.
»Al partir de la lid—por tu boca lo dirás,
»que eres traydor—e mintist de quanto dicho has.»

147

Asur González entra en la corte.

Destos amos—la razón *ha* finc*ado*.
A*n*suor Gonçal*v*ez—entrava por el palaçio,
manto armiño—e un brial rastrando;
vermejo viene,—ca era almorzado.
En lo que fabló—avie poco recabdo:

148

Asur insulta al Cid.

«¡Ya varones,—quien v*ido* nunca tan mal?
»¿Quién nos darie nuevas—de mió Çid el de Bivar!
»¡*F*osse a rio d' Ovierna—los molinos picar
»e prender maquilas—commo lo suele far!
»¿Quil darie—con los de Carrión a casar?»

149

Muño Gustioz reta a Asur González.—Mensajeros de Navarra y de Aragón piden al Cid sus hijas para los hijos de los reyes.—Don Alfonso otorga el nuevo casamiento.—Minaya reta a los de Carrión.—Gómez Peláez acepta el reto, pero el rey no fija plazo sino a los que antes retaron.—El rey amparará a los tres lidiadores del Cid.—El Cid ofrece dádivas de despedida a todos.—(Laguna. Prosa de la *Crónica de Veinte Reyes*.)—El rey sale de Toledo con El Cid.—Manda a éste correr su caballo.

Essora Muño Gustioz—en pie se levantó;
«Calla, alevoso,—malo e traidor!
»Antes almuerzas—que vayas a oración,
»a los que das paz,—fártalos aderredor.
»Non dizes verdad—âmigo ni a señor,
»falsso a todos—e más al Criador.
»En tu amistad—non quiero aver raçión.

»Fazer telo *he* dezir—que tal eres qual digo yo
»Dixo el rey Alfons:—«Calle ya esta razón.
»Los que an reptado—lidiarán, sín salve Dios!»
   Assí commo acaban—esta razón,
Affé dos cavalleros—entraron por la cort;
al uno dizen Ojarra—e al otro Yéñego Simeno*nes*,
el uno es *del* infante—de Navarra *rogador*,
e el otro *es—del* ifante de Aragón;
besan las manos—al rey don Alfons,
piden sus fijas—a mio Çid el Campeador
por s*eer* reínas—de Navarra e de Aragón,
e que ge las diessen—a ondra e a bendiçión.
A esto callaron—e escuchó toda la cort.
Levantós en pie—mio Çid el Campeador:
«Mercer, rey Alfons,—vos sodes mio señor!
«Esto gradesco yo—al Criador,
»quando me las demandan—de Navarra e de Aragón.
»Vos las casastes antes,—ca yo non,
»afé mis fijas,—en vuestras manos son:
»sin vuestro mandado—nada non feré yo.»
Levantós el rey,—fizo callar la cort:
«Ruégovos, Çid,—caboso Campeador,
»que plega a vos,—e otorgar lo he yo,
»este casamiento—oy se otorgue en esta cort,
»ca créçevos i ondra—e tierra e onor.»
Levantós mio Çid,—al rey las manos le besó;
«Quando a vos plaze,—otórgolo yo, señor.»
Essora dixo el rey:—«Dios vos dé den buen galardón!
»A vos Ojarra,—e a vos, Yéñego Ximeno*nes*,
»este casamiento—otórgovosle yo
»de fijas de mio Çid,—don Elvira e doña Sol,
»pora los ifantes—de Navarra e de Aragón,
»que vos las dé—a ondra e a bendiçión.»
Levantós en pie Ojarra—e Yéñego Ximeno*nes*,
besaron las manos—del rey don Alfons,
e después—de mio Çid el Campeador;
metieron las fe*des,*—e los omenajes dados son,
que qu*o*mo es dicho—assí sea, o mejor.
A muchos plaze—de tod esta cort,
mas non plaze—a ifantes de Carrión.
   Minaya Albar Fáñez—en pie se levantó;
«Merçed vos pido—commo a rey e a señor,

»e que non pese esto—al Çid Campeador:
»bien vos di vagar—en toda esta cort,
»dezir querría—yaquanto de lo mio.»
Dixo el rey:—«Plazme de coraçón.
»Dezid, Minaya,—lo que oviéredes sabor.»
—«Yo vos ruego—que me oyades toda la cort,
»ca grand rencura he—de ifantes de Carrión.
»Yo les di mis primas—por mano del rey Alfons,
»ellos las prixieron—a ondra e a bendiçión;
»grandes averes les dio—mio Çid el Campeador,
»ellos las han dexadas—a pesar de nos.
»Riébtoles los cuerpos—por malos e por traidores.
»De natura sodes—de los de Vani-Gómez,
»onde salien co*m*des—de prez e de valor;
»mas bien sabemos—las mañas que ellos han *oy*.
»Esto gradesco—yo al Criador,
»quando piden mis primas,—don Elvira e doña Sol,
»los ifantes—de Navarra e de Aragón;
»antes las aviedes parejas—pora en braços las *dos*
»agora besaredes sus manos—e llamar las hedes señor*es*,
»aver las hedes a servir,—mal que vos pese a vos.
»Grado a Dios del gielo—e âquel rey don Alfons,
»assí creçe la ondra—a mio Çid el Campeador!
»En todas guisas—tales sodes quales digo yo;
»si ay qui responda—o dize de no,
»yo so Albar Fáñez—pora tod el mejor.»
    Gómez Peláyet—en pie se levantó;
»Qué val, Minaya,—toda essa razón?
»ca en esta cort—afartos ha pora vos,
»e qui al quisiesse—serie su ocasión.
»Si Dios quissiere—que desta bien salgamos nos,
»después veredes—qué dixiestes o qué no.»
    Dixo el rey:—«Fine esta razón,
»non diga ninguno—della más una entençión.
»Cras sea la lid,—quando saliere el sol,
»destos tres por tres—que rebtaron en la cort.»
    Luego fablaron—ifantes de Carrión:
»Dadnos, rey, plazo—ca eras seer non pu*o*de.
»Armas e cavallos—*diémos*los *a*l Canpeador,
»nos antes abremos a ir—a tierras de Carrión.»
Fabló el rey—contral Campeador:
»sea esta lid—o mandáredes vos.»

En essora dixo mio Çid:—«no lo faré señor;
»más quiero a Valençia—que tierras de Carrión.»
En essora dixo el rey:—«Aosadas, Campeador.
Dadme vuestros cavalleros—con todas guarnizones,
»vayan comigo,—yo seré el curiador;
»yo vos lo sobrellevo,—commo a buen vassallo faze señor,
que non prendan fuerça—de comde nin de ifançón.
»Aquí les pongo plazo—de dentro en mi cort,
»a cabo de tres sedmanas,—en begas de Carrión,
»que fagan esta lid—delant estando yo;
»quien non viniere al plazo—pierda la razón,
»desí sea vençido—y escape por traydor.»
Prisieron el judizio—ifantes de Carrión.
Mio Çid al rey—las manos le besó:
«Estos mios tres cavalleros—en vuestra mano son,
»d' aquí vos los acomiendo—commo a rey e a señor.
»Ellos son adobados—pora cumplir todo lo so;
»ondrados me los enbiad a Valengia,—por amor del Criador!»
Essora repuso el rey:—«assi lo mande Dios!»
   Allí se tollió el capiello—el Çid Campeador,
la cofia de rançal—que blanca era commo el sol,
e soltava la barba—e sacóla del cordón.
Nos fartan de catarle—quantos ha en la cort.
Adeliñó a comde don Anric—e comde don Remond;
abraçólos tan bien—e ruégalos de coraçón
que prendan de sos averes—quanto ovieren sabor.
A essos e a los otros—que de buena parte son,
a todos los rogava—assí commo han sabor;
tales i a que prenden,—tales i a que non.
Los dozientos marcos—al rey los soltó;
de lo al tanto priso—quant ovo sabor.
»Merçed vos pido, rey,—por amor del Criador!
»Quando todas estas nuevas—assí puestas son,
»beso vuestras manos—con vuestra graçia señor,
»e irme quiero pora Valengia,—con afán la gané yo.»

   Entonçes mandó dar el Çid a los mandaderos de los infantes de Navarra e de Aragón bestias e todo lo al que menester ovieron, e enbiólos.
   El rey don Alfón caualgó entonces con todos los altos omnes de su corte, para salir con el Çid que se iva fuera de la villa. E quando lleaaron a Cocodover, el Çid vendo en su cavallo que dizen Bavieca, dixole el rey:

"don Rodrigo, fe que devedes que arremetades agora esse cavallo que tanto bien oí dezir." El Çid tomóse a sonrreir, e dixo: señor, aquí en vuestra corte a muchos altos omnes e guisados para fazer esto, e a esos mandat que trebejen con sus cavallos." El rey le dixo: "Çid, págome yo de lo que vos dezides: mas quiero todavía que corrades ese cavallo por mi amor."

150

El rey admira a Bavieca, pero no lo acepta en don.—Últimos encargos del Cid a sus tres lidiadores.—Tórnase el Cid a Valencia.—El rey en Carrión.—Llega el plazo de la lid.—Los de Carrión pretenden excluir de la lid a Colada y Tizón.—Los del Cid piden al rey amparo y salen al campo de la lid.—El rey designa fieles del campo y amonesta a los de Carrión.—Los fieles preparan la lid.—Primera acometida.—Pedro Vermúdez vence a Fernando.

El Çid remetió entonces el cavallo, e tan de rezio lo corrió, que todos se maravillaron del correr que fizo.
El rey alçó la mano,—la cara se santigó:
«Yo lo juro—par sant Esidre el de León
»que en todas nuestras tierras—non ha tan buen varón.»
Mio Çid en el cavallo,—adelant se llegó,
fo besar la mano—a so señor Alfons:
«Mandástesme mover—a Bavieca al corredor,
»en moros ni en cristianos—otro tal non ha oy,
»yo vos le do en don,—mandédesle tomar, señor.»
Essora dixo el rey:—«Desto non he sabor;
»si a vos le tollies, el cavallo—no havrie tan buen señor.
»Mas atal cávallo cum ést—pora tal commo vos,
»pora arrancar moros del campo—e seer segudador;
»quien vos lo toller quisiere—nol vala el Criador,
»ca por vos e por el cavallo—ondrados somos nos.»
    Essora se espidieron,—e luégos partió la cort.
El Campeador a los que han lidiar—tan bien los castigó:
»Ya Martín Antolínez—e vos, Per Vermu*doz*,
»e Muño Gustioz,—*mio vassallo de pro,*
»firmes seed en campo—a guisa de varones;
»buenos mandados me vayan—a Valençia de vos.»
Dixo Martín Antolínez:—«¿Por qué lo dezides, señor!
»Preso avernos el debdo—e a passar es por nos;
»podedes o*d*ir de muertos,—ca de vencidos no.»

Alegre fo d' aquesto—el que en buen ora naçió;
espidiós de todos—los que sos amigos son.
Mio Çid pora Valençia,—e el rey pora Carrión.
　　Mas tres sedmanas de plazo todas complidas son.
Felos al plazdo—los del Campeador,
cunplir quieren el debdo—que les mandó so señor;
ellos son en poder—de Alfons el de León;
dos dias atendieron—a ifantes de Carrión.
Mucho vienen bien adobados—de cavallos e de guarnizones;
e todos sos parientes—con ellos *acordados* son
que si los pudiessen apartar—a los del Campeador,
que los matassen en campo—por desondra de so señor.
El cometer fue malo,—que lo al nos empeçó,
ca gran miedo ovieron—a Alfonsso el de León.
　　De noche belaron las armas—e rogaron al Criador,
Troçida es la noche,—ya *cr*ieban los albores;
muchos se juntaron—de buenos ricos omnes
por ve*e*r esta lid,—ca avien ende sabor;
demás sobre todos—i es el rey don Alfons,
por querer el derecho—e *ningun* tuerto non.
Yas metien en armas—los del buen Campeador,
todos tres se acuerdan,—ca son de un señor.
En otro logar se arman—ifantes de Carrión,
sedielos castigando—el comde Garçi Ordóñez.
Andidieron en pleyto—dixiéronlo al rey Alfons,
que non f*o*ssen en la batalla—Colada e Tizón,
que non lidiassen con ellas—los del Campeador;
mucho eran renentidos los ifantes—por auanto dadas son.
Dixiérongelo al rey,—mas non gelo conloyó;
»Non sacaste ninguna—quando oviemos la cort.
»Si buenas las tenedes,—pro abrán a vos;
»otrosí farán—a los del Campeador.
»Levad e salid al campo,—ifantes de Carrión,
»huebos vos es que lidiedes,—a guisa de varones,
»que nada non mancará—por los del Campeador.
»Si del campo bien salides,—grand ondra avredes vos:
»e ssi fuére*des* vengidos,—non rebtedes a nos,
»ca todos lo saben—que lo buscastes vos.»
Ya se van repintiendo—ifantes de Carrión,
de lo que avien fecho—mucho repisos son;
no lo querrien aver fecho—por quanto ha en Carrión.
　　Todos tres son armados—los del Campeador,

ívalos veer—el rey don Alfons.
Essora le dixieron—los del Campeador:
«Besámos vos las manos—como a rey e a señor,
»que fi*d*el seades—oy dellos e de nos;
»a derecho nos valed,—a ningún tuerto no.
»Aquí tienen *so* vando—ifantes de Carrión,
»non sabemos—qués comidrán ellos o qué non;
»en vuestra mano—nos metió nuestro señor;
»tenendos a derecho,—por amor del Criador!»
Essora dixo el rey:—«d' alma e de coraçón.»

    Adúzenles los cavallos—buenos e corredores,
santiguaron las siellas—e cavalgan a vigor;
los escudos a los cuellos—que bien blocados son;
e' mano prendren las astas—de los fierros tajadores,
estas tres lanças—traen seños pendones;
e derredor dellos—muchos buenos varones.
Ya salieron al campo—do eran los mojones.
Todos tres son acordados—los del Campeador*e*,
que cada uno dellos—bien fos ferir el *sove*.
Fevos de la otra part—ifantes de Carrion*e*,
muy bien aconpañados,—ca muchos parientes son*e*,
El rey dioles fi*d*eles—por dezir el derecho e al non*e*;
que non varagen con ellos—de sí o de non*e*.
Do sedien en el campo—fabló el rey don Alfonss*é*:
«Oíd que vos digo—ifantes de Carrion*e*:
»esta lid en Toledo la fiziérades,—mas non quisiestes vos*e*.
»Estos tres cavalleros—de mio Çid el Campeador*e*
»yo los adux a salvo—a tierr de Carrion*e*.
»Aved vuestro derecho,—tuerto non querades vos*e*,
»ca qui tuerto quisiere fazer,—mal gelo vedaré *yove*,
»en todo myo reyno—non avrá buena sabor*e*.»
Ya les va pesando—a ifantes de Carrion*e*.

    Los fi*d*eles y el rey—enseñaron los mojones,
librávanse del campo—todos a derredor.
Bien gelo demostraron—a todos seys commo son,
que por i serle vençido—qui saliesse del mojón.
Todas las yentes—esconbraron a derredor,
de seys astas de lanças—que non llegassen al mojón.
Sorteávanles el campo,—ya les partien el sol,
salien los fi*d*eles de medio,—ellos cara por cara son;
desí vinien los de mio Çid—a ifantes de Carrión,
e ifantes de Carrión—a los del Campeador;

cada uno dellos—mientes tiene al so;
Abraçan los escudos—delant los coraçones.
abaxan las lanças—abueltas con los pendones,
enclinavan las caras—sobre los arzones,
batien los cavallos—con los espolones,
tembrar querie la tierra—dond eran movedores.
Cada uno dellos—mientes tiénet al so;
todos tres por tres,—ya juntados son:
cuédanse que essora cadrán muertos—los que están aderredor.
    Per Vermu*doz*,—el que antes rebtó,
con Ferra*n*t Gonçá*l*vez—de cara se juntó;
firiensse en los escudos—sin todo pavor.
Ferrán Go*n*çalvez a *don* Pero—el escudol passó
prísol en vázio,—en carne nol tomó,
bien en dos logares—el astil le quebró.
Firme estido Per Vermu*doz*,—por esso nos encamó;
un colpe reçibiera,—mas otro firió:
*c*rebantó la b*l*oca del escudo,—apart gela echó,
passógelo todo,—que nada nol valió.
Metiól la lança por los pechos,—*çerca del coraçón;*
tres dobles de loriga tiene Fernando—aquestol prestó,
las dos le desmanchan—e la terçera fincó:
el belmez con la camisa—e con la guarnizón
de dentro en la carne—una mano gela metió;
por la boca afuera—la sángrel salió;
*c*rebáronle las çinchas,—ninguna nol ovo pro,
por la copla del cavallo—en tierra lo echó.
Assí lo tenien las yentes—que mal ferido es de mu*o*rt.
En el*l*e dexó la lança—e mano al espada metió,
quando lo v*i*do Ferrán Go*n*çálvez.—conuvo a Tizón;
antes que el colpe esperasse—dixo: «vençudo so».
Atorgaróngelo los fi*d*eles,—Per Vermu*doz* le dexó.

151

Martín Antolínez vence a Diego.

Do*n* Martino e Dia*g* Gonçálvez—firieronse de las lanças,
tales foron los colpes—que les *c*rebaron amas.
Martín Antolínez—mano metió al espada,
relumbra tod el campo,—tanto es limpia e clara;
diol un colpe,—de traviéssol tomava:

el casco de somo—apart gelo echava,
las moncluras del yelmo—todas gelas cortava,
allá levó el almófar,—fata la cofia llegava,
la cofia e el almófar—todo gelo levava,
ráxol los pelos de la cabeça,—bien a la carne llegava;
o uno cayó en el campo—e lo al suso fincava.
 Quando este colpe a ferido—Colada la preçiada,
vi*do* Día*g* Gonçál*v*ez—que non escaparie con el alma:
bolvió la rienda al cavallo—por tornasse de cara,
espada tiene en mano—mas no la ensayava.
Essora Martín Antolínez—reçibiól con el espada,
un cólpel dió de llano—con lo agudo nol tomava.
Essora el ifante—tan grandes vozes dava:
«valme, Dios glorioso,—señor, cúriam deste espada!»
el cavallo asorrienda,—e mesurándol del espada,
sacól del mojón;—*don* Martino en el campo fincava.
 Essora dixo el rey:—«venid vos a mi compaña;
»por quanto avedes fecho—vençida avedes esta batalla.»
Otórgangelo los fi*d*eles—que dize verdadera palabra.

152

Muño Gustioz vence a Asur González.—El padre de los infantes declara vencida la lid.—Los del Cid vuelven cautelosamente a Valencia.—Alegría del Cid. —Segundos matrimonios de sus hijas —El juglar acaba su poema.

 Los dos han arrancado;—dirévos de Muño Gustioz,
con Anssuor Gonçálvez—cómmo se adobó.
Firiénsse en los escudos—unos tan grandes colpes
A*n*ssu*or* Gongálvez,—forçudo e de valor,
firió en el escudo—a don Muño Gustioz,
tras el escudo—fal*ssóle* la guarnizón;
en vázio fue la lança,—ca en carne nol tomó.
Este colpe fecho—otro dio Muño Gustioz:
por medio de la bloca—el escúdol crebantó;
nol pudo guarir,—falssó*l*e la guarnizón,
apart le priso,—que non cab el coraçón;
metiól por la carne adentro—la lança con el pendón,
de la otra part—una braça gela echó,
con él dió una tuerta—de la siella lo encamó,
al tirar de la lança—en tierra lo echó;

vermejo salió el astil,—e la lança y el pendón.
Todos se cuedan—que ferido es de muort.
La lança recombró—e sobrél se paró;
dixo Gonçalvo Anssuórez: «nol firgades, por Dios!
»vençudo es el campo,—quando esto se acabo!»
Dixieron los fideles:—«esto odimos nos.»
    Mandor librar el canpo—el buen rey don Alfons,
las armas que i rastaron—elle se las tomó.
Por ondrados se parten—los del buen Campeador;
vençieron esta lid,—grado al Criador
Grandes son los pesares—por tierras de Carrión.
    El rey a los de mio Çid—de noche los enbió,
que no les diessen salto—nin oviessen pavor.
A guisa de menbrados—andan días e noches
félos en Valengia—con mio Çid el Campeador.
Por malos los dexaron—a ifantes de Carrión,
complido han el debdo—que les mandó so señor,
alegre fo d' aquesto—mio Çid el Campeador.
Grant es la biltança—de ifantes de Camón.
Qui buena dueña escarneçe—e la dexa despuós,
atal le contesca—o siquier peor.
    Dexémonos de pleitos—de ifantes de Carrión,
de lo que an preso—mucho an mal sabor;
fablemos nos d'aqueste—que en buen ora nació.
Grandes son los gozos—en Valençia la mayor
porque tan ondrados—foron los del Canpeador.
Prísos a la barba—Roy Díaz so señor:
«Grado al rey del çielo,—mis fijas vengadas son!
»Agora las ayan quitas—heredades de Camón!
»Sin vergüença las casaré—o a qui pese o a qui non»
    Andidieron en pleytos—los de Navarra e de Aragón,
ovieron su ajunta—con Alfons el de León
Fizieron sos casamientos—don Elvira e doña Sol;
los primeros foron grandes.—mas aquestos son mijores,
a mayor ondra las casa—que lo primero fo.
Veed qual ondra creçe—al que en buen ora nació,
quando señoras son sues fijas—de Navarra e de Aragón
Oy los reyes d' España—sos parientes son,
a todos alcança ondra—por el que en buena nació.
    Passado es deste sieglo—*mio Çid de Valençia señor*
el día de cinquaesma;—de Cristus aya perdón!
Assí ffagamos nós todos—justos e peccadores!

Estas son las nuevas—de mio Çid el Canpeador;
en este logar—se acaba esta razón.

TRANSCRIPCIÓN MODERNA DEL POEMA

CANTAR PRIMERO

DESTIERRO DEL CID[5][6]

(La falta de la primera hoja del códice del Cantar se suple con el relato de la *Crónica de Veinte Reyes*.)—El rey Alfonso envía al Cid para cobrar las parias al rey moro de Sevilla. Éste es atacado por el conde castellano García Ordóñez.—El Cid, amparando al moro vasallo del rey de Castilla, vence a García Ordóñez, en Cabra, y le prende afrentosamente.—El Cid torna a Castilla con las parias, pero sus enemigos le indisponen con el rey.—Éste destierra al Cid.)

Envió el rey don Alfonso al Cid Ruy Díaz por el tributo que tenían que pagarle los reyes de Córdoba y de Sevilla cada año[7], Almutamiz, rey de Sevilla, y Almudafar, rey de Granada, eran a aquella sazón muy enemigos y se odiaban de muerte[8]. Tenía de su parte Almudafar, rey de Granada, estos ricos hombres que le ayudaban: el conde don García Ordóñez y Fortún Sánchez, el yerno del rey don García de Navarra, y Lope Sánchez...[9], y cada uno de estos ricos hombres, con su poder ayudaban a Almudafar; y juntos fueron sobre Almutamiz, rey de Sevilla.

---

[5] Como ya se indica al principio de la copia fiel de Pedro Abad, falta la primera hoja en el códice del Poema, y en sustitución de ella se incluye el presente pasaje de la «Crónica de Veinte Beyes»; en esto seguimos a don Ramón Menéndez Pidal, que aduce suficientes razones para creer que ésta coincida bastante con la parte perdida del Poema.
[6] Las notas se hallarán todas al final del libro.
[7] Sabido es que los reyes moros algunas veces pagaban cierta contribución a los monarcas cristianos por haber sido vencidos por éstos, o por temor, para que les dejasen vivir en paz. Fernando I cobraba esta contribución al padre de Motámid de Sevilla, y éste lo hacía ahora a Alfonso, cuyas parias cobraba anualmente, y parece ser que con tal objeto fue a su corte por mandato del rey cristiano, Rodrigo Díaz, en el invierno del año 1079.
[8] De antiguo eran enemigos los reyes de Sevilla y Granada, y esta enemistad era más bien odio de razas, ya que los reyes de Granada pertenecían a la rama berberisca, y los de Sevilla eran árabes. Hasta el idioma los separaba, pues los unos comprendían mal a los otros por haber gran diferencia del árabe literario de los yemeníes de Sevilla y el berebere de los ziríes de Granada.
[9] Tanto el conde García Hernández de Nájera como Fortún Sánchez, alavés, casado con la hija del rey de Navarra, y Lope Sánchez, hermano de Fortún, hablan

El Cid Ruy Díaz, cuando supo que así venían sobre el rey de Sevilla, que era vasallo y pechero del rey don Alfonso su señor, túvolo a mal y le pesó mucho; y envió a todos cartas suyas rogándoles que no vinieran contra el rey de Sevilla ni destruyeran su tierra, por la obligación que tenían con el rey don Alfonso, y que si a pesar de ello querían hacerlo, supiesen que el rey don Alfonso no dejaría de ayudar a su vasallo, puesto que era su pechero. El rey de Granada y los ricos hombres no hicieron caso[10] de las cartas del Cid, y fueron todos muy esforzadamente y destruyeron al rey de Sevilla toda la tierra, hasta el castillo de Cabra.

Cuando aquello vio el Cid Ruy Díaz tomó todas las fuerzas que pudo de cristianos y de moros y fue contra el rey de Granada para echarle de las tierras del rey de Sevilla. Y el rey de Granada y los ricos hombres que con él estaban, cuando supieron que venía de aquella manera, enviáronle a decir que no se saldrían de aquella tierra por él. El Cid Ruy Díaz, cuando aquello oyó, comprendió que no tenía más remedio que acometerlos y fue y lidió con ellos en el campo, y duró la batalla desde las nueve de la mañana hasta la hora de mediodía, y fue grande la mortandad que hubo de moros y de cristianos por parte del rey de Granada, y los venció el Cid y los hizo huir del campo. Y aprisionó el Cid en esta batalla al conde don García Ordóñez y mesole un mechón de las barbas...[11], y cogieron también a otros muchos caballeros, tantos que se perdió la cuenta; y túvolos el Cid presos tres días y después los mandó soltar a todos.

---

sido antes vasallos del rey don Alfonso, y se ignora por qué causas pasaron al servicio del zirí Abdállah.

[10] No solamente no hicieron caso, sino a lo que parece, fiados en su superioridad numérica (pues Rodrigo sólo había traído a Sevilla una pequeña escolta, como convenía a su pacífica embajada), la advertencia del Cid les movió a risa y no la tuvieron sino a burla que hacían de su valor; así se metieron por los feudos de Motámid, y con sus algaras destruyeron y robaron toda la tierra por el Castillo de Cabra.

[11] La acción de arrancar un mechón de las barbas a don García Ordóñez denota hasta qué punto llevó el Cid la derrota de sus enemigos y cómo quiso afrentarlos a todos haciéndolo en el mayor de ellos, el conde de Nájera. No solamente el arrancar un mechón de las barbas era altamente ofensivo, sino sólo cogerla a un caballero por ellas o bien mesárselas: esto último se hacía como escarnio o para dar lugar a un desafío, Así, pues, la inferida al conde era una injuria gravísima, que no solamente llagaba a los caballeros que con él estaban, sino también al rey de Granada, por ser señor del vasallo ofendido. El «Fuero de Sepúlveda» multa la mesadura con cinco maravedíes y si no, con mesar la barba al ofensor, y en caso de que éste sea joven o lampiño, se le cortará una pulgarada de carne allí donde las barbas le habían de nacer.

Mientras él los tuvo presos, mandó a los suyos coger los bienes y las riquezas que habían quedado en el campo, y luego volvió el Cid con toda su compañía y con todas sus riquezas a Almutamiz, rey de Sevilla, y le dio a él y a todos sus moros cuanto conocían que era suyo, y aun de lo que había, cuanto quisieron tomar. Y de allí en adelante le llamaron moros y cristianos Ruy Díaz de Vivar, el Cid Campeador, que quiere decir batallador.

Almutamiz diole entonces muchos buenos presentes y las parias por las cuales había ido... Y volviose el Cid con sus parias para el rey don Alfonso su señor.

El rey le recibió muy bien y se alegró mucho, y estaba muy orgulloso de cuanto allá había hecho. Por esto le tuvieron muchos envidia y le buscaron grandes males enemistándole con el rey...

El rey, como estaba muy sañudo y muy iracundo contra él[12], los creyó en seguida... y envió al punto a decir al Cid, con una carta, que se fuese de su reino[13]. El Cid, después que leyó la carta, que le produjo gran pesar,

---

[12] Ya la victoria de Cabra, tan fácil y tan completa, había despertado muchas envidias de varios caballeros de la corte de Alfonso contra él, y ocurrió que por aquel entonces, hablando salido el rey a correr las tierras de Toledo, cuya ciudad aún era inexpugnable, los moros acometieron el castillo de Gormaz, en el Duero y robaron en sus correrías las tierras de alrededor. El Cid, que no había acompañado al rey por estar enfermo, así que supo esta desagradable novedad, reunió a sus caballeros y se fue con ellos más allá de la frontera a devastar el territorio enemigo, en el que causó muchos daños y del que se trajo grandes riquezas en toda clase de especies, además de varios miles de cautivos. Los enemigos cristianos del Cid achacaron a éste, y así le acusaron ante el rey, de haber ido a tierras moras a ofender a sus habitantes, para que éstos, enfurecidos, redoblaran sus esfuerzos y pusieran aún más empeño en matar al monarca que andaba de correría. El rey lo creyó o fingió creerlo dando oídos a los «mestureros» o alcahuetes de la corte.

[13] El principal promotor de la pena de destierro con que Alfonso castigó al Cid fue el mencionado conde de Nájera, García Ordóñez, uno de los principales magnates del reino da León. Es lo cierto que mucho tiempo antes de que el Campeador fuera desterrado, sus servicios en la corte no eran ya los mismos que en la época de don Sancho, por cuanto en las expediciones de don Alfonso a tierras de moros en el año 1075 fue su alférez Hernán Laín (Sandoval, «Cinco Reyes») y le acompañaron otros nobles que menciona, sin que entre ellos se encontrara el Cid. Puédese, pues, asegurar, con la «Historia leonesa», que a instigación de la familia del conde García Ordóñez salió el Cid desterrado de Castilla en el año 1081; y podemos fijar esta fecha con seguridad por documentos que llevan la firma del Campeador, documentos que llevan las fechas de 1064, en

no quiso; pero al ver que no tenía de plazo más que nueve días para marcharse del reino[14]...

---

los tiempos de don Fernando (Sandoval «Cinco Reyes»); 1068, 1069, 1070 y 1072, en los de don Sancho (Sandoval, «San Pedro de Cardeña») y 1074 y 1075 en los de Alfonso. El «Fuero de Sepúlveda», dado en 176 se halla también suscrito por el Cid (Llorente, «Noticias sobre las provincias vascongadas»), y todos estos datos nos ofrecen la certidumbre de que hasta este último año, asistió aquél a la corte y gozó de influencia y posición. Desde aquella fecha no se encuentra documento que hable del Cid, y en cambio la «Historia leonesa» afirma que al salir de Castilla Rodrigo marchó a Barcelona, y de allí se dirigió a Zaragoza, donde todavía reinaba Al-Moktadir; y Ben-Besaam dice que Rodrigo se había puesto al servicio de los Beni-Hud, de Zaragoza; y como la muerte de Al-Moktadlr la fijan los historiadores árabes en el mes de «Dyemad el auel» (el quinto del año lunar) del 474; y habiendo comenzado el 11 de junio de 1081, el mes de su muerte corrió desde el 7 de octubre al 5 de noviembre del mismo año; por tanto, según la cita aceptable de la «Historia leonesa», en los primeros meses de 1081 debió llegar a Zaragoza el Campeador, y si se detuvo algo en Barcelona podemos conjeturar que sufrió el destierro a fines de 1080 o a principios de 1081.

[14] En tiempos del Cid, el plazo de nueve días era el fijado para que los desterrados salieran del reino; pero el mismo Cid, ya otra vez en gracia con su señor, obtuvo en favor de los hijosdalgo que ampliase para lo sucesivo a treinta días el plazo del destierro.

1

El Cid convoca a sus vasallos; éstos se destierran con él. (Sigue el relato de la *Crónica de Veinte Reyes* y se continúa con versos de una Refundición del Cantar).—Adiós del Cid a Vivar (aquí comienza el manuscrito de Per Abbat).

Envió por sus parientes y vasallos, y díjoles cómo el rey le mandaba salir de su tierra y que no le daba de plazo más que nueve días, y él quería saber cuáles de ellos querían irse con él y cuáles quedarse.

«y los que conmigo fueren,—Dios os lo pague, y los que acá os quedareis—quiero irme con vuestro agrado.»

Entonces habló Alvar Fáñez[15], su primo hermano:

«Con vos iremos, Cid,—por yermos y por poblados,
que nunca os abandonaremos,—en tanto que estemos sanos,
con vos consumiremos—las muías y los caballos,
y los bienes—y los vestidos
siempre os serviremos—como leales vasallos.»
Entonces otorgaron todos—cuanto dijo don Álvaro;
mucho agradeció el Cid—cuanto allí fue razonado...
El Cid salió de Vivar—para dirigirse a Burgos,
y deja sus palacios—yermos y abandonados.
Llorando—mucho,
volvía la cabeza—y se estaba mirándolos.
Vio las puertas abiertas—y los postigos sin candados,
las alcándaras vacías—sin pieles y sin mantos
y sin halcones—y sin azores mudados.
Suspiró el Cid—con mucha pena.
Y habló—bien y con mesura:
«¡Loor a ti, Señor y Padre,—que estás en los cielos!
A esto me reducen—mis perversos enemigos.»

---

[15] Alvar Fáñez parece que tenía por verdadero nombre Alvar Háñez; pero nosotros dejamos la primera forma por ser la usada, en todo el Poema. Este Alvar Fáñez, al cual el Cid llama sobrino suyo en su misma carta de arras, en 1074, es uno de los principales personajes del Poema, como más adelante se verá.

2

Agüeros en el camino de Burgos.

Ya aguijan,—ya sueltan las riendas.
A la salida de Vivar—encontraron la corneja a la derecha,
y a la entrada de Burgos—la encontraron a la izquierda[16].
Movió el Cid los hombros—y sacudió la cabeza:
«¡Albricias, Alvar Fáñez,—que aun echados de esta tierra,
con más grande honra—volveremos a Castilla!»

3

El Cid entra en Burgos.

El Cid Ruy Díaz—entró en Burgos,
con su acompañamiento—de sesenta pendones;
salían a verle—mujeres y hombres,
burgaleses y burgalesas—por las ventanas se asoman
llorando,—tan entristecidos estaban.
De todas las bocas—salía una misma razón:
«¡Dios, qué buen vasallo,—si tuviese buen señor!»

4

Nadie hospeda al Cid.—Sólo una niña le dirige la palabra para mandarle alejarse.—El Cid se ve obligado a acampar fuera de la población, en la glera.

Con gusto le darían hospitalidad,—mas ninguno se atrevía;
el rey don Alfonso—tanta saña le tenía.

---

[16] Esta costumbre de los agüeros estaba muy extendida en aquella época en todas las clases sociales, y especialmente entre los hombres de armas, tan expuestos a sorpresas y violencias. El Cid, profundamente religioso, era, a pesar de ello, supersticioso, como veremos en varios pasajes del Poema. En la carta que Ramón Berenguer escribe al Cid en el año 1090 le acusa, entre otras cosas: «Videmus etiam et cognoscimus, quia montes et corvl et cornelle et nisi et aquile et fere omnes ganus avium suit dii tul, quia plus confidis in auguriis eorum quan in Deo.»

La noche antes—llegó a Burgos su carta
con grandes prevenciones—y fuertemente sellada:
que al Cid Ruy Díaz—nadie le diese posada,
y aquel que se la diese—tuviese la certeza
que perdería sus bienes—y los ojos,
y además,—el cuerpo y el alma.
Gran pena tenían—las gentes cristianas;
se esconden del Cid,—por no decirle nada.
El Campeador—se dirigió a su posada;
así como llegó a la puerta,—la encontró atrancada,
por miedo del rey Alfonso,—que así lo había dispuesto;
que si no la tiraran,—que no la abriesen por nada.
Los del Cid—en alta voz llaman,
los de dentro—no les quieren contestar.
Aguijó el Cid,—llegando hasta la puerta,
sacó el pie del estribo,—golpeándola con él;
mas no cede la puerta,—que estaba bien cerrada.
Una niña de nueve años—le estaba mirando:
«¡Campeador,—que en buena hora ceñiste espada!
El rey lo ha prohibido,—anoche llegó su carta,
con grandes prevenciones—y fuertemente sellada.
No nos atreveremos—a abrir ni a acoger por nada;
si no, perderíamos—los bienes y las casas,
y todavía más,—los ojos.
Cid, con nuestro mal—no ganarías nada;
el Criador os valga—con todas sus virtudes santas.»
Esto dijo la niña—y se volvió a su casa.
Ya lo ve el Cid—que no tiene la gracia del rey.
Se apartó de la puerta—y anduvo por Burgos,
llegó a Santa María,—y allí descabalgó;
se hincó de hinojos,—y oró de corazón.
Cuando hubo rezado,—volvió a cabalgar;
salió por la puerta—y cruzó el Arlanzón.
Cerca de Burgos—se asentó en la glera,
clavó en ella la tienda—y allí desmontó.
El Cid Ruy Díaz,—el que en buena hora ciñó espada,
permaneció en la glera,—ya que nadie le acogía en su casa;
alrededor de él—sus buenos compañeros.
Así permaneció el Cid—como si fuese en el monte.
Le han vedado la compra—en las casas de Burgos
de todas las cosas—para comer;
no le osarían vender—ni aun el valor de un dinero.

5

Martín Antolínez viene de Burgos a proveer de víveres al Cid.

Martín Antolínez,—el burgalés cumplido,
al Cid y a los suyos—abastece de pan y vino;
no lo ha comprado,—que lo tenía él;
de todo comestible—los abasteció bien.
Lo agradeció el Cid,—el Campeador cumplido,
y lo mismo los demás—que están a su servicio.
Habló Martín Antolínez,—oiréis lo que ha dicho:
«¡Campeador,—en buena hora naciste!
Esta noche reposemos—y a la mañana vayámonos,
porque seré acusado—de lo que os he servido
y en la ira del rey Alfonso—caeré.
Si con vos—escapo sano y vivo,
aun pronto o tarde, el rey—me querrá por amigo;
sino, cuanto dejo,—no me importa un higo.»

6

**El Cid, empobrecido, acude a la astucia de Martín Antolínez.
—Las arcas de arena.**

Habló el Cid.—el que en buen hora ciñó espada:
«¡Martín Antolínez,—vos sois una esforzada lanza!
Si yo vivo,—os he doblar la soldada.
Gastado el oro—y toda la plata,
bien ves—que yo no traigo nada,
necesaria me es—para toda mi compañía;
lo he de hacer por fuerza,—de grado no tendría nada.
Con vuestro consejo—quiero construir dos arcas;
llenémoslas de arena,—que así serán muy pesadas,
cubiertas de guadamecí—y bien claveteadas.»

7

Las arcas son destinadas para obtener dinero de dos Judíos burgaleses.

Los guadamecís bermejos—y los clavos bien dorados.

«Por Raquel y Vidas—vesme en secreto:
cuando en Burgos me vedaron comprar—por la ira del rey,
no pude traer mi riqueza,—por pesar mucho,
y empeñársela quiero—por lo que fuere razonable;
se las llevarán de noche,—para que no lo vea nadie.
Sólo véalo el Criador,—con todos sus santos,
yo no puedo otra cosa—y a la fuerza lo hago»[17].

8

Martín Antolínez vuelve a Burgos en busca de los judíos.

Martín Antolínez—no lo retardaba;
llegó a Burgos,—entró por el castillo[18],
por Raquel y Vidas—preguntando presurosamente.

9

Trato de Martín Antolínez con los judíos.—Éstos van a la tienda del Cid.—Cargan con las arcas de arena.

Raquel y Vidas—estaban juntos,
contando de sus bienes—lo que habían ganado[19].

---

[17] Parece ser que este episodio de las arcas de arena no es verdadero, sino un tópico muy usado en multitud de narraciones desde los tiempos antiguos, y aún efectuado con alguna frecuencia, lo que da origen a que en las «Partidas» de Alfonso X (VII, 16.°, 9.ª) se hable de hombres engañadores «que quieren facer muestra a los homes que han algo, et toman sacos e bolsos e arcas cerradas; llenas de areno e piedras... et encomiéndanos et danlas a guardar... faciéndoles entender que es tesoro aquello que les dan... et con este engaño toman dineros prestados...» Así hace el Cid, que con la ayuda de Martín Antolínez entrega a los judíos Raquel y Vidas dos arcas llenas de arena para que sobre ellas le presten el dinero necesario para la manutención de sus mesnadas, bajo palabra de volverles el dinero, más los interesas, en tiempo oportuno. El autor del Poema olvida este detalle de la restitución, aunque en otro pasaje hace hablar de él a Alvar Fáñez.

[18] Las juderías eran barrios incluidos dentro de las fortificaciones de las ciudades, y a los judíos no se les permitía vivir diseminados entre el pueblo, sino precisamente en los lugares designados por el Concejo. Por eso, al indicar el verso que Martín Antolínez entró por el castillo, quiere decir que atravesó las murallas de la ciudad para dirigirse a la judería.

Llegó Martín Antolínez—de manera prudente:
«¿Sois Raquel y Vidas,—mis queridos amigos?
Con sinceridad—quisiera hablar con los dos.»
No lo retardan,—los tres reunidos se apartaron.
«Raquel y Vidas,—dadme ambos las manos,
no me descubráis—a moros ni a cristianos[20];
para siempre os haré ricos,—no seréis menguados.
El Campeador—vino por los tributos,
grandes bienes ha cobrado—y mucho de sobra,
de ellos ha retenido—cuanto tenía valor;
y por ello—ha sido acusado[21].
Tiene dos arcas—llenas de oro fino.
Ya habéis visto—que el rey le ha ofendido.
Ha dejado sus heredades—y casas y palacios.
Aquéllas no se las puede llevar,—si no, sería descubierto;
el Campeador—las quiere dejar en vuestras manos,
prestadle sobre esta riqueza—lo que sea razonable.
Coged las arcas—y ponedlas en seguro;
con verdad jurad—y prometed fielmente ambos
que no las abriréis en todo este año.»
Raquel y Vidas—mutuamente se aconsejan:
«Necesariamente nosotros hemos—de ganar algo en todo esto.
Bien sabemos—que él también ha ganado,
cuando pasó a tierra de moros,—gran riqueza ha sacado;
no duerme sin cuidado—quien tiene dinero acuñado.

---

[19] El autor del Poema, al presentar a los judíos Raquel y Vidas contando avarientamente sus bienes, quiere simbolizar en ellos el espíritu de su raza, tal como lo interpretaba el elemento popular. Los judíos eran, en realidad, los banqueros del pueblo, de los grandes y de los reyes; precisamente la animadversión sentida contra ellos se basaba en la natural competencia que los judíos sostenían con la masa popular por el monopolio de ciertas industrias y por el ejercicio del préstamo y de la usura. Los servicios económicos prestados a magnates y reyes les daban autoridad y supremacía, y muchas veces gracias a ellos consiguieron leyes protectoras que les defendían contra los estragos que el populacho, con frecuencia, les infería al asaltar el barrio de los «matadores de Dios», según les predicaban desde el pulpito.

[20] «No me descubráis a nadie.»

[21] Martín Antolínez aprovecha, para llevar a buen término su encargo, otro engaño: dar por cierta la calumnia que los «mestureros» habían propalado para conseguir el destierro del Cid.

Estas arcas,—tomémoslas ambos,
pongámoslas en lugar—que no sea descubierto.
Mas, decidnos, ¿del Cid—cuándo será pagado[22].
o qué ganancia nos dará—por todo este año?»
Repuso Martín Antolínez—de modo prudente:
«El Cid querrá—lo que sea razonable;
os pedirá poco—por dejar a salvo su riqueza.
Acógense a él hombres—desheredados, de todas partes,
necesita—seiscientos marcos.»
Dijeron Raquel y Vidas:—«Se los daremos de buena gana.»
«Ya veis que viene la noche,—el Cid tiene prisa,
tenemos necesidad—de que nos deis los marcos.»
Dijeron Raquel y Vidas:—«No se hace así el negocio
sino primero tomando—y después dando.»
Dijo Martin Antolínez:—«En eso estoy conforme.
Venid ambos—donde el insigne Campeador,
y nosotros os ayudaremos,—que así es justo,
a acarrear las arcas—y ponerlas en vuestro seguro;
que no lo sepan—moros ni cristianos.»
Dijeron Raquel y Vidas:—«Nosotros de esto nos ocupamos
Recibidas las arcas,—tomad los seiscientos marcos.»
Martin Antolínez—cabalgó ocultamente
con Raquel y Vidas,—satisfecho y con alegría.
No vienen al puente,—por el agua han pasado,
para que no les descubriese—ninguna persona de Burgos
Helos en la tienda—del Campeador insigne;
en cuanto entraron—le besaron las manos al Cid
Sonriente, el Cid—los hablaba:
«¡Ya don Raquel y Vidas—me habéis olvidado!
Ya me salgo desterrado,—que el rey me echa.
A lo que presumo,—de lo mío tendréis algo;
mientras viváis—no seréis menguados.»
Raquel y Vidas al Cid—besáronle las manos.
Martín Antolínez—el negocio ha concertado,
que sobre aquellas arcas—darle han seiscientos marcos,
y que bien se las guarden—hasta el fin del año;
que así le dijeran fielmente—y se lo habían jurado,
que si antes las abriesen—serían perjuras

---

[22] «Mas decidnos, ¿cuándo nos volverá el Cid lo que le hemos prestado...?»

y el Cid no les daría—ni un mal dinero de ganancia
Dijo Martín Antolínez:—«Carguen las arcas pronto.
    Llevadlas, Raquel y Vidas,—ponedlas a vuestro recaudo;
yo iré con vosotros,—para que traigamos los marcos
que ha de irse el Cid—antes que cante el gallo.»
Al cargar las arcas—veríais qué gozo:
no las podían poner en alto,—aunque eran forzudos
Tiénense Raquel y Vidas—con el dinero acuñado
mientras viviesen,—por enriquecidos ambos.

10

Despedida de los judíos y el Cid.—Martín Antolínez se va con los judíos a Burgos.

    Raquel al Cid—la mano le ha besado[23]:
«¡Oh Campeador,—en buena hora ceñiste espada!
De Castilla os vais—hacia las gentes extrañas,
Así es vuestra ventura,—grandes son vuestras ganancias[24];
os pido una piel bermeja—morisca y hermosa;
Cid, beso vuestra mano—en donde quiera que os halle.»
«Pláceme, dijo el Cid;—desde aquí la prometo.
Os la traeré de allá;—si no, descontadla de las arcas.»
Raquel y Vidas—las arcas llevaban,
con ellos Martín Antolínez—entró en Burgos.
Con todo sigilo—llegan a su morada;
en medio de la estancia—tendieron un cobertor,
sobre él una sábana—de hilo y muy blanca.
De una vez—trescientos marcos de plata
contó don Martín,—sin pesarlos los tomaba[25];
los otros trescientos—en oro se los pagaban.
Cinco escuderos tiene don Martín,—a todos los cargaba.

---

[23] Besar la mano era la forma de solicitar una dádiva o un favor; por eso muchas veces, en el Poema, se sustituye con la fórmula «besó la mano a», por «pidió a».

[24] Raquel cree que el Cid huye de Castilla llevándose las ganancias que le han quedado de las parias cobradas a los tributarios de Alfonso.

[25] En la época del Cid no sólo era necesario contar el dinero, sino pesarlo, pues las deficiencias de la acuñación daban distinto peso a las monedas del mismo valor.

Cuando esto hubo hecho,—oíd lo que hablaba:
«Ya, don Raquel y Vidas,—en vuestras manos están las arcas;
yo, que esto os procuré,—bien merecía unas calzas.»

11

El Cid, provisto de dinero por Martín Antolínez, se dispone a marchar.

Entre Raquel y Vidas,—aparte convinieron ambos:
«Démosle buen obsequio,—que él nos lo ha buscado.
Martín Antolínez,—burgalés ilustre,
os lo merecéis,—daros queremos un buen regalo;
mandad haceros unas calzas—y rica piel y buen manto.
Os damos de regalo—a vos treinta marcos;
os lo merecéis,—esto es lo razonable:
habéis de sernos el fiador—de esto que hemos concertado.»
Agradeciolo don Martín—y recibió los marcos;
saliose de la casa,—despidiéndose de ambos.
Ha salido de Burgos—y el Arlanzón ha pasado,
llegó a la tienda—del que en buena hora nació.
Recibiole el Cid—con los brazas abiertos:
«¿Ya venís, Martín Antolínez,—mi fiel vasallo?
¡Ojalá llegue el día—que de mí halléis recompensa!»
«Vengo, Campeador,—con buenas noticias:
vos seiscientos—y yo treinta he ganado.
Mandad recoger la tienda—y vayámonos sigilosamente,
que en San Pedro de Cardeña—nos cante el gallo;
veremos a vuestra mujer,—digna hijadalgo.
Abreviaremos la estancia—y dejaremos el reino;
es muy necesario,—que ya termina el plazo.»

12

El Cid monta a caballo y se despide de la catedral de Burgos, prometiendo mil misas al altar de la Virgen.

Estas palabras dichas,—la tienda es recogida.
El Cid y sus acompañantes,—cabalgan a toda prisa.
Su caballo—volvió hacia Santa María
alzó su mano diestra,—la cara se santigua:
«A ti te lo agradezco, Dios,—que cielo y tierra guías.

¡Válganme tus auxilios,—gloriosa Santa María!
Ahora abandono Castilla,—puesto que al rey tengo enojado;
no sé si volveré más—en todos mis días.
¡Vuestro favor me valga,—Gloriosa, en mi destierro,
y ayudadme y socorredme—de noche y de día!
Si así lo hiciereis—y esta ventura alcanzase,
mando a vuestro altar—buenos y ricos dones;
yo prometo—hacer cantar mil misas.»

13

Martín Antolínez se vuelve a la ciudad.

Despidiose el cabal—de corazón y voluntad.
Sueltan las riendas—y aguijan.
Dijo Martín Antolínez,—el burgalés leal:
«Veré a mi mujer—con calma,
he de advertirles—cómo tienen que hacer.
Si el rey me quiere despojar,—no me importa.
Antes estaré con vosotros—que salga el sol.»

14

El Cid va a Cardeña a despedirse de su familia.

Volvíase don Martín a Burgos—y el Cid aguijó
para San Pedro de Cardeña,—espoleando cuando pudo,
con los caballeros—que le servían de buen grado.
Ya cantan los gallos—al alborear,
cuando llegó a San Pedro—el buen Campeador[26];

---

[26] El Monasterio de San Pedro de Cardeña está situado a unos doce kilómetros de la ciudad de Burgos. Cardaña, acaso de «Gar-ad-ina» árabe o «refugio de la», fue un monasterio benedictino fundado en el siglo VI por doña Sancha, mujer de Teodorico. Está situado en una garganta forma a por dos alturas, que se prolongan de norte a sur en tierra yerma «muy fría, estéril y de poco gusto». Fue reedificado por Alfonso III el Magno después del asalto por los moros, los que mataron doscientos frailes e incendiaron el edificio; se reedificó, como ya se ha dicho, hacia el año 399. Los vestigios hoy existentes corresponden al remozamiento que en el monasterio hizo el abad Pedro del Burgo (1430-1445). En este lugar estuvieron enterrados los restos del Cid y, probablemente, los de

el abad don Sancho,—siervo del Criador[27],
rezaba los maitines—al hacerse de día.
Y estaba doña Jimena—con cinco dueñas de pro[28].
rogando a San Pedro—y al Criador:
«Tú que a todos guías,—ampara al Cid Campeador.»

15

Los monjes de Cardeña reciben al Cid.—Jimena y sus hijas llegan ante el desterrado.

    Llamaban a la puerta—y supieron la nueva;
¡Dios, qué alegre se puso—el abad don Sancho!
Con luces y cirios—salieron al corral,
con gran gozo reciben—al que en buena hora nació.
«A Dios se lo agradezco, Cid—dijo el abad don Sancho;
puesto que aquí os veo,—quedad como huésped mío.»
    Dijo el Cid,—el que buena hora nació:
«Gracias, don abad,—estoy satisfecho de vos;
yo prepararé comida—para mí y para mis vasallos;
mas porque me voy de esta tierra,—os doy cincuenta marcos;
si yo viviere,—os serán doblados.
No quiero hacer en el monasterio—ni un dinero de gasto;
he aquí para doña Jimena—os doy cien marcos;
a ella y a sus hijas y a sus dueñas—las serviréis este año.
Dos hijas dejo niñas,—cobijadas en vuestros brazos;
ahora os las encomiendo—a vos, abad don Sancho;
de ellas y de mi mujer—tened todo cuidado.
Si la despensa flaquease—u os faltare algo,
atendedlas bien—yo así os lo mando;
por un marco que gastéis,—al monasterio daré yo cuatro.»
Así se lo otorgó—el abad de buen grado.
He a doña Jimena—que con sus hijas va llegando;

Jimena. Aquéllos fueron trasladados a la Catedral da Burgos, en donde actualmente se hallan.

[27] Según el señor Menéndez Pidal, el abad coetáneo del Cid no se llamaba don Sancho, sino don Sisebuto, luego San Sisebuto, que rigió el convento durante veinticinco años.

[28] Jimena Díaz, la esposa del Cid, era hija del conde de Oviedo, prima hermana de Alfonso VI, el cual los caso durante los primeros años de su reinado.

sendas dueñas las traen—conduciéndolas en los brazos.
Ante el Campeador doña Jimena—se hincó de rodillas.
Llorando,—quísole besar las manos:
«¡Merced, Campeador,—en buena hora fuiste nacido!
Por malos alcahuetes—de esta tierra sois echado.»[29].

16

Jimena lamenta el desamparo en que queda la niñez de sus hijas. —El Cid espera llegar a casarlas honrosamente.

« Merced, Cid,—hermosa barba[30].
Heme ante vos—yo y vuestras hijas,
niñas son—y pequeñas,
con estas mis dueñas—de quien soy yo servida[31].
  Yo lo veo—que estáis vos de marcha
y que nosotras de vos—nos hemos de separar.
¡Aconsejadnos—por amor de Santa María!»
Extendió las manos—el de la hermosa barba,
a sus hijas—en brazos las tomaba,
allególas al corazón,—que mucho las quería.
Llora,—muy fuerte, mientras suspira[32]:
«Ah doña Jimena,—mujer mía tan cabal,

---

[29] «Por malos mestureros...»

[30] Varias veces se nombra al Cid de la misma manera, como epíteto elogioso. La importancia de la barba, en cuanto a su belleza o grandor, era mucha en tiempo del Cid. Las precauciones que este mismo adopta con ella al entrar en las batallas o para asistir a las cortes de Toledo denotan que la barba era el símbolo de la virilidad y del valor, y que, como hemos dicho anteriormente, el hecho de tocar o mesar los pelos de la barba a un caballero equivalía a lo mismo que después significó arrojar el guante; es decir, que era el reto para el desafío.

[31] Con el nombre de «dueñas» se comprende a las damas y azafatas que acompañaban a doña Jimena y a sus hijas, no como criadas, sino como damas; el Cid propone sus matrimonios con los caballeros de sus mesnadas en su corte de Valencia.

[32] El llanto del Cid y de sus caballeros se repite por varios motivos sentimentales a lo largo de todo el Poema. Entonces no había el concepto denigrante que después se achacó al caballero o, simplemente, al hombre que llora, tildándole de cobarde o de pusilánime. Hemos de advertir que Jamás ni el Cid ni sus caballeros lloran de temor, pera sí manifiestan de este modo su ternura y cariño hacia las personas y las cosas.

como a mi propia alma—yo tanto os quiero.
Ya lo veis—que nos hemos de separar,
yo iré y vos—os quedaréis.
¡Plegue a Dios—y a Santa María
que con mis manos—case estas hijas mías,
y quede ventura—y algunos días de vida[33],
y vos, mujer honrada,—de mí seáis servida!»

17

Un centenar de castellanos se juntan en Burgos para irse con el Cid.

Gran comida le hacen—al buen Campeador.
Tañen las campanas—en San Pedro a clamor.
Por Castilla—van pregonando
cómo se va de su tierra—el Cid Campeador;
unos dejan casas—y otros haciendas.
En aquel día—en el puente del Arlanzón
ciento quince caballeros—se juntaron;
todos preguntaban—por el Cid Campeador;
Martín Antolínez—los llevó consigo.
Vanse para San Pedro,—en donde está el que en buena hora nació.

18

Los cien castellanos llegan a Cardeña y se hacen vasallos del Cid.—Éste dispone seguir su camino por la mañana.—Los maitines en Cardeña.—Oración de Jimena.—Adiós del Cid a su familia.—Últimos encargos al abad de Cardeña.—El Cid camina al destierro; hace noche después de pasar el Duero.

Cuando lo supo el Cid,—el de Vivar,
que crece su acompañamiento,—aumentando su importancia,
aprisa cabalga,—y a recibirlos sale;
cuando los hubo visto,—se sonrió;
lléganse todos—a besarle la mano.
Habló el Cid—de buen talante:
«Yo ruego a Dios—y al Padre espiritual,

---

[33] «Y vivamos y tengamos suerte.»

que vos, que por mí dejáis—casas y heredades,
antes que yo muera,—algún bien os pueda hacer:
lo que perdéis,—doblado lo habéis de cobrar.»
Alegrose el Cid,—porque aumentó su gente,
alegráronse todos los hombres—que con él estaban.
Los seis días de plazo—van pasando,
tres quedan por transcurrir,—sepáis que no más.
Mandó el rey—vigilar al Cid,
que, si después del plazo—le hallase en su tierra,
por oro ni por plata—podría escapar.
El día finaliza,—ya viene la noche,
a sus caballeros—mandó juntarse todos:
«Oíd, varones,—no os apesadumbréis;
poco dinero traigo,—pero quiero daros vuestra parte.
Estad enterados—de lo que debéis hacer:
a la mañana,—cuando los gallos cantaren,
sin tardanza,—ensillad;
en San Pedro a maitines—tañerá el buen abad,
la misa nos dirá—de Santa Trinidad;
dicha la misa,—pensemos en cabalgar[34],
que el plazo está cerca,—y mucho hemos de andar.»
Como lo mandó el Cid,—así lo han de hacer todos.
Pasando va la noche,—viniendo la mañana;
a los segundos gallos—comienzan a ensillar[35].
Tañen a maitines—con gran celeridad;
el Cid y su mujer—a la iglesia van.
Echose doña Jimena—en las gradas delante del altar,
rogando al Criador,—lo mejor que supo,
que al Cid Campeador—Dios le guardase del mal:
«Oh señor glorioso,—padre que en el cielo estás,
hiciste cielo y tierra,—el tercero el mar;
hiciste estrellas y luna—y el sol para calentar;
encarnaste—en Santa María madre,
en Belén apareciste,—como fue tu voluntad;
pastores te glorificaron,—y te ensalzaron,
tres reyes de Arabia—te vinieron a adorar,

---

[34] «Dicha la misa, cabalguemos...»
[35] Cuando cantan los segundos gallos, esto es, a las tres de la madrugada; los primeros cantan a las doce de la noche, y por tercera vez, al alba.

Melchor—y Gaspar y Baltasar,
oro incienso y mirra—te ofrecieron de voluntad;
salvaste a Jonás,—cuando cayó en el mar;
salvaste a Daniel—con sus leones en la mala cárcel,
salvaste dentro de Roma—al señor San Sebastián,
salvaste a Santa Susana—del falso criminal;
por tierra anduviste treinta y dos años—Señor espiritual,
mostrando los milagros,—por los que tenemos que hablar[36]:
del agua hiciste vino—y de la piedra pan,
resucitaste a Lázaro,—porque fue tu voluntad
de los judíos te dejaste prender;—en el que llaman monte Calvario
pusiéronte en cruz—por nombre en Gólgota;
dos ladrones contigo,—éstos a ambos lados,
el uno está en el paraíso,—pero el otro no entró allí;
estando en la cruz—hiciste una maravilla muy grande:
Longinos era ciego,—que nunca vio nada,
te dio con la lanza en el costado,—de donde salió la sangre,
corrió por el astil abajo,—y hubo de mancharse las manos,
las alzó hacia arriba,—y púsoselas en la cara,
abrió sus ojos,—miró a todas partes,
en ti creyó entonces,—por eso se curó;
en el sepulcro resucitaste,
fuiste a los infiernos—como fue tu voluntad;
quebrantaste las puertas,—y sacaste los santos padres.
Tú eres el rey de los reyes,—y de todo el mundo padre;
a ti te adoro y creo—de toda voluntad.
y ruego a San Pedro—que me ayude a rogar
por el Cid Campeador,—que Dios le guarde del mal.
Aunque hoy nos separamos,—júntanos con vida.»
Hecha la oración,—acaba la misa,
salieron de la iglesia,—ya se disponen a cabalgar.
El Cid a doña Jimena—la iba a abrazar;
doña Jimena al Cid—la mano va a besar,
llorando,—no sabe qué hacerse.
Y él en las niñas—vuelve a reparar:
   «A Dios os encomiendo—y al Padre espiritual;
ahora nos vamos,—Dios sabe cuándo nos reuniremos.»
Llorando—como no se había visto tal,

---

[36] «Haciendo los milagros que voy a decir:»

así se separan unos de otros,—como la uña de la carne.
El Cid con sus vasallos—va cabalgando,
a todos esperando,—va volviendo la cabeza.
A esta sazón—habló Minaya Alvar Fáñez:
«Cid, ¿dónde están vuestros ánimos?—En buena hora naciste de madre;
pensemos en andar nuestro camino,—esto es ociosidad.
Aun, todos estos duelos—en gozo se convertirán;
Dios que nos dio las almas,—consejo nos dará.»
Al abad don Sancho—vuelven a insistir
cómo servirá a doña Jimena—y a sus hijas,
y a todas sus dueñas—que con ellas están;
bien sabe el abad—que buen galardón por ello tendrá.
Al volverse don Sancho,—le habló Alvar Fáñez:
«Si viereis venir gentes—para ir con nosotros, abad,
decidles que tomen el rastro—y echen a andar,
que en yermo o en poblado—alcanzarnos podrán.»
Soltaron las riendas—y echaron a andar;
cerca está el plazo—para salir del reino.
Llegó a descansar el Cid—a Espinaz de Can[37];
mucha gente se le junta—esa noche de todas partes.
Al otro día por la mañana—comienzan a cabalgar.
Saliendo va de su tierra—el Campeador leal,
a la izquierda San Esteban[38],—una buena ciudad,
pasó por Alcubilla[39],—que de Castilla fin es ya;
la calzada de Quinea[40]—iba a traspasar,
sobre Navas de Palos[41]—el Duero va a pasar,
a la Figueruela[42]—el Cid iba a descansar.
Vánsele acogiendo—gentes de todas partes.

---

[37] Espinaz de Can es un pueblo que no existe hoy y que debió estar situado al sur de Silos, en la provincia de Burgos.

[38] San Esteban de Gormaz, de la provincia de Soria.

[39] Alcubilla del Marqués, al este de San Esteban de Gormaz, que venía a ser entonces el límite de Castilla, pues la otra parte, situada al sur del río Duero, se llamaba Extremadura y era en la que estaba situada la frontera con los moros.

[40] La calzada romana, llamada de Quinea, es la que existe, aunque sólo en escasos restos, entre Osma y Tiermes.

[41] Navapalos es un pueblo situado a ocho kilómetros de Alcubilla del Marqués.

[42] Figueruela debe ser nombre de un término territorial, denominación hoy desaparecida.

19

**Última noche que el Cid duerme en Castilla.
—Un ángel consuela al desterrado.**

Se acostó el Cid—cuando fue de noche,
cogió un dulce sueño,—que del todo le adormeció.
El ángel Gabriel—a él vino en visión:
«Cabalgad, Cid,—el buen Campeador,
que nunca en tan buen punto—cabalgó varón;
mientras vivieres,—bien irá lo tuyo.»
Cuando despertó el Cid,—la cara se santiguó.

20

El Cid acampa en la frontera de Castilla.

Persignada la cara,—a Dios se encomendó,
estaba muy satisfecho—del sueño que había soñado.
Al otro día por la mañana—comienzan a cabalgar;
es el día del plazo,—sabed que no hay más.
A la sierra de Miedes—iban a descansar,
a la derecha las torres de Atienza[43],—que son de los moros.

21

Recuento de las gentes del Cid.

Aún era de día,—no puesto el sol,
cuando mandó revistar sus gentes—el Cid Campeador;
sin la peonada—y otros valientes,
contó trescientas lanzas,—todas con sus pendones.

---

[43] Castillo situado sobre un cerro; defensa muy fuerte y difícil de tomar.

22

El Cid entra en el reino moro de Toledo, tributario del rey Alfonso.

«Temprano dad cebada,—¡y el Criador os salve!
El que quisiere comer, bien;—el que no, cabalgue.
Pasaremos la sierra,—que es áspera y grande;
la tierra del rey Alfonso—esta noche la podemos dejar.
Después quien nos buscare,—hallarnos podrá.»
De noche pasan la sierra,—llegada es la mañana,
y por la loma abajo—van andando.
En medio de un bosque—maravilloso y grande[44]
hizo el Cid descansar—y dar cebada.
Díjoles a todos—que quería caminar de noche;
vasallos tan buenos—de corazón lo aceptan,
mandado por su señor—todo lo quieren hacer.
Antes que anochezca—empiezan a cabalgar;
y lo hace así el Cid—porque no le descubriese nadie.
Anduvieron de noche,—sin darse descanso.
Al que dicen Castejón,—que está sobre el Henares[45],
el Cid preparó una emboscada—con los que con él venían.

23

Proyecto de campaña.—Castejón cae en poder del Cid por sorpresa. —Algara contra Alcalá.

Toda la noche—permanece el Cid emboscado,
como los aconsejaba—Alvar Fáñez Minaya:
«¡Oh Cid,—en buena hora ceñiste espada!
Vos con ciento—de nuestra compañía,
puesto que a Castejón—ponemos celada,

---

[44] Hoy la Sierra de Miedes se encuentra absolutamente pelada, siendo tierra yerma y peña lo que en época del Cid fueron inmensos bosques. Esta desolación se debe no solamente a las talas hechas a causa de las guerras, sino a la codicia de sus moradores y al descuido en la repoblación de montes, imputable al Estado y a sus malos servidores.

[45] Castejón de Henares, pueblo situado a 40 kilómetros al sur de Miedes y en la margen izquierda del río Henares.

os quedaréis—en la retaguardia;
a mí me dais doscientos—para ir en algara[46];
con Dios y vuestra ventura—haremos gran ganancia.»
Dijo el Campeador:—«Bien hablaste, Minaya;
vos con los doscientos—idos en algara,
allá vaya Alvar Álvarez—y Alvar Salvadórez sin tacha[47],
y Galindo García,—una valiente lanza,
caballeros buenos—que acompañen a Minaya.
Corred con osadía,—no dejéis nada por miedo.
Hita abajo—y por Guadalajara,
hasta Alcalá—lleguen las algaras,
y que aprovechen bien—todas las ganancias,
que por miedo de los moros—no dejen nada.
Y yo con los ciento—quedaré aquí en la retaguardia,
tendré yo Castejón,—donde habremos gran amparo.
Si os ocurriere—algún peligro en la algara,
enviadme aviso—inmediatamente a la retaguardia;
de este suceso—hablará toda España.»
Elegidos son—los que irán en la algara,
y los que con el Cid—se quedarán en la retaguardia.
Ya quiebran los albores—y viene la mañana,
sale el sol,—¡Dios, qué hermoso apuntaba!
En Castejón—todos se levantaban,
abren las puertas—y salían fuera,
para ver sus labores—y sus heredades.
Todos se han ido,—las puertas abiertas han dejado
con muy poca gente—que en Castejón quedara;
las gentes—de afuera todas están esparcidas.
El Campeador—salió de su escondite,
recorriendo alrededor—Castejón entero.
Moros y moras—eran dueños
de los ganados—que andaban por allí.
El Cid don Rodrigo—se dirigió a la puerta;

---

[46] La «algara» era la correría que hacía un pelotón de jinetes en tierra enemiga para asaltar las granjas y aun los pueblos pequeños, talando incendiando y robando ganado, cosas y personas, con cuyo botín volvían al punto de partida, terminada aquélla.

[47] Alvar Álvarez es sobrino del Cid, y con Alvar Salvadórez aparece citado en la carta de arras de doña Jimena.

los que en ella estaban,—cuando vieron venir el tropel,
tuvieron miedo—y fue desamparada.
El Cid Ruy Díaz—por las puertas entró,
en la mano llevaba—desnuda la espada,
quince moros mató—de los que halló al paso.
Ganó Castejón—y el oro y la plata.
Sus caballeros—llegan con la ganancia,
déjansela al Cid,—sin apreciarla en nada.
He a los doscientos—tres en la algara,
que sin duda recorren—robando toda la tierra;
hasta Alcalá—llegó la enseña de Minaya;
y desde allí arriba—se vuelven con la ganancia,
Henares arriba—y por Guadalajara.
Tanto traen—de grandes ganancias,
muchos rebaños—de ovejas y de vacas
y ropas—y otras riquezas abundantes.
Erguida viene—la enseña de Minaya;
no osa ninguno—asaltar la retaguardia.
Con estos bienes—vuélvese la compañía;
helos en Castejón,—donde el Campeador estaba.
El castillo dejó bien custodiado,—el Campeador monta a caballo.
Saliolos a recibir—con su mesnada,
con los brazos abiertos—recibe a Minaya:
«¿Ya venís, Alvar Fáñez?,—¡valiente lanza!
Cuando yo os envié,—tenía buena esperanza.
Eso con esto sea juntado,—y de toda la ganancia
os doy la quinta,—si la queréis, Minaya.»[48].

24

Minaya no acepta parte alguna en el botín y hace un voto solemne.

«Mucho os lo agradezco,—Campeador insigne.
De esta quinta—que me habéis ofrecido,
bastante pagado quedaría—Alfonso el Castellano.
Yo os lo devuelvo—y de ello hemos salido.

---

[48] El capitán que dirigía el asalto a una plaza cobraba la quinta parte del total de lo que en ella se apresaba; en las algaras había la misma costumbre. En Cid ofrece a Minaya la parte que de Castejón le corresponde a él.

A Dios le prometo,—a aquel que está en lo alto:
hasta que yo me sacie—sobre mi buen caballo,
luchando—con los moros en el campo,
y que emplee la lanza—y a la espada meta mano,
y por el codo abajo—la sangre chorreando,
ante Ruy Díaz—el batallador insigne,
no tomaré de vos—ni un mal dinero.
Después que por mí ganaréis—cualquier cosa que sea buena *(lo tomaré)*[49],
(pero hasta tanto) todo lo otro—lo dejo en vuestra mano.»

25

El Cid vende su quinto a los moros.
—No quiere lidiar con el rey Alfonso.

Las ganancias—allí las reunieron.
Se dio cuenta el Cid,—el que en buena hora ciño espada,
que del rey Alfonso—llegarían las compañías,
que le buscarían daño—y a todos sus mesnaderos.
Mandó repartir—todos los bienes íntegros,
que sus quiñoneros[50]—se lo participasen por escrito.
Sus caballeros—empiezan a engrandecerse,
a cada uno de ellos—tocan cien marcos de plata,
y a los peones—la mitad exactamente;
el quinto de todo—quedó para el Cid.
Aquí no lo puede vender—ni proponerlo a nadie;
ni cautivos ni cautivas—quiso llevar en su compañía.
Habló con los de Castejón—y envió a Hita y a Guadalajara
(a preguntar) esta quinta—por cuánto sería comprada,
aunque de lo que dieren—tuviesen gran ganancia.
Ofrecieron los moros—tres mil marcos de plata,
Contentose el Cid—de esta oferta.
Al tercer día—le fueron dados puntualmente.
Ofreció el Cid—con toda su compañía

---

[49] Colocamos entre paréntesis y en bastardilla las palabras que nos hemos visto precisados a añadir nosotros para hacer más comprensivos ciertos conceptos.
[50] El «quiñonero» era el encargado de repartir el botín, conforme al derecho de cada cual; también repartían la tierra de idéntica manera en las conquistas

que en el castillo—no moraría,
que le retendría,—pero no había allí agua.
«Los moros están en paz,—y escritas las capitulaciones,
a buscarnos va el rey Alfonso,—con toda su mesnada.
Dejar quiero Castejón,—¡oíd, mesnadas y Minaya!

26

El Cid marcha a tierras de Zaragoza, dependientes del rey moro de Valencia.

»Lo que yo dijere—no lo tengáis a mal:
en Castejón—no podríamos permanecer;
está cerca el rey don Alfonso—y vendrá a buscarnos.
Mas el castillo—no lo quiero asolar;
cien moros y cien moras—quiero libertarles,
por lo cogido a ellos—que de mí no digan mal.
Todos estáis pagados—y ninguno por pagar.
Amaneciendo mañana,—pensemos en cabalgar[51],
con Alfonso mi señor—no querría pelear.»
Lo que dijo el Cid—a todos los otros plació.
Del castillo[52] que aprisionaron—salen todos ricos;
los moros y las moras—bendiciéndolos quedan.
Vanse Henares arriba—a cuanto pueden andar,
cruzan las Alcarrias—y pasan adelante,
por las Cuevas de Anguita[53]—van pasando,
pasaron las aguas,—entraron al campo de Taranz[54],
por esas tierras abajo—cuanto pueden andar.
Entre Ariza y Cetina[55],—el Cid se fue a albergar.
Grandes ganancias cogió—por la tierra que se va;
no saben los moros—los designios que llevan.
A otro día levantó el campo—el Cid de Vivar,
y pasó a Alhama[56],—la Hoz abajo va,

---

[51] «Cabalguemos.»
[52] «De la plaza.» Compárese con el verso segundo de la estancia 8.ª
[53] Al este de Sigüenza, sobre el Tajuña.
[54] Es la meseta existente entre el Jalón y el Tajuña, en el límite de Soria y Guadalajara.
[55] Dos pueblos de la orilla del Jalón, en. la provincia de Zaragoza.
[56] Pueblo situado a seis kilómetros de Cetina, también a la orilla del río.

pasó a Bubierca—y a Ateca[57], que está más allá,
y sobre Alcocer[58]—el Cid fue a descansar,
en un otero redondo,—bravío y grande;
cerca corre el Jalón,—el agua no le pueden quitar.
El Cid don Rodrigo—piensa ganar Alcocer.

27

El Cid acampa sobre Alcocer.

Puebla bien el otero,—sujeta firmes las tiendas,
unas cerca de la sierra—y las otras cerca del agua.
El buen Campeador,—que en buena hora ciñó España,
alrededor del otero,—a la vera del agua,
a todos sus hombres—mandó hacer un foso,
para que de día ni de noche—no les diesen el asalto,
y que supiesen que el Cid—allí había de permanecer.

28

Temor de los moros.

Por todas aquellas tierras—iban las noticias,
que el Cid Campeador—allí había poblado,
que había venido a los moros,—expulsado por los cristianos;
en su vecindad—no se atreven a labrar.
Alegrándose va el Cid—con todos sus vasallos;
el castillo de Alcocer—va a pagar parias.

29

El Campeador toma a Alcocer mediante un ardid.

Los de Alcocer—al Cid ya le dan parias,
y los de Ateca—y los de las casas de Terrer[59];

---

[57] A cinco y once kilómetros de Alhama, respectivamente, en la misma cuenca.
[58] Lugar desconocido actualmente y que debía estar situado entre Calatayud y Ateca.

a los de Calatayud,—saben, más les pesaba[60].
Allí descansó el Cid—quince semanas cumplidas.
Cuando vio el Cid—que Alcocer no se le rendía,
discurrió un ardid—y no lo demoró:
deja una tienda hincada—y levanta las otras,
fuese Jalón abajo,—con la enseña en alto,
las lorigas[61] puestas—y al cinto las espadas,
a guisa de prudente,—por atraerlos a la celada.
Viéndolo los de Alcocer,—¡Dios, cómo se alababan!
«Le ha faltado al Cid—el pan y la cebada.
Apenas puede llevarse las tiendas,—y una ha tenido que dejar[62].
De manera va el Cid—como si escapase derrotado:
asaltémosle—y tendremos gran ganancia,
antes que le prendan—los de las casas de Terrer,
que si ellos le prenden—no nos darán nada;
las parias que él ha cogido—nos las ha de volver dobladas.»
Salieron de Alcocer—con mucha prisa.
El Cid cuando los vio fuera,—recogiose como huyendo;
fuese Jalón abajo,—con los suyos a vueltas anda.
Dicen los de Alcocer:—«¡Ta se nos va la ganancia!»
Los grandes y los chicos—salían fuera,
con el gusto de la codicia—no piensan en ninguna otra cosa,
abiertas dejan las puertas—sin que ninguno las guarde.
El buen Campeador—volvía la cabeza,
vio que entre ellos y el castillo—quedaba ya mucha distancia,
mandó volver la enseña—y espolearon a toda prisa.
«¡Heridlos, caballeros,—todos sin dudar;
con la merced del Criador,—nuestra es la ganancia!»
Revueltos están con ellos—por medio de la llanura,
¡Dios, qué bueno es el gozo—esta mañana!

---

(59) «y los del pueblo de Terrer».

(60) «sabed, tenía temor».

(61) Era la loriga una especie de túnica de malla de hierro hecha con argollas pequeñas o escamas de acero cosidas sobre cuero. Esta loriga unas veces era sencilla, es decir, compuesta de un solo paño con sus argollas o escamas, y otras veces, para hacerla más resistente, constaba de dos y hasta de tres dobleces. Como la loriga pesaba bastante sobre los hombros, y el cuero era demasiado duro para ponerlo en contacto con la carne, debajo de ella se vestía el bélmez o acolchado.

(62) La adaptación literal sería: «Las otras apenas lleva,—una tienda ha dejado».

El Cid y Alvar Fáñez—aguijaban delante;
tienen buenos caballos,—sabed, a su deseo caminaban;
entre ellos y el castillo—entonces entraban[63].
Los vasallos del Cid—sin piedad les daban,
en pequeño espacio—trescientos moros matan.
Dando grandes alaridos—los que habían caído en la celada,
dejándolos pasar delante,—por volverse al castillo,
con las espadas desnudas,—a la puerta se detuvieron.
Luego llegan los suyos,—los que causaron la derrota.
El Cid ganó Alcocer,—sabedlo, por esta maña.

30

La enseña del Cid sobre Alcocer.

Llegó Pedro Bermúdez—con la enseña en la mano,
clavola—en todo lo más alto.
Habló el Cid,—el que en buena hora fue nacido:
«Gracias a Dios del cielo—y a todos sus santos,
ya mejoraremos las posadas—a dueños y a caballos.»[64].

31

Clemencia del Cid con los moros.

«Oídme, Alvar Fáñez,—todos los caballeros!
En este castillo—grandes bienes hemos cogido;
los moros yacen muertos,—vivos veo pocos.
Los moros y las moras—no los podremos vender,
si los degollamos—no ganaremos nada;
acojámoslos dentro,—ya que somos los amos;
viviremos en sus casas—y ellos nos servirán.»

---

[63] Habían cruzado por el pelotón de moros y se encontraban ya al otro lado, entre ellos y Alcocer, entretanto que las mesnadas lidian con ellos.

[64] Cambiaran la estancia en las tiendas portátiles por el alojamiento en las casas de Alcocer, como Índica en la estancia siguiente.

32

**El rey de Valencia quiere recobrar a Alcocer.
—Envía un ejército contra el Cid.**

El Cid con sus ganancias—en Alcocer se queda;
hizo enviar por la tienda—que dejara allá.
Mucho les pesa a los de Ateca—y a los de Terrer no les place,
y a los de Calatayud,—sabed que pesándoles va.
Al rey de Valencia—enviaron un mensaje,
que a uno que llaman—el Cid Ruy Díaz de Vivar,
«enojado el rey Alfonso,—de su tierra lo ha echado,
vino a asentarse sobre Alcocer,—en un lugar fortificado;
tendiéndoles una celada,—el castillo ha ganado;
si no nos das ayuda,—Ateca y Terrer perderás,
perderás Calatayud,—que no puede salvarse;
por la ribera del Jalón—todo irá mal,
y así sucederá en Jiloca,—que está al otro lado».
Cuando lo oyó el rey Tamín[65],—pesole de todo corazón:
«Tres emires—están junto a mí,
no lo demoréis,—dos id para allá,
llevad tres mil moros—con armas de batalla;
con los de la frontera,—que os ayudarán,
cogédmelo con vida,—y trédmelo a mi presencia;
porque se metió en mi tierra,—mi derecho habrá de satisfacerme.»[66].
Tres mil moros cabalgan—y pretenden acelerar,
llegaron a la noche—en Segorbe a posar.
Al otro día por la mañana—vuelven a cabalgar,
vinieron a la noche—a posar a Celia.
A los de la frontera—envían a llamar;
no se detienen,—de todas partes llegan,
Salieron de Cella,—la que llaman del Canal,
anduvieron todo el día,—sin detenerse,
llegaron esa noche—a posar a Calatayud.

---

[65] El tal rey Tamin es fantástico; regentaba Valencia a la sazón Abu Bequer ben Abdeláziz.
[66] El señor Menéndez Pidal cree que las tierras de Calatayud no pertenecían a Valencia, y sí al rey Al-Mostain, de Zaragoza.

Por todas esas tierras—echan pregones;
gentes juntaron—en número crecido
con estos dos emires—que llaman Fáriz y Galve[67];
al buen Cid—en Alcocer van a cercar.

33

Fáriz y Galve cercan al Cid en Alcocer.

Hincaron las tiendas—y disponen el campamento,
aumentan las fuerzas,—que tienen gente en exceso.
Los centinelas—que ponen los moros,
de día y de noche—andan llenos de armas;
muchos son los centinelas—y grande es la hueste.
A los del Cid—al fin les quitan el agua[68].
Las mesnadas del Cid—quieren salir a batalla,
el que en buena hora nació,—enérgicamente se lo prohibía.
Duró el cerco—tres semanas cumplidas.

34

**Consejo del Cid con los suyos.—Preparativos secretos.
—El Cid sale a batalla campal contra Fáriz y Galve.
—Pedro Bermúdez da los primeros golpes.**

Terminan las tres semanas,—comienza la cuarta,
el Cid con los suyos—vuelve a consejo:
«El agua nos han quitado,—nos va a faltar el pan,
aunque nos queramos escapar de noche—no nos van a dejar;
grandes son las fuerzas—para lidiar con ellos;
decidme, caballeros,—qué os parece que hagamos.»
Primero habló Minaya,—caballero de pro:
«De Castilla la gentil—estamos acá desterrados,

---

[67] Estos emires tampoco parecen haber existido en la realidad: al menos no se tiene ninguna noticia de ellos.

[68] Era una de las prevenciones más usadas en los sitios de las plazas; lo primero que se hacía era cortar las conducciones de agua con objeto de que, privado de ella el ejército sitiado, no pudiese resistir mucho tiempo o se le obligase a salir a buscarla fuera, exponiéndole a batalla.

si con los moros no batallamos,—nadie nos dará el pan.
Nosotros bien somos seiscientos,—acaso alguno más;
en el nombre del Criador,—no tenemos otro remedio:
salgamos a atacar—en el día de mañana.»
Dijo el Campeador:—«A mi gusto hablaste;
os honrasteis, Minaya,—pues os habríais de honrar.»
Todos los moros y las moras—los manda echar fuera,
para que no supiese ninguno—sus designios.
El día y la noche—transcurren preparándose.
Al otro día,—al apuntar el sol,
armado está el Cid,—y cuantos con él están;
hablaba el Cid—como oiréis contar:
«Todos salgamos fuera,—que no quede nadie,
sólo dos peones—para guardar la puerta;
si nos matan en el campo,—entrarán al castillo;
si venciéremos en la batalla,—aumentaremos en riqueza.
Y vos, Pedro Bermúdez,—llevad mi enseña[69];
como sois muy bueno,—la guardaréis lealmente;
mas no os adelantéis con ella,—si yo no os lo mando.»
Al Cid besó la mano,—y tomó la bandera.
Abrieron las puertas,—se lanzaron fuera;
viéronlo los centinelas de los moros,—y a la hueste se vuelven,
¡Qué prisa se dan los moros!—Tomando las armas;
con el ruido de los tambores[70],—la tierra parece quebrarse;
veríais armarse los moros,—y entrar aprisa en las filas.
Los moros—tienen dos enseñas principales,
y los pendones mezclados,—¿quién los podrá contar?
Los pelotones moros—avanzan ya,
para con el Cid y los suyos—llegar a las manos.
«Quietas mesnadas,—aquí en este lugar,
no se separe ninguno—hasta que yo lo mande.»
El Pedro Bermúdez—no lo puede resistir,
con la enseña en la mano—empezó a espolear:
« ¡El Criador nos valga,—Cid Campeador leal!
Voy a meter vuestra enseña.—en aquel pelotón mayor;
los que tenéis obligación,—a ver cómo la protegéis.»
Dijo el Campeador:—«¡No lo hagáis, por caridad!»
Repuso Pedro Bermúdez:—«No podrá dejar de ser.»[71].

---

[69] Pedro Bermúdez era sobrino del Cid y su abanderado.

Espoleó el caballo,—y se metió en el mayor escuadrón.
Los moros le aguardan—para ganar la bandera,
danle grandes golpes,—mas no le pueden derribar.
Dijo el Campeador:—«¡Valedle, por caridad!»

35

Los del Cid acometen para socorrer a Pedro Bermúdez.

Embrazan los escudos—delante de los corazones,
bajan las lanzas,—envuelven los pendones[72],
inclinaron las caras—a la altura de los arzones,
íbanlos a herir—con todo denuedo.
A grandes voces clama—el que en buena hora nació:
«¡Heridlos, caballeros,—por amor del Criador!
¡Yo soy Ruy Díaz, el Cid—de Vivar Campeador!»[73].
Todos hieren en el pelotón—donde está Pedro Bermúdez.
Trescientas lanzas son,—todas tienen pendones;
sendos moros mataron,—todos de sendos golpes;
cuando dan la vuelta,—matan otros tantos[74].

---

[71] «es inevitable».

[72] Para entrar en batalla enroscaban la tela del pendón en el astil de la lanza, y de esta manera acometían, dándose el caso de hundirles todo aquel bodrio de paño dentro del cuerpo. Compárese con el verso 12 de la estancia 152.

[73] El caudillo o capitán que conducía las mesnadas recorría de un lado para otro el campo enemigo hiriendo y defendiéndose, pero gritando con frecuencia su nombre para que los mesnaderos supiesen que estaba libre y vivo y levantar con sus voces el espíritu de los combatientes.

[74] Esto se llamaba en el lenguaje técnico de guerra «carga de tornada», y consistía en la ofensiva o avance a través de las filas enemigas, a todo correr de los caballos, hiriendo, hasta traspasarlas del todo, e inmediatamente volver para cruzarlas en sentido contrario, causando idéntico estrago.

36

Destrozan los escuadrones enemigos.

Vierais tantas lanzas—enganchar y alzar[75],
tanta adarga—horadar y traspasar,
tanta loriga—romper y desmallar,
tantos pendones blancos—salir tintos en sangre,
tantos buenos caballos—sin sus dueños andar.
Los moros invocan a Mahoma—y los cristianos a Santiago[76].
Caían por el campo—en poco sitio
ya muertos—mil trescientos moros.

37

Mención de los principales caballeros cristianos.

¡Qué bien pelea—sobre dorado arzón
el Cid Ruy Díaz,—el buen batallador;
Minaya Alvar Fáñez,—que Zorita mandó[77];
Martín Antolínez,—el burgalés de pro;
Muño Gustioz,—que fue su criado (*del Cid*)[78];
Martín Muñoz,—el que mandó Monte Mayor[79];
Alvar Álvarez,—y Alvar Salvadórez;
Galindo García,—el bueno de Aragón;
Félix Muñoz,—el sobrino del Campeador![80].
Además de éstos,—cuantos están,
acorren a la enseña—y al Cid Campeador.

---

[75] A los peones y a los jinetes moros.
[76] Los primeros gritaban: «¡En el nombre de Alá, clemente y misericordioso!» Y los segundos: «¡Dios ayuda y Santiago!»
[77] Se conservan documentos de los años 1097 y 1107, en que aparece Alvar Fáñez como señor de Zorita.
[78] Muño Gustioz era cuñado de doña Jimena.
[79] Martín Muñoz, conde de Coímbra, fue gobernador de la ciudad portuguesa de Monte Mayor; hay pocos documentos que se refieran a el.
[80] Félez o Félix Muñoz es otro sobrino del Cid del que se tienen pocas noticias.

38

Minaya en peligro.—El Cid hiere a Fáriz.

A Minaya Alvar Fáñez—matáronle el caballo,
aprisa le auxilian—mesnadas de cristianos.
La lanza ha quebrado,—a la espada metió mano,
aunque a pie—buenos golpes va dando.
Violo el Cid—Ruy Díaz el Castellano,
acercose a un general—que tenía buen caballo,
diole tal espadazo—con su brazo derecho,
que cortole por la cintura,—echándole en mitad del campo.
A Minaya Alvar Fáñez—iba a dar el caballo:
«¡Cabalgad, Minaya,—vos sois mi brazo derecho!
En el día de hoy—de vos necesito gran apoyo;
firmes están los moros,—aun no se van del campo,
será menester—que los acometamos de una vez.»
Cabalgó Minaya,—con la espada en la mano,
por entre las fuerzas—fuertemente lidiando,
a los que alcanza—los va despachando.
El Cid Ruy Díaz,—el que en buena hora nació,
al emir Fáriz—tres golpes le había dado;
dos le fallaron,—y uno acertó,
por la loriga abajo—la sangre va chorreando;
volvió la rienda—para escaparse del campo.
Por aquel golpe—vencido es el ejército.

39

Galve, herido; y los moros, derrotados.

Martín Antolínez—un golpe dio a Galve,
los rubíes del yelmo—arrancóselos,
cortole el yelmo[81],—que le llegó a la carne;
sabed, el otro—no osó esperar más.

---

[81] El yelmo es una especie de casco de hierro que cubre la cabeza y a veces parte del cuello, por detrás, y aun por delante, con un nasal o barra para defender la nariz. En la parte más alta del yelmo solían ir los adornos, penachos de pluma, piedras preciosas y broches, que se colocaban otras veces a la altura de la frente.

Derrotado es—el emir Fáriz y Galve;
¡tan buen día—para la cristiandad,
que huyen los moros—de una y otra parte!
Los del Cid—hiriendo al alcance,
el emir Fáriz—en Terrer se fue a meter
y a Galve—no le acogieron allí;
hacia Calatayud—huye a toda prisa,
el Campeador—íbale al alcance,
hasta Calatayud—duró la persecución.

40

**Minaya ve cumplido su voto.—Botín de la batalla.
—El Cid dispone un presente para el Rey.**

A Minaya Alvar Fáñez—bien le anda el caballo,
de estos moros—mató treinta y cuatro;
de tajar con la espada,—sangriento trae el brazo,
por el codo abajo—la sangre chorreando.
Dime, Minaya:—«Ahora estoy satisfecho,
que a Castilla,—irán buenas noticias,
que el Cid Ruy Díaz—batalla campal ha ganado.»
Tantos moros yacen muertos—que pocos han dejado vivos,
que en el alcance[82]—sin duda les fueron dando,
Ya vuelven—los del que en buena hora nació.
Andaba el Cid—sobre su buen caballo,
la cofia arremangada[83].—¡Dios, qué bien barbado es!
el almófar a la espalda,—la espada en la mano.
Ve los suyos—conforme van llegando:
    «Gracias a Dios,—aquel que está en lo alto,
que tal batalla—hemos vencido.»

---

[82] La persecución que se hacía a los moros que huían del campo de batalla para acogerse en algún castillo.

[83] Se usaba una cofia de lino, fruncida sobre la cara, bajo la cual se protegía todo el pelo del almófar, que no era sino una especie de capucha de malla que cubría toda a cabeza, dejando al descubierto la cara; como el roce de la malla metálica sobre la piel y sobre el cabello era molesto, se colocaba debajo la cofia. Encima del almófar se encajaba el yelmo, que para que no se perdiese ni desencajase con los movimientos violentos que exigía la palea, iba sujeto con las «moncluras», que eran lazos de cuero que lo fijaban a las mallas.

El campamento—los del Cid luego han saqueado
de escudos y de armas—y abundantes riquezas;
de los moriscos,—cuando lo recogieron,
hallaron—quinientos diez caballos.
Gran alegría cunde—entre los cristianos
más de quince de los suyos—no echaron de menos.
Traen oro y plata—que no saben dónde guardar;
enriquecidos están—todos esos cristianos
con esta ganancia—que han recogido.
A su castillo a los moros—adentro les han vuelto,
mandó el Cid—que además les diesen algo.
Gran gozo tiene el Cid—con todos sus vasallos.
Dio a repartir los dineros—y las abundantes riquezas;
en su quinta—al Cid le tocan cien caballos.
¡Dios, qué bien pagó—a todos sus vasallos,
a los peones—y a los jinetes!
Bien lo arregla—el que en buena hora nació,
todos los suyos—quedan satisfechos.
«Oíd, Minaya,—¡sois mi brazo derecho!
De esta riqueza—que el Criador nos ha dado
a vuestra satisfacción—coged lo que os plazca.
Enviaros quiero—a Castilla con noticia
de esta batalla—que hemos ganado;
al rey Alfonso—que me ha ofendido
quiérole enviar—como regalo treinta caballos,
todos con sillas—y muy bien embridados,
sendas espadas—de los arzones colgando.»
Dijo Minaya Alvar Fáñez.—«Esto haré yo de buena gana.»

41

El Cid cumple su oferta a la catedral de Burgos.

«—Hete aquí—oro y plata finos,
una bota llena[84],—a colmo;
en Santa María de Burgos—pagad mil misas;
lo que sobrare—dadlo a mi mujer y a mis hijas,

---

[84] La «uesa» era una bota alta que se colocaba sobre las calzas que cubrían enteramente las piernas de los caballeros. Aquí hace el oficio de bolsa.

que rueguen por mí—a todas horas;
si yo les viviere,—serán señoras ricas.»

42

Minaya parte para Castilla.

Minaya Alvar Fáñez—está satisfecho;
para ir con él—son elegidos los hombres.
Luego dan cebada,—ya la noche ha entrado,
el Cid Ruy Díaz—con los suyos se aconseja:

43

Despedida.

«¿Os vais, pues, Minaya,—a Castilla la gentil?
A nuestros amigos—bien les podéis decir:
Dios nos valió—y vencimos en la lid.
A la vuelta,—si nos encontrareis aquí *(bien);*
si no, en donde supiereis que estamos,—idnos a buscar.
Con las lanzas y las espadas—hemos de valemos,
si no, en esta tierra angosta[85]—no podremos vivir,
y como yo supongo,—nos tendremos que ir de aquí.»

44

El Cid vende Alcocer a los moros.

Ya está hecho,—por la mañana se fue Minaya,
y el Campeador—se quedó con su mesnada.
La tierra es angosta—y demasiado mala.
Todos los días—al Cid espiaban
moros de las fronteras—y unas gentes extrañas;

---

[85] Tierra de sierra, por aquel entonces cubierta de apretado bosque y no muy a propósito para el cultivo del cereal, aunque sí de la huerta, por ser abundante de agua y el clima no tan extremado como en la actualidad. Quizá Alcocer se hallaba en alguna garganta muy estrecha, de donde se infiere que el poeta llame a aquella tierra «angosta».

curó el emir Fáriz,—y con él se aconsejaban.
Entre los de Ateca—y los de las casas de Terrer,
y los de Calatayud,—que es más importante,
así lo han ofrecido—y puesto por escrito:
Les ha vendido Alcocer—por tres mil marcos de plata.

45

Venta de Alcocer. (Repetición.)

El Cid Ruy Díaz—Alcocer ha vendido;
¡qué bien pagó—a sus vasallos!
A caballeros y a peones—ha hecho ricos,
en todos los suyos—no hallaréis un pobre.
Quien a buen señor sirve—siempre vive en bienandanza.

46

Abandono de Alcocer. Buenos agüeros.—El Cid se asienta en el Poyo, sobre Monreal.

Cuando el Cid—el castillo quiso dejar,
moros y moras—comenzaron a quejarse:
«¿Te vas, Cid;—nuestras oraciones te vayan delante!
Nosotros satisfechos quedamos,—señor, de ti.»
Cuando dejó Alcocer—el Cid de Vivar,
moros y moras—rompieron a llorar.
Levantó su enseña,—el Campeador se va,
pasó Jalón abajo,—aguijó alejándose,
al apartarse del Jalón—tuvo muy buenos agüeros.
Plugo a los de Terrer—y a los de Calatayud más,
pesó a los de Alcocer,—que les hacía gran bien,
Aguijó el Cid,—iba alejándose.
y llegó a un poyo—que está sobre Monreal[86];
alto es el poyo,—maravilloso y grande[87];

---

[86] El Poyo, pueblo que dista diez kilómetros de Monreal, situado junto al Jiloca y dominado por una mota o poyo cercano. Antiguamente se llamaba El Poyo de Mio Cid.

[87] El cerro tiene una altura de 1.227 metros sobre el nivel del mar.

no es expugnable,—sabed, por ninguna parte.
Sometió a tributo—primero a Daroca,
después a Molina,—que está al otro lado,
la tercera a Teruel,—que está enfrente;
en su mano tenía—a Cella del Canal.

47

Minaya llega ante el rey.—Éste perdona a Minaya, pero no al Cid.

¡El Cid Ruy Díaz—alcance la gracia de Dios!
Llegado es a Castilla—Alvar Fáñez Minaya,
treinta caballos—al rey le presentaba;
violos el rey,—hermoso sonreía:
—«¿Quién me da éstos[88],—así os valga a Dios, Minaya!»
«El Cid Ruy Díaz,—que en buena hora ciñó espada.
Pues aquel que vos ofendisteis,—Alcocer ganó con maña;
al rey de Valencia—de ello el mensaje llegaba,
mandolo cercar,—cortáronle el agua.
El Cid salió del castillo,—en el campo peleaba,
venció dos emires moros—en aquella batalla,
abundante es,—señor, su ganancia.
A vos, rey respetado,—envía este presente;
os besa los pies—y ambas manos
para que le hagáis merced,—el Criador os valga.»
Dijo el rey:—«Es muy pronto,
para un hombre ofendido,—que no tiene la gracia de su señor,
para acogerlo—al cabo de tan pocas semanas.
Mas por ser de moros,—tomo este presente:
y además me place que el Cid—haya hecho tal ganancia.
Sobre todo esto,—a vos dejo, Minaya,
honores y tierras—haberlas restituidas[89],
ir y venid,—desde ahora os doy mi gracia;
más del Cid Campeador,—yo no os digo nada.»

---

[88] «¿Quién me da estos caballos?»
[89] Alfonso restituye a Minaya las honras y heredades que perdiera por seguir al Cid en su destierro.

48

El rey permite a los castellanos irse con el Cid

«Además de todo esto,—deciros quiero, Alvar Fáñez:
de todo mi reino—los que lo quisieren hacer,
buenos y valientes—*(pueden irse) para ayudar al Cid*,
los dejo libres—y déjoles las heredades.»
Besole las manos—Minaya Alvar Fáñez:
«Gracias de grado, rey,—como a señor natural;
esto haces ahora,—más harás adelante;
nosotros pediremos a Dios—que vos lo hagáis.»
Dijo el rey: «Minaya,—dejemos eso.
Id por Castilla—y que os dejen andar,
sin ningún inconveniente—id a reuniros con el Cid.»

49

Correrías del Cid desde el Poyo.—Minaya, con doscientos castellanos, se reúne al Cid.

Os quiero decir[90]—del que en buena *(hora)* ciñó espada:
en aquel Poyo—en él se quedó;
mientras que sea el pueblo de moros—y de la gente cristiana,
el Poyo del Cid—así se llamará en los escritos.
Estando allí,—mucha tierra saqueaban,
el valle del río Martín—todo lo sometió a tributo.
A Zaragoza—sus noticias llegaban,
no les place a los moros,—firmemente les pesaba.
Allí permaneció el Cid—quince semanas cumplidas;
cuando vio el cabal[91]—que tardaba Minaya,
con todas sus gentes—hizo una salida nocturna;

---

[90] Varias veces, a lo largo del Poema, el autor toma la palabra por su cuenta y se dirige directamente al lector, en lugar de hacerlo por medio de los personajes, como acostumbra.

[91] Como se habrá podido notar, muchas veces omite el poeta el nombre propio del Cid para sustituirlo por algún epíteto elogioso: «caboso», «vellida barba», «ondrado», etcétera. Compárese con el verso primero de la estancia 51.

dejó el Poyo,—abandonando todo,
más allá de Teruel—pasó don Rodrigo,
en el pinar de Tébar—posó Ruy Díaz;
todas esas tierras—las saqueaba,
a Zaragoza—la puso tributo.
Cuando esto hubo hecho,—al cabo de algunas semanas
de Castilla—llegó Minaya,
con él doscientos,—que todos ciñen espadas;
no se pueden contar,—sabed, las peonadas.
Cuando vio el Cid—asomar a Minaya,
corriendo a caballo,—va a abrazarlo en seguida,
besole en la boca—y en los ojos.
Todo se lo cuenta—no le oculta nada.
El Campeador—hermoso, sonreía:
«¡Gracias a Dios—y a sus santos favores;
mientras vos viváis,—bien me irá a mí, Minaya!»

50

Alegría, de los desterrados al recibir noticias de Castilla.

¡Dios, cómo se puso de alegre—todo aquel ejército,
porque Minaya Alvar Fáñez—había llegado,
trayéndoles noticias—de primos y de hermanos,
y de sus amistades,—que habían dejado!

51

Alegría del Cid. (Serie gemela.)

¡Dios, qué alegre se pone—la hermosa barba,
de que Alvar Fáñez—pagara las mil misas,
y cuando le dio noticias—de su mujer y de sus hijas!
¡Dios, qué satisfecho quedó el Cid—y qué gran alegría tuvo!
«¡Ojalá Alvar Fáñez,—viváis mucho tiempo
más valéis que nosotros,—¡bien cumplido el encargo!»

52

El Cid corre tierras de Alcañiz.

No lo retardó—el en buena hora nacido,
tomó doscientos caballeros—escogidos,
hizo una correría[92]—durante toda la noche;
las tierras de Alcañiz—yermas las va dejando,
y por los alrededores—todo lo va saqueando.
Al tercer día—regresó adonde salió.

53

Escarmiento de los moros.

Cunde la noticia—por todas las tierras
apesadumbra—a los de Monzón y a los de Huesca;
porque dan tributo—están satisfechos los de Zaragoza,
que del Cid Ruy Díaz—no temen ningún ultraje.

54

El Cid abandona el Poyo.—Corre tierras amparadas por el conde de Barcelona.

Con estas ganancias—al campamento volviéndose van,
todos están alegres,—traen grandes ganancias;
satisfizo al Cid,—y mucho a Alvar Fáñez.
Sonriose el cabal,—no pudiendo contenerse!
«Ea, caballeros,—os he de decir la verdad:
el que en un mismo sitio vive siempre,—lo suyo se le acaba;
mañana al amanecer—cabalguemos,
dejaremos estos lugares—e iremos más allá.»
Entonces se trasladó el Cid,—al puerto de Olocau[93];

---

[92] La «corrida» tenía menos importancia que la algara, era más rápida y se limitaba a avanzar unos cuantos kilómetros en tierra enemiga, talando, incendiando y saqueando, para volver pronto al punto de partida con el botín. Excepcionalmente, a veces duraba hasta quince días.

desde donde corre el Cid—hasta Huesca y Montalbán⁽⁹⁴⁾;
en aquella corrida—tardaron diez días.
Fueron las noticias—a todas partes,
que el desterrado de Castilla—así los maltrata.

55

Amenazas del conde de Barcelona.

Las noticias han llegado—a todas partes;
llegaron las nuevas—al conde de Barcelona,
¡que el Cid Ruy Díaz—corría la tierra toda!
Hubo gran pesar—y lo tuvo a gran ultraje.

56

El Cid trata en vano de calmar al conde.

El conde es muy follón—y dijo vanidosamente:
«Grandes daños me causa—el Cid de Vivar.
En mi corte—también me hizo gran daño:
hirió a mi sobrino—y de ello no se ocupó más[95];
ahora me corre las tierras—que están bajo mi amparo
no le desafié—ni torcí mi amistad,[96];
mas cuando él me lo busca,—yo se lo he de ir a demandar.»
Grandes son sus fuerzas—y aprisa se van reuniendo,
entre moros y cristianos—se junta mucha gente,
se dirigen tras el Cid—el bueno de Vivar,
tres días y dos noches—anduvieron,
alcanzaron al Cid—en el pinar de Tébar;
vienen tan valientes—que piensan cogerlo con las manos.

---

[93] Olocau del Rey, pueblo a tres leguas de Morella, en la provincia de Castellón.

[94] Pueblos de la provincia de Teruel, a sesenta y cinco y cincuenta kilómetros, respectivamente, de Olocau del Bey.

[95] En el año 1081 el Cid estaba en Barcelona, donde gobernaban los hermanos Ramón II, apodado Cabeza de Estopa, y Berenguer II, el Fratricida. No se tiene noticia cierta de la herida que el Cid infiriera a algún sobrino de los condes ni quién fuera éste.

[96] Las tierras eran del rey moro de Lérida Alhagib Monzir.

El Cid, don Rodrigo,—trae grandes ganancias,
bajaba de una sierra—y llegaba a un valle.
Del conde don Ramón—le llega la noticia de su venida;
el Cid, cuando lo oyó,—envió a decirle:
«Diréis al conde—que no lo tenga a mal,
de lo suyo no le quito nada,—déjenme ir en paz.»
Repuso el conde:—«¡Esto no será verdad!
Lo de antes y lo de ahora—todo me lo pagará.
Sabrá el desterrado—a quién vino a deshonrar.»
Volvió el mandadero—todo lo ligero que pudo.
Entonces comprendió—el Cid de Vivar
que si no es batallando—no pueden dejarlo.

57

Arenga del Cid a los suyos.

«Ea, caballeros,—apartad la ganancia;
guarneceos aprisa—y vestíos las armas;
el conde don Ramón—nos va a dar gran batalla,
de moros y cristianos—gentes trae de sobra,
si no peleamos—no nos dejará en paz.
Pues si adelantamos nos seguirán,—aquí sea la batalla;
cinchad fuerte los caballos,—y vestid las armas.
Ellos vienen cuesta abajo—y todos traen calzas;
y las sillas cocerás—y las cinchas flojas[97];
nosotros cabalgamos sillas gallegas,—y botas sobre las calzas;
(con sólo) cien caballeros—debemos vencer aquellas mesnadas.
Antes que ellos lleguen al llano,—presentémosles las lanzas;
por uno que ensartéis,—tres sillas quedarán vacías
Verá Ramón Berenguer—tras de quien vino en alcance
hoy en este pinar de Tébar—por cogerme la ganancia.»

---

[97] Al parecer las sillas «cocerás» eran sillas de respaldo y arzón alto, de modo que por su disposición especial no requerían apretar tanto la cincha al caballo como las sillas «gallegas», más pequeñas, menos cómodas, pero más seguras para la pelea.

58

El Cid vence la batalla.—Gana la espada Colada.

Todos están arreglados—cuando el Cid habló esto;
las armas tenían empuñadas—y montados sobre los caballos.
Vieron por la cuesta abajo—las fuerzas catalanas;
al pie de la cuesta,—cerca del llano,
mandolos herir el Cid,—el que en buena hora nació:
esto hacen los suyos—con buen deseo y satisfacción;
los pendones y las lanzas—tan bien las van empleando,
a los unos hiriendo—y a los otros derribando.
Ha vencido esta batalla—el que en buena hora nació;
al conde don Ramón—le han cogido preso;
aquí ganó la Colada—que vale más de mil marcos.

59

El conde de Barcelona, prisionero.—Quiere dejarse morir de hambre.

He aquí que venció esta batalla—por lo que honró su barba[98],
cogiole al conde,—para su tienda lo llevaba;
a sus fieles servidores—guardarle les mandaba.
Se salió de la tienda—a toda prisa,
de todas partes—los suyos iban llegando;
alegrose el Cid—por las grandes ganancias.
Al Cid, don Rodrigo,—gran comida le preparaban;
el conde don Ramón—no hacía aprecio de nada;
llévanle los manjares,—y se los dejaban delante,
él no quiere comer,—todos los desdeñaba;
«No comeré un bocado—por cuanto hay en toda España,
antes perderé el cuerpo—y dejaré el alma,
pues que tales mal calzados[99]—me vencieron en batalla.»

---

[98] «por lo que se honró más».
[99] Se refiere, sin duda, a que sobre las calzas los del Cid llevaban botas gruesas, que les afeaban.

60

El Cid promete al conde la libertad.

El Cid Ruy Díaz—oíd lo que dijo:
«Comed, comed de este pan—y bebed de este vino.
Si lo que digo hiciereis,—os pondré en libertad;
si no, en todos vuestros días—no veréis a cristiano.»

61

Negativa del conde.

«Comed, don Rodrigo,—y descansad,
que yo me dejaré morir—que nada quiero comer.»
Hasta el tercer día—no le pueden persuadir;
ellos partían—las grandes ganancias,
no le pueden hacer—comer un solo pedazo de pan.

62

El Cid reitera al conde su promesa.—Pone en libertad al conde y le despide.

Dijo el Cid:—«Comed, comed algo,
que si no coméis,—no veréis cristianos;
y si vos comiereis—a mi satisfacción,
a vos, conde,—y dos hijosdalgo
os dejaré libres—y os daré suelta.»
Cuando esto oyó el conde,—se puso más alegre:
«Si lo hiciereis, Cid,—lo que habéis hablado,
mientras yo viva,—no lo olvidaré.»
«Pues comed, conde,—y cuando hayáis comido,
a vos y a otros dos—os he dar suelta.
Mas cuanto habéis perdido—y yo gané en el campo,
sabed, que no os daré—de ello ni un mal dinero;
que lo necesito para estos—que conmigo andan comprometidos,
Tomando de vos y de otros—nos vamos cobrando:
llevaremos esta vida—mientras pluguiere al Padre Santo,

como quien tiene la ira del rey—y de su tierra es echado.»
Alegre está el conde—y pidió agua para las manos[100],
y tiénensela delante—que se la dieron en seguida.
Con los caballeros—que el Cid le había dado
comiendo va el conde—¡Dios, de qué buen grado!
Junto a él estaba—el que en buena hora nació:
«Si no coméis bien, conde,—a mi satisfacción,
aquí nos quedaremos,—no nos iremos ninguno.»
Entonces dijo el conde.—«Con voluntad y agrado.»
Con los caballeros—aprisa va comiendo:
satisfecho está el Cid,—que lo está aguardando,
porque el conde don Ramón—tan bien volvía las manos[101].
«Si os pluguiere, Cid,—estamos dispuestos para irnos;
mandadnos dar las bestias—y cabalgaremos luego:
desde el día en que fui conde—no comí de tan buena gana.
el gusto que he tenido—no lo olvidaré.»
Danles tres palafrenes—muy bien ensillados
y buenas vestiduras—de pellizones y de mantos.
El conde don Ramón—se coloca entre los dos.
Hasta el extremo del campamento—salió a despedirlos el castellano:
«Ya os vais, conde,—completamente franco,
os doy las gracias—por lo que me habéis dejado.
Si se os ocurriera—el querer vengarlo,
si me vinierais a buscar,—avisádmelo antes;
o me dejaréis de lo vuestro—o de lo mío os llevaréis algo.»
«Estad tranquilo, ¡oh Cid!,—bien libre estáis de eso.
os he pagado—por todo este año;
de venir a buscaros—ni siquiera lo pienso.»

---

[100] Esta prevención era doblemente precisa por cuanto en tiempos del Cid no existían tenedores y se comía con la mano.

[101] Volvía las manos; es decir, tomaba los alimentos del plato y volvía las manos para llevarlas a la boca, o sea que comía con apetito.

63

El conde se ausenta receloso.—Riqueza de los desterrados.

Aguijaba el conde—y andaba,
volviendo la cabeza—mirando hacia atrás;
tenía miedo—que el Cid se arrepintiera,
lo que no haría el cabal—por cuanto hay en el mundo,
que deslealtad—nunca hizo ninguna.
Se fue el conde,—volvió el de Vivar.
se unió con sus mesnadas,—muy alegres
de la ganancia que han hecho—maravillosa y grande;
tan ricos son los suyos—que no saben cuánto tienen.

CANTAR SEGUNDO

BODAS DE LAS HIJAS DEL CID

64

El Cid se dirige contra tierras de Valencia

    Aquí comienza la gesta—del Cid de Vivar.
Ha poblado el Cid—el puerto de Olocau,
ha dejado Zaragoza—y las tierras de acá,
ha dejado Huesca—y las tierras de Montalbán.
    Hacia la mar salada—empezó a guerrear;
por Oriente sale el sol,—y volviose hacia esa parte.
El Cid ganó a Jérica—y a Onda y Almenara,
las tierras de Burriana—las ha conquistado todas[102].

65

Toma de Murviedro.

    Ayudole el Criador,—el Señor que está en el cielo.
El, con todo esto,—se apoderó de Murviedro[103];
ya veía el Cid—que Dios le ayudaba.
En Valencia—no es pequeño el miedo.

66

**Los moros valencianos cercan al Cid.—Este reúne sus gentes.
—Arenga.**

    Pesa a los de Valencia,—sabed, no les place;
tomaron el acuerdo—de ir a cercarle.
Caminaron durante la noche,—por la mañana al alba

---

[102] Todas estas poblaciones pertenecen a la provincia de Castellón.
[103] Pueblo situado a veintinueve kilómetros de Valencia, en la ruta de Castellón.

cerca de Murviedro—vuelven a hincar las tiendas.
Lo vio el Cid—y se quedó sorprendido:
 «Hágase tu voluntad,—Padre espiritual!
en sus tierras estamos—y les hacemos mucho daño,
les bebemos su vino—y comemos su pan;
si vienen a cercarnos,—lo hacen con derecho.
Sin batallar—no terminaremos esto;
vayan los avisos—para los que nos deben ayudar,
los unos a Jérica—y los otros a Olocau,
y también a Onda—y los otros a Almenara;
los de Burriana—que vengan aquí en seguida;
empezaremos esta batalla campal,
yo fío en Dios—que aumentará nuestro provecho.»
A los tres días—todos se han juntado;
el que en buena hora nació—empezó a hablar:
«¡Oíd, mesnadas.—así el Criador nos salve!
Después que partimos—de la limpia cristiandad,
no fue de nuestra voluntad,—sino que no pudimos más,
gracias a Dios.—lo nuestro fue adelante.
Los de Valencia—nos han cercado;
si en estas tierras—quisiéremos permanecer
firmemente—debemos escarmentarlos.»

67

Fin de la arenga del Cid.

«Pase la noche—y venga la mañana,
tenedme aparejados—los caballos y armas;
atacaremos—aquel su ejército.
Como hombres desterrados—en tierra extraña,
allí se verá—el que gana la soldada.»

68

**Minaya da el plan de batalla.—El Cid vence otra lid campal.
Toma de Cebolla.**

Oíd lo que dijo—Minaya Alvar Fáñez:
«Campeador,—hagamos lo que vos queréis.
A mí dadme cien caballeros,—que no os pido más;
vos con los otros—enderezadlos delante.

Los heriréis bien,—sin duda alguna,
yo con los ciento—entraré por la otra parte,
y en Dios fío,—que el campo será nuestro.»
Lo que le ha dicho—le place mucho al Campeador.
Amanecía—cuando se armaron,
cada uno de ellos—sabe bien lo que tiene que hacer.
Con los albores—el Cid se lanza a herirlos:
«¡En el nombre del Criador—y del apóstol Santiago,
heridlos, caballeros,—con deseo y voluntad,
que yo soy Ruy Díaz,—el Cid de Vivar!»
Tanta cuerda de tienda—veríais partirse,
arrancarse las estacas—y caerse por todas partes los puntales.
Los moros son muchos,—quieren recobrarse.
De la otra parte—entroles Alvar Fáñez;
y bien a pesar suyo—hubieron de huir;
a uña de caballo—los que pudieron escapar.
Dos emires—mataron en la persecución,
hasta Valencia—duró el acoso.
Grandes son las ganancias—que el Cid ha hecho;
roban el campo—y se vuelven.
Entran en Murviedro—con estas ganancias que traen;
grande es el gozo—que corre por todo el pueblo.
Tomaron Cebolla[104]—y cuanto está delante;
miedo tienen en Valencia—que no saben qué hacerse;
las noticias del Cíd,—sabed, que van sonando.

69

Correrías del Cid al sur de Valencia.

Sonando va su fama,—allende la parte del mar;
alegre estaba el Cid—y toda su compañía,
que Dios le ayudaba—e hiciera este vencimiento.
Enviaban sus avanzadas—y hacían sus correrías nocturnas,
llegan a Cullera—y a Játiva,
aun más abajo,—al pueblo de Denia[105];

---

[104] Cebolla se llama hoy Puig; está situada a diecinueve kilómetros de Valencia.

hasta el mar, la tierra—duramente la quebranta.
Ganaron Benicadell[106].—con las salidas y entradas,

70

El Cid en Benicadell.

Cuando el Cid Campeador—tuvo Benicadell,
mucho les pesa a los de Játiva—y a los de Cullera,
y no recatan—su dolor los de Valencia.

71

Conquista de toda la región de Valencia.

En tierra de moros—cogiendo y ganando,
durmiendo de día—y en las noches trasnochando,
en ganar aquellas villas—el Cid empleó tres años.

72

El Cid asedia a Valencia.—Pregona a los cristianos la guerra.

A los de Valencia—los ha escarmentado.
no osan salir fuera—ni acercarse a él;
talábales las huertas—y hacíales gran mal,
en cada uno de estos años—el Cid les arrebató la cosecha.
Mucho se quejan los de Valencia,—que no saben qué hacer.
de ninguna parte—los llevan qué comer;
ni da amparo padre a hijo,—ni hijo a padre.
ni amigo a amigo—se pueden consolar.
Mala cuita es, señores—carecer de pan,
hijos y mujeres—verlos morir de hambre.

---

[105] Las tres poblaciones de la provincia de Valencia, a distancias inferiores de cincuenta kilómetros entre sí.

[106] Peña Cadiella es Benicadell, sierra situada en el límite de las provincias de Alicante y Valencia. En ella reedificó un castillo el Cid. en el punto estratégico que dominaba las comunicaciones entre Valencia y las poblaciones más importantes de la zona.

Viendo su duelo,—no lo pueden aliviar.
para el rey de Marruecos—hubieron de enviar;
con el de los Montes Claros[107],—tenía una guerra tan grande,
que no les dio ayuda,—ni los vino a aliviar.
Súpolo el Cid.—de corazón se alegró;
salió de Murviedro—de algara una noche.
le amaneció al Cid—en tierras de Monreal.
Por Aragón y por Navarra—mandó echar pregones,
a tierras de Castilla—envió sus mensajes:
quien quiera quitarse—de trabajos y enriquecerse,
véngase con el Cid,—amigo de correrías;
cercar quiere a Valencia—para dársela a los cristianos:

73

Repítese el pregón (Serie gemela.)

«Quien quiera ir conmigo—a cercar Valencia,
—todos vengan de buena gana,—ninguno por fuerza—,
tres días les esperaré,—en Canal de Celfa.»

74

Gentes que acuden al pregón.—Cerco y entrega de Valencia.

Esto dijo el Cid—el Campeador leal.
Volviose a Murviedro,—que él se la ha ganado.
Corrieron los pregones,—sabed, a todas partes,
al gusto de la ganancia,—no quieren retrasarse,
mucha gente se le une—de la buena cristiandad.
Sonando van sus triunfos—de unas en otras partes;
mas le vienen al Cid,—sabed, que no se le van;
creciendo va la riqueza—al Cid el de Vivar;
cuando vio la gente reunida,—se sintió satisfecho.
El Cid, don Rodrigo,—no quiso retardarlo,
se dirigió a Valencia—y quiere echarse sobre ella,
bien la cerca el Cid—sin descuidar detalle;
viéraisles salir—y viéraisles entrar,

---

[107] Es la actual cordillera del Atlas.

diola un plazo,—por si les viniesen a socorrer.
Nueve meses cumplidos,—sabed, sobre ella estuvo,
cuando vino el décimo—hubiéronsela de dar.
Grande es la alegría—que cundió por los lugares
cuando el Cid ganó a Valencia—y entró en la ciudad.
Los que fueron a pie—caballeros se hacen;
el oro y la plata—¿quién os lo podría contar?
Todos eran ricos—cuantos allí había.
El Cid don Rodrigo—el quinto mandó tomar,
en dinero acuñado—treinta mil marcos le tocan,
y los otros bienes—¿quién los podría contar?
Alegre estaba el Campeador—con todos los que había,
cuando su enseña mayor—clavó en lo alto del alcázar.

75

El rey de Sevilla quiere recobrar Valencia.

Ya descansaba el Cid—con todos sus acompañantes:
al rey de Sevilla—llegaba la noticia
de que ha sido tomada Valencia,—que no pudieron defenderla más;
acudió a atacarlos—con treinta mil soldados.
Detrás de la huerta—tuvieron la batalla,
venciolos el Cid,—el de la larga barba.
Hasta la misma Játiva—llegó la victoria,
al pasar el Júcar—iban desbaratados,
los moros ronceando—sin querer bebían agua.
El rey de Sevilla—con tres golpes escapa.
Vuelto es el Cid—con toda esta ganancia.
Buena fue la de Valencia—cuando ganaron la ciudad,
mas fue mucho más provechosa,—sabed, esta victoria:
a los que menos, les tocaron—cien marcos de plata.
Los asuntos del caballero—ya veis dónde llegaban.

76

El Cid deja su barba intonsa.—Riqueza de los del Cid.

Gran alegría hay—entre todos esos cristianos
con el Cid Ruy Díaz,—el que en buena hora nació.
Ya le crece la barba—y se le va haciendo muy larga;
tanto, que dijera el Cid—por ello:

«Por amor del rey Alfonso,—que de su tierra me ha echado,
ni meteré en ella tijera,—ni un cabello me cortaré,
aunque murmuren de esto—moros y cristianos.»[108].
El Cid don Rodrigo—en Valencia está descansando,
con él Minaya Alvar Fáñez,—que no se aparta de él.
Los que se desterraron—tienen abundancia de riquezas,
a todos les dio en Valencia—el Campeador insigne
casas y heredades—de que están muy satisfechos;
del cariño del Cid—ya se iban dando cuenta.
Los que se le unieron después—están todos satisfechos;
ve el Cid—que con los bienes que tienen,
si se pudiesen ir,—lo harían de muy buena gana.
El Cid mandó,—por consejo de Minaya:
que ninguno de sus hombres,—que con él ganaron algo
que se le escapase—sin besarle la mano[109],
si le pudiesen prender—o fuese alcanzado,
le quitaran los bienes—y le colgasen en una horca.
Hecho todo esto—y bien acordado,
con Minaya Alvar Fáñez—se pone a departir:
«Si os parece, Minaya,—quiero saber justamente
los que están aquí—y conmigo ganaron algo;
quiero ponerlos por escrito,—y que todos sean contados.
que si alguno se escondiese—o si le hallare de menos,
lo ganado me habrá de volver,—para estos vasallos
que vigilan Valencia—y andan de centinelas.»
Entonces dijo Minaya:—«Es buen consejo.»

---

[108] El dejarse la barba larga era señal de luto o de dolor; asimismo se dejaban las uñas largas.

[109] «sin besarle la mano», sin despedirse de él, sin pedirle permiso. Es natural que el Cid impidiera la salida de Valencia a los que habiendo pagado con tal abundancia, apenas se veían enriquecidos desearan marcharse, desguarneciendo de esta manera la ciudad, que por su importancia requería muchos hombres de guardia, y para repeler un posible ataque del exterior.

77

**Recuento de la gente del Cid.
—Éste dispone nuevo presente para el rey.**

   Mandolos venir a la corte—y reunirse todos,
cuando así los tuvo,—hizo contarlos:
tres mil seiscientos—tenía el Cid de Vivar;
alégrasele el corazón—y se sonrió:
« ¡Gracias a Dios, Minaya,—y a Santa María madre!
Con menos salimos—del pueblo de Vivar.
Ahora tenemos riquezas,—más tendremos adelante.
Si os parece bien, Minaya,—y no os incomoda,
quiero enviaros a Castilla,—donde tenemos nuestras heredades,
al rey Alfonso,—mi señor natural;
de estas mis ganancias,—que hemos hecho aquí,
darle quiero cien caballos,—y vos ídselos a llevar;
y así por mí besadle la mano—y rogadle mucho
por que mi mujer doña Jimena—y mis hijas naturales
si fuese su merced—que me las deje traer.
Enviaré por ellas,—y vos sabed el mensaje:
la mujer del Cid—y sus hijas pequeñas
irán de manera por ellas—que con gran honra vendrán
a estas tierras extrañas—que nosotros pudimos ganar.»
Entonces dijo Minaya:—«Me parece bien.»
Después que esto han hablado,—lo preparan todo.
Cien hombres le dio—el Cid a Alvar Fáñez
para servirle en el camino—en todo lo que mandase
y le dio mil marcos de plata—para llevar a San Pedro[110]
y que quinientos se los diese—al abad don Sancho.

78

Don Jerónimo llega a Valencia.

   Con estas noticias—todos se alegran,
de la parte de Oriente—vino un clérigo;

---

[110] Al monasterio de San Pedro de Cardeña.

el obispo don Jerome—por nombre llamado[111].
Muy entendido es de letras—y muy prudente,
y a pie y a caballo—muy esforzado.
Las proezas del Cid—andábalas siempre excitando,
suspirando por verse—en el campo con los moros:
que si se hartara luchando—e hiriendo con sus manos,
nunca ya—le habrían de llorar cristianos[112].
Cuando lo oyó el Cid—se satisfizo mucho de esto:
«Oíd, Minaya Alvar Fáñez,—por aquel que está en alto,
cuando Dios quiere ayudarnos,—debemos agradecérselo
bien: en tierras de Valencia—quiero poner un obispado,
y dárselo a este—buen cristiano;
vos, cuando vayáis a Castilla,—llevaréis famosas nuevas.»

79

Don Jerónimo es hecho obispo.

Le pareció bien a Alvar Fáñez—lo que dijo don Rodrigo.
A este don Jerome—ya le otorgan el obispado;
diéronle en Valencia,—donde puede Vivir ricamente.
¡Dios, qué alegre estaba.—todo el cristianismo,
que en tierras de Valencia—hubiese señor obispo!
Alegre se puso Minaya—y despidiose y se fue.

---

[111] Don Jerome o don Jerónimo (nosotros conservamos el nombre Jerome sin traducirlo al castellano) era un clérigo francés, de Perigord, que trajo, a la vuelta de su viaje a Roma, don Bernardo de Seridac, cluniacense, abad de Sahagún y después arzobispo de Toledo, gran amigo de doña Costanza, francesa también y esposa de Alfonso VI. Por ella se llenó España de clérigos francesas y se establecieron infinidad de conventos con los monjes de Cluny. Era don Jerome, al parecer, hombre de armas tomar, enemigo acérrimo de los moros, y, según el juglar, muy entendido en letras.

[112] Se refiere a los cristianos, que se quejaban de que la tierra de España estuviese detentada por los hijos del Islam.

80

Minaya se dirige a Carrión.

 Tierras de Valencia—recorridas en paz,
se dirigió hacia Castilla—Minaya Alvar Fáñez.
Dejaremos las posadas,—no las quiero contar.
Preguntó por Alfonso,—en dónde podría hallarle.
Fuera el rey a Sahagún—hacía poco,
vuelto a Carrión,—allí podría encontrarle.
Alegróse de esto—Minaya Alvar Fáñez.
y con su regalo—se dirigió allá.

81

Minaya saluda al rey.

 Salía de misa—entonces el rey Alfonso,
he a Minaya Alvar Fáñez—que llega tan apuesto:
hincose de rodillas—ante todo el pueblo,
a los pies del rey Alfonso—cayó con gran duelo,
besábale las manos—y habló tan apuesto:

82

Discurso de Minaya al rey.—Envidia de Garci Ordóñez.—El rey perdona a la familia del Cid.—Los infantes de Carrión codician las riquezas del Cid.

 «¡Merced, señor Alfonso,—por amor del Criador!
Bésaos las manos—el Cid batallador,
los pies y las manos,—como a tan buen señor,
que le concedáis merced,—¡así os valga el Criador!
Echástele de esta tierra,—no tiene vuestro afecto;
empero en tierra ajena,—bien hace lo suyo:
ganada Jérica—y la llamada Onda,
tomó Almenara—y Murviedro que es mejor,
así hizo con Cebolla—y luego con Castejón.
y Benicadell,—que es una peña fuerte;
y con todas éstas—de Valencia es señor,
obispo hizo de su mano—el buen Campeador,

e hizo cinco batallas campales—y todas las venció.
Grandes son las ganancias—que le dio el Criador,
he aquí la muestra—de la verdad que os digo:
cien caballos—gruesos y corredores,
de sillas y de frenos—están guarnecidos todos,
os pide—que los toméis;
se reconoce por vuestro vasallo—y a vos tiene por señor.»
Alzando la mano derecha,—el rey se santiguó:
«De tan enormes ganancias—como ha hecho el Campeador,
¡así me valga San Isidro!,—me alegro de corazón,
y me alegro de las hazañas—que hace el Campeador;
acepto estos caballos,—que me envía de presente.»
A pesar de satisfacer al rey,—mucho pesó a Garci Ordóñez[113].
«¡Parece que en tierra de moros—no hay un hombre vivo.
cuando de tal manera se conduce—el Cid Campeador!»
Dijo el rey al conde:—«Dejad esa cuestión,
que de todas maneras—mejor me sirve que vos.»[114].
Y Minaya habló—como hablan los hombres:
«Merced os pide el Cid,—si os pluguiese,
para que su mujer doña Jimena—y sus dos hijas
salgan del monasterio—en donde él las dejó,
y fueran a Valencia—con el buen Campeador.»
Entonces dijo el rey:—«Pláceme de corazón;
yo les mandaré dar vianda—mientras que por mi tierra fueren,
de afrenta y de peligro—guardarlas he y de deshonra[115];
cuando al confín de mi tierra—lleguen estas dueñas,

---

[113] Garci Ordóñez o García Ordóñez fue llamado también «el Crespo de Grañón» y «Bocatorcida». Fue enemicísimo del Cid. probablemente a causa de la prisión sufrida por aquél en el castillo de Cabra, que el Cid tomó al ir a cobrar las parias del rey de Sevilla. El conde don García fue gobernador de Grañón, en la Rioja, y el Cid devastó su condado, allí sito a causa de un agravio que el de Grañón le había hecho. Por todo ello, Garci Ordóñez no perdonaba ocasión en la corte de Alfonso para censurar al Cid. Véase el verso 19 de la estancia 140.

[114] No parece históricamente cierta esta frase del juglar, ya que el conde don García era muy estimado en la corte, hasta el punto de que el rey le encargara la educación del príncipe heredero.

[115] La seguridad de los caminos dejaba mucho que desear; cometían infinidad de desafueros los condes e infanzones y era frecuente que sus mesnadas asaltasen y robasen a los viajeros al pasar por sus tierras. Por otra parte, el dar comida a doña Jimena y sus bijas era obligación del rey como señor con su vasallo.

veréis cómo las servís,—vos y el Campeador[116].
¡Oídme, guardas,—y toda mi corte!
No quiero que nada—pierda el Campeador;
a todas las mesnadas—que a él llaman señor
porque los desheredé,—todo se lo restituyo;
queden en posesión de sus heredades,—donde quiera que estuviere el Campeador,
les garantizo su vida—de mal y de daño grave,
y hago todo esto—porque sirvan a su señor.»
Minaya Alvar Fáñez—las manos le besó.
Sonriose el rey—y hermosamente habló:
«Los que quisieren ir—a servir al Campeador,
de mí se alejen—y vayan con la gracia del Criador.
Más ganaremos con esto—que con otra vejación.»
Aquí se consultaron—los infantes de Carrión[117]:
«Mucho crecen las noticias—del Cid Campeador,
bien nos casaríamos con sus hijas—para provecho nuestro,
no asaríamos—proponer este proyecto.
El Cid es de Vivar[118]—y nosotros de los condes de Carrión.»
No lo dicen a nadie,—y así quedó esta razón
Minaya Alvar Fáñez—del buen rey se despidió.
«¿Ya os vais, Minaya?—¡Id con la gracia del Criador!
Llevaos un sayón[119],—sé que os hará provecho;
si llevareis las damas,—sírvanlas a su gusto,
hasta la misma Medinaceli[120]—denles cuanto necesiten,
desde allí en adelante—cuide de ellas el Campeador.»
Despidiose Minaya—y vaso de la corte.

---

[116] Es decir, que una vez fuera de sus dominios, él no tenía ya que ver nada con la suerte que corrieran los viajeros. Su amparo terminaba en la misma frontera.

[117] Los infantes murmuran.

[118] El pueblo de Vivar está situado al norte de Burgos, a nueve kilómetros de distancia, cerca del rio Ubierna, y tanto en la actualidad como en la época del Cid era una aldea de muy poca importancia. Aludiendo al origen oscuro del Cid, los condes de Carrión tienen a menos emparentar con las hijas de él.

[119] El «portero» era el antiguo sayón real, empleado de palacio que tenía por ocupación llevar a los visitantes a presencia de los reyes, transportar las cartas reales y cumplir toda clase de mandatos por el estilo.

[120] Pueblo situado a sesenta y cinco kilómetros de Soria, en la ribera del Jalón.

83

Minaya va a Cardeña a por doña Jimena.—Más castellanos se prestan a ir a Valencia.—Minaya en Bureos.—Promete a los judíos buen pago de la deuda del Cid.—Minaya vuelve a Cardeña y parte con doña Jimena.—Pedro Bermúdez sale de Valencia para recibir a doña Jimena.—En Molina se le une Abangalbon.—Encuentran a Minaya en Medinaceli.

Los infantes de Carrión—han tomado su determinación,
iban acompañando—a Minaya Alvar Fáñez:
«Siendo nuestro amigo,—hacednos esto:
saludad por nosotros—al Cid de Vivar,
estamos dispuestos a favorecerle—en cuanto podamos hacer;
porque el Cid nos quiera bien—no perderá nada.»
Repuso Minaya:—«Esto lo haré de grado.»
Se fue Minaya,—volviéronse los infantes.
Se dirigió a San Pedro,—a donde están las señoras,
muy grande fue el gozo—cuando le vieron llegar.
Apeándose Minaya,—a San Pedro va a rogar;
cuando acabó la oración,—so volvió a. las damas.
«Humìllome, doña Jimena,—Dios os libre del mal,
así como a vuestras hijas,—las niñas, ambas a dos
El Cid os saluda—desde allí donde se encuentra;
sano le dejé—y con muy grande riqueza.
El rey por su merced—os entrega a mí libres,
para llevaros a Valencia,—que tenemos por heredad.
Si os viese el Cid—sanas y sin daño,
se pondría tan alegre—que no tendría ningún pesar.»
Dijo doña Jimena:—«¡El Criador lo mande!»
Tomó tres caballeros—Minaya Alvar Fáñez,
los envió al Cid,—a Valencia, donde se encontraba:
«Decid al Campeador—(que Dios le libre del mal)
que su mujer y sus hijas—el rey me las concede libres,
mientras que vayamos por sus tierras—viático nos mandó dar.
Dentro de quince días,—si Dios nos libra de mal,
estaremos allí yo y su mujer—y sus hijas
y todas las dueñas con ellas—cuantas tienen a su servicio.»
Se van los caballeros—a cumplir el mandato,
permaneció en San Pedro—Minaya Alvar Fáñez.
Veríais caballeros—venir de todas partes,

irse quieren a Valencia—con el Cid de Vivar.
Que les fuese favorable—rogaban a Alvar Fáñez;
diciendo Minaya:—«Lo haré con gusto.»
Sesenta y cinco caballeros—se le han sumado,
y él tiene ciento—que sacara de allá;
para ir con estas damas—buena compañía se ha juntado.
Los quinientos marcos—dio Minaya al abad;
de los otros quinientos—os voy a decir lo que hace:
Minaya a doña Jimena—y a sus hijas,
y a las otras dueñas—que las sirven,
el bueno de Minaya—las adornó
de las mejores galas—que en Burgos pudo hallar,
palafrenes y muías,—bien lucidos.
Cuando a las damas—las hubo arreglado,
el bueno de Minaya—sube al caballo;
he aquí a Raquel y Vidas—que se le echan a los pies:
«¡Merced, Minaya,—caballero de honor!
Nos ha perdido el Cid,—sabed, si no nos socorre;
perderíamos la ganancia,—con tal que nos diese el capital.»
«Yo lo veré con el Cid,—si Dios hasta allí me lleva
Por lo que hicisteis,—buena recompensa tendréis.»[121].
Dijeron Raquel y Vidas:—«¡El Criador lo mande!
Si no, dejaremos Burgos—y lo iremos a buscar.»
Se fue para San Pedro—Minaya Alvar Fáñez,
muchas gentes se le juntan;—al marcharse,
gran duelo tiene—al separarse del abad:

«¡Que os valga el Criador,—Minaya Alvar Fáñez!
Por mí al Campeador—las manos besad,
a este monasterio—no olvide;
todos los días—tenedlo presente,
el Cid Campeador—siempre valdrá más.»
Repuso Minaya,:—«Lo haré de buen grado.»
Ya se despiden—y montan a caballo,
con ellos el sayón—que los ha de escoltar;
por la tierra del rey—muchas viandas les dan.
De San Pedro hasta Medinaceli—en cinco días van;
helos en Medinaceli—las damas y Alvar Fáñez.

---

[121] El autor del Poema se olvida de cumplir esta promesa de Minaya, ya que no vuelve a hablarse de los judíos ni del rescate de las arcas de arena.

Os diré de los caballeros que llevaron el mensaje;
en cuanto lo supo—el Cid de Vivar,
plúgole de corazón—y se puso alegre;
de esta manera.—comenzó a decir:
«Quien buen embajador envía,—tal debe esperar.
Tú, Muño Gustioz,—y tú, Pedro Bermúdez,
y Martín Antolínez,—burgalés leal,
y el obispo don Jerome,—honorable clérigo,
cabalgad con ciento—preparados por si hay que pelear;
por Santa María (Albarracín)[122]—pasaréis,
id a Molina[123]—que está más allá,
la tiene Abengalbón,—que es mi amigo,
con otros cien caballeros—os acompañará;
id por Medinaceli—hasta donde podáis llegar;
mi mujer y mis hijas—con Minaya Alvar Fáñez,
según me han dicho,—allí los podréis encontrar;
con todo respeto—conducidlas hasta aquí.
Y yo me quedaré en Valencia,—que mucho me ha costado;
gran locura sería—si la desamparara[124];
yo me quedaré en Valencia,—que la tengo por heredad.»
Esto dicho,—se ponen a cabalgar,
todo lo que pueden—sin dejar de andar.
Cruzaron por Albarracín—y llegaron a albergar a Bronchales[125]
y al otro día llegaron—a descansar a Molina.
El moro Abengalbón,—cuando recibió el mensaje,
salió a recibirlos,—con grandes muestras de alegría:
«¿Venís los vasallos—de mi verdadero amigo?

---

[122] Santa María, o Santa María de Aben Razin, convertida después en Santa María d'Alvarazín, y, finalmente, en Albarracín, que es como actualmente se denomina, es un pueblo de la provincia de Teruel.

[123] Molina de Aragón, pueblo de la provincia de Guadalajara, a cincuenta kilómetros de Daroca y a ochenta de Guadalajara, situado en la orilla del río Gallo, en el camino de Monreal del Campo a Sigüenza.

[124] Sabido es que los cristianos que acompañaban al Cid en Valencia no llegaban a cuatro mil, guarnición muy pequeña para una ciudad como Valencia, rodeada de enemigos y constantemente amenazada por los reyes moros, que la codiciaban mucho. Por todas estas razones el Cid no se decide a dejarla, pues presume que en su ausencia pueda ser atacada.

[125] Fronchales, del Poema, es el Bronchales de hoy, pueblo de la provincia de Teruel, a cuarenta y cinco kilómetros de Molina y veinticinco de Albarracín.

¡A mí no me pesa,—sabed, me complace mucho!»
Habló Muño Gustioz—antes que nadie:
«El Cid os saluda—y manda a deciros
que con cien caballeros—le ayudes;
su mujer y sus hijas—están en Medinaceli;
que vayas por ellas,—y las conduzcas aquí,
y hasta Valencia—no os apartéis de ellas.»
Dijo Abelgalbón:—«Lo haré con mucho gusto.»
Aquella noche,—les dio una gran comida.
A la mañana cabalgaron—de nuevo;
ciento le pidieron,.—mas él con doscientos va.
Pasan las montañas,—que son abruptas y grandes[126],
pasaron también—Campo Taranz[127]
de este modo,—que no tienen ningún temor,
por el valle de Arbujuelo[128]—comienzan a bajar,
Y en Medinaceli—están todos reunidos;
viéndolos venir armados—sospechó Minaya Alvar Fáñez,
envió dos caballeros—que se enterasen de la verdad:
esto no retrasan,—que lo desean de corazón;
el uno se quedó con ellos—y el otro se volvió hacia Alvar Fáñez:
«Fuerzas del Campeador—que nos vienen a buscar;
helos aquí.—Pedro Bermúdez va delante,
y Muño Gustioz,—que os quiere verdaderamente,
y Martín Antolínez,—el burgalés verdadero,
y el obispo don Jerome,—clérigo leal,
y el alcaide Abengalbón—con las fuerzas que trae,
por gusto del Cid—para honrarle grandemente;
todos vienen juntos,—ahora llegarán.»
Entonces dijo Minaya:—«Vayamos cabalgando.»
Así lo hicieron de prisa,—que no quieren retrasarlo.
Y salieron ciento—bien parecidos,
en buenos caballos—cubiertos de cendales
y con pretales de cascabeles,—y llevan los escudos colgados al cuello,
y en las manos lanzas—con sus pendones.

---

[126] Se refiere a los montes de Luzón. El pueblo de este nombre está en el camino de Medinaceli a Molina.

[127] La Mata o Campo de Taranz se llama hoy «campo Taranz» y es una llanura pedregosa en lo alto del valle de Arbujuelo.

[128] El río Arbujuelo es más bien un arroyo afluente del Jalón.

para que supiesen los otros—quién era Alvaz Fáñez
y cómo saliera de Castilla—con estas damas que trae.
Los que iban de descubierta,—cuando llegaron a ellos,
tomaron las armas—y comenzaron a jugarlas;
por junto al Jalón—pasan tan alegremente.
En llegando los otros,—van a ofrecerse a Minaya.
Cuando llegó Abengalbón—a verle,
sonriéndose,—fue a abrazarle.
le besó en el hombro,—como era su costumbre[129]:
«¡Buen día hoy,—Minaya Alvar Fáñez!
Traéis esas damas—que nos honran,
la mujer del Cid batallador—y sus hijas verdaderas,
os hemos de honrar todos.—que tal es su ventura,
que aunque le quisiéramos mal,—a él no se lo podríamos hacer[130].
en paz o en guerra,—de lo nuestro tendrá;
tengo por muy torpe—al que no conoce esta verdad.»

84

**Los viajeros descansan en Medina.—Parten da Medina a Molina.
—Llegan cerca de Valencia.**

Sonriose—Alvar Fáñez Minaya:
«¡Hola, Abengalbón,—sois amigo fiel!
Si Dios me deja llegar hasta el Cid—y verlo como deseo,
de esto que habéis hecho—no perderéis nada.
Vayamos a descansar,—que la cena está preparada.»[131].
Dijo Abengalbón:—«Esta deferencia me place;
antes de tres días—os la daré doblada.»
Entraron en Medinaceli,—servíalos Minaya,
todos estaban alegres—del servicio que recibían,
al sayón del rey—mandó despedir;
muy honrado el Cid—en Valencia donde estaba
de tan gran comida—como en Medinaceli les dieron[132];

---

[129] Los moros, para saludar, besaban en el brazo, en el hombro o en el cuello.
[130] «que aunque le quisiéramos mal,—ese mal a él no se lo podríamos hacer».
[131] Minaya invita a comer a Abengalbón y sirve a todos, como buen anfitrión.
[132] Sin duda Abengalbón, como ha prometido, les trata tan honrosamente y corresponde a la fineza de Minaya alojando a los viajeros por su cuenta.

el rey lo pagó todo,—y exento se va Minaya.
Pasa la noche,—llega la mañana,
oyen la misa,—y luego cabalgan.
Salieron de Medinaceli,—y el Jalón pasaban.
Arbujuelo arriba—de prisa aguijaban,
campo Taranz—después atravesaban,
llegaron a Molina,—la que Albengalbón mandaba.
El obispo don Jerome,—cristiano bueno y fiel,
las noches y los días—a las damas escoltaba;
y con buen caballo en diestro[133]—que lleva ante sus armas.
Él y Alvar Fáñez—iban juntos.
Han entrado en Molina,—población buena y rica;
el moro Abengalbón—les sirve bien y fielmente,
de cuanto quisieron—no tuvieron falta,
hasta las herraduras—pagárselas mandaba;
a Minaya y a las damas,—¡Dios, cómo las honraba!
Al otro día por la mañana—en seguida cabalgaron,
hasta Valencia—servíalos sin falta;
de lo suyo gastaba el moro,—que de ellos no tomaba nada.
Con estas alegrías—y nuevas tan honrosas,
cerca están de Valencia,—a tres leguas contadas.
Al Cid,—el que en buena hora ciñó espada,
a Valencia—le llevaron el aviso.

85

El Cid envía gentes al encuentro de los viajeros. Alegre se puso el Cid,—que más no estuvo nunca, ni tanto, porque de lo que más amaba—ya le llega la noticia.

Doscientos caballeros—mandó salir en seguida,
que reciban a Minaya—y a las damas hijasdalgo;
él quedaba en Valencia—cuidando y aguardando,
que bien sabe que Alvar Fáñez—trae todo prevenido.

---

[133] El caballo en diestro era el caballo de batalla, ágil, ligero y robusto, que se llevaba a la derecha del palafrén o cabalgadura de viaje, y sin carga alguna si no eran las armas.

86

Don Jerónimo se adelanta a Valencia para preparar una procesión.—El Cid sale a caballo al encuentro de Jimena. —Entran todos en la ciudad.

He aquí que todos estos—reciben a Minaya
y a las damas y a las niñas—y a los otros acompañantes.
Mandó el Cid—a los que tenía en su casa
que guardasen el alcázar—y las otras torres altas
y todas las puertas—y las salidas y las entradas,
y prepáranle a Babieca;—poco hace que le ganara
de aquel rey de Sevilla—y de su derrota;
aun no sabía el Cid,—el que en buena hora ciñó espada,
si sería corredor—y dócil al freno;
a la puerta de Valencia,—donde estaba en completa seguridad,
delante de su mujer y de sus hijas—quería jugar las armas.
Recibidas las damas—con gran pompa,
el obispo don Jerome—se adelantó,
y dejó el caballo,—dirigiéndose hacia la capilla;
con cuantos pudo,—preparados a tiempo,
vestidas las sobrepellices—y con cruces de plata,
salen a recibir a las damas—y al bueno de Minaya.
El que en buena hora nació—no se retrasaba:
vistiose la sobregonela[134];—larga lleva la barba;
ensíllanle a Babieca,—échanle las gualdrapas,
el Cid salió sobre él,—con armas de fuste[135].
En el caballo llamado—Babieca, cabalga,
dio una carrera,—y ésta fue tan magnífica,
que cuando hubo corrido,—todos se maravillaron;
desde este día fue famoso Babieca—en toda España.
Al terminar la carrera—el Cid descabalga,
se dirigió a su mujer—y a sus dos hijas;
cuando le vio doña Jimena,—a sus pies se echó:

---

[134] Quizá alguna gonela o túnica de lujo.
[135] Las armas de fuste eran el escudo y la lanza, que servían para ejercitarse en los juegos de armas. Entonces no se ceñía la espada ni se vestía la loriga, ni se ajustaba el almófar, sino que con el traje corriente se montaba a caballo para jugar las armas

«¡Merced, Campeador,—en buena hora ceñiste espada!
Me habéis sacado—de muchas vergüenzas malas;
heme aquí, señor,—yo y vuestras dos hijas,
con Dios y con vos—buenas y bien criadas están.»
A la madre y a las hijas—bien las abrazaba,
de la satisfacción que tenían—lloraban.
Todas sus mesnadas—tenían gran deleite,
jugaban las armas—y quebraban tablados[136].
Oíd lo que dijo—el que en buena hora ciñó espada:
   «Vos, doña Jimena,—querida y honrada mujer,
y ambas hijas mías,—mi corazón y mi alma,
entrad conmigo—en la ciudad de Valencia,
en esta heredad—que yo os he ganado.»
Madre e hijas—las manos le besaban.
Con gran pompa—entraron a Valencia.

87

Las damas contemplan Valencia desde el Alcázar.

   Se dirigió el Cid—con ellas al alcázar,
allí las sube—al sitio más alto.
Los ojos hermosos—se fijan en todos sitios,
miran a Valencia—cómo yace la ciudad,
y de la otra parte—ven el mar,
miran la huerta,—frondosa es y grande,
y todas las otras cosas—placenteras;
alzan las manos—para agradecer a Dios
esta ganancia—tan buena y grande.
El Cid y sus acompañantes—están muy a gusto.
El invierno se ha ido,—va a comenzar marzo.
Os quiero dar noticias—del otro lado del mar,
de aquel rey Yúcef—que en Marruecos está[137].

---

[136] En los juegos de armas se armaban tenderetes o castillejos de madera en forma de garitas, que los caballeros acometían y desbarataban a lanzazos.

[137] El emperador de los almorávides se llamaba Yusuf ben Texufin (1059-1116).

88

El rey de Marruecos viene a cercar Valencia,

Pesole al rey de Marruecos—del Cid don Rodrigo:
«Que en mis heredades—se ha metido mucho[138],
y él no se lo agradece—sino a Jesucristo.»
Aquel rey de Marruecos—reunía sus fuerzas;
con cincuenta mil soldados—entre todos reunidos,
navegaron,—en las barcas metidos,
van a buscar a Valencia—al Cid don Rodrigo.
Han atracado las naves,—salen fuera.

89

Llegan a Valencia y plantan su campamento.

Llegaron a Valencia,—la que el Cid conquistó,
hincaron las tiendas,—y descansaron las gentes descreídas.
Estas noticias—llegaron al Cid.

90

**Alegría del Cid al ver las huestes de Marruecos.
—Temor de Jimena.**

«¡Gracias al Criador,—Padre espiritual!
Todos los bienes que poseo,—loa tengo aquí:
con afán gané a Valencia,—y la tengo por heredad,
si no es por la muerte—no la puedo dejar;
gracias al Criador—y a Santa María Madre,
mis hijas y mi mujer—que las tengo acá.
Viénenme venturas—de tierras de allende el mar,
empuñaré las armas,—no lo podré dejar;
mis hijas y mi mujer—han de verme lidiar;
en estas tierras extrañas—verán cómo se vive,

---

[138] Yúcef o Yúsuf, desde el año 1090, se apoderó de la mayor parte de España musulmana, y es por lo que se queja de que el Cid haya entrado en sus heredades.

harto verán por sus ojos—cómo se gana el pan.»
A su mujer y a sus hijas—subiolas al alcázar,
tendiendo la vista,—vieron hincar las tiendas:
«¿Qué es esto, Cid,—así el Criador os salve?»
«¡Ah mujer honrada,—no tengas pesar!
Es que se nos aumenta la riqueza—maravillosa y grande:
en cuanto habéis llegado,—os quieren dar un regalo:
vuestras hijas son casaderas,—os traen el ajuar.»
«Gracias a vos, Cid,—y al Padre espiritual.»
«Mujer, estaos en este—palacio, en el alcázar;
no tengáis miedo—porque me veáis batallar,
con la merced de Dios—y de Santa María Madre,
se me aumenta el valor—porque estáis delante;
con Dios esta batalla,—yo la he de vencer.»

91

El Cid alienta a su mujer y a sus hijas.—Los moros invaden la huerta de Valencia.

Hincadas están las tiendas—y amanece,
con gran prisa—redoblan los tambores;
alegrose el Cid y dijo:—«¡Buen día es hoy!»
Su mujer tiene miedo—y quiere partírsele el corazón[139],
así sucedía a las dueñas—y a sus dos hijas:
desde el día en que nacieran—no tuvieran tal temor.
Mesose la barba—el buen Cid Campeador:
«No tengáis miedo,—que todo es en vuestro provecho;
antes de quince días,—si pluguiere al Criador,
hemos de ganar—aquellos tambores;
os los pondré delante—y veréis cómo son,
luego se los daremos—al obispo don Jerome,
para que los cuelgue en Santa María,—madre del Criador.»
Este voto hizo—el Cid Campeador.
Alegres están las damas,—van perdiendo el miedo.
Los moros de Marruecos—cabalgan con presteza,
por las huertas adentro—entran sin miedo.

---

[139] Con referencia a los tambores de los moros, véase la nota número 64.

92

Espolonada de los cristianos.

Violo el atalaya—y tocó la campana;
prestas están las mesnadas—de las gentes de Ruy Díaz,
se animan—y salen fuera de la ciudad.
Cuando se encuentran con los moros,—los acometen rápidamente.
echándolos de las huertas—de muy mala manera;
quinientos habían matado—hasta el anochecer.

93

Orden de la batalla.

Hasta las tiendas—duró la persecución.
Mucho habían hecho,—y se vuelven.
Alvar Salvadórez—se quedó allá prisionero.
Vueltos con el Cid—los que comían su pan,
él los vio con sus ojos,—y luego se lo cuentan[140],
alegre está el Cid—por cuanto han hecho:
«Oídme, caballeros,—no quede por eso;
hoy es buen día—y mejor será mañana:
cerca del amanecer—estad todos armados,
el obispo don Jerome—nos dará la absolución,
nos dirá la misa,—y cabalgaremos;
iremos a herirlos,—no puede ser de otra manera,
en el nombre del Criador—y del apóstol Santiago,
Más vale que nosotros los venzamos,—que ellos cojan el pan.»
Entonces dijeron todos:—«Con amor y voluntad.»
Hablaba Minaya,—sin poderse contener:
«Pues eso quieres,—Cid, ordéname esto;
dadme ciento treinta caballeros—para lidiar;
cuando vos los fuereis a herir.—entraré yo de la otra parte;

---

[140] El Cid, desde Valencia, ve cómo pelean los suyos en la huerta, y cuando, después de llegar hasta el campamento de las huestes de Yúcef se vuelven a la ciudad, le cuentan al Cid las incidencias de la pelea, que él por sus ojos ha estado contemplando ya.

o de una o de otra,—Dios nos ayudará.»
Entonces dijo el Cid:—«De buena voluntad.»

94

El Cid concede al obispo que dé los primeros golpes.

El día se ha ido—y la noche se ha entrado,
no retardan el prepararse—las gentes cristianas.
A los mediados gallos,—antes de la mañana[141].
el obispo don Jerome—la misa les cantaba;
la misa dicha—gran confianza les daba:
«El que aquí muriere—lidiando de cara,
yo le perdono los pecados,—y Dios acogerá su alma.
A vos, Cid don Rodrigo,—en buena hora ceñisteis espada,
yo que os canté la misa—en esta mañana,
os pido un don—y helo aquí:
las primeras heridas—otorgádmelas.»[142].
Dijo el Campeador:—«Desde aquí os las concedo.»

95

Los cristianos salen a batalla.—Derrota de Yúcef.—Botín extraordinario.—El Cid saluda a su mujer y a sus hijas.—Dota a las dueñas de Jimena.—Reparto del botín.

Todos han salido armados—por las torres de Cuarte[143],
el Cid a sus vasallos—los va aleccionando.
Dejan en las puertas—hombres bien prevenidos.
Subió el Cid—a su caballo Babieca;
con todas sus guarniciones—muy bien arreglado.
La enseña sacan fuera,—de Valencia salieron,
cuatro mil menos treinta—acompañan al Cid.

---

[141] A las tres de la mañana. Véase la nota número 29.
[142] El obispo pide que el Cid le conceda el honor de arremeter él el primero.
[143] Las torres de Cuarte, que aún existen hoy en Valencia, son las que defienden la puerta de la muralla que va a dar al camino de Cuarte. Las actuales torres son del siglo xv; las de la época del Cid pertenecían a otra muralla más estrecha que rodeaba la ciudad.

A los cincuenta mil—van a atacar con voluntad;
Alvar Álvarez y Minaya—entráronles del otro lado.
Plugo al Criador—y hubieron de vencerlos.
El Cid empleó la lanza,—a la espada metió mano[144],
tantos moros mata,—que no pudieron contarse;
por el codo abajo—la sangre chorreando.
Al rey Yúcef—tres golpes le hubo dado,
escapósele de su espada—a lodo correr del caballo,
metiose en Cullera,—un castillo palaciego;
el Cid de Vivar—hasta allí llegó a su alcance
con otros que le siguen—de sus buenos vasallos.
Desde allí se volvió—el que en buena hora nació,
estaba muy alegre—de lo que habían cogido;
allí apreció lo que era Babieca—de la cabeza hasta el rabo
Toda esta ganancia—en su mano ha quedado.
Los cincuenta mil—por cuenta fueron llevados;
no escaparon—más de ciento cuatro.
Las mesnadas del Cid—han saqueado el campo;
entre oro y plata—hallaron tres mil marcos,
de las otras ganancias—no se hizo cuenta[145].
Alegre estaba el Cid—y todos sus vasallos,
que Dios les hizo la merced—que vencieran en el campo;
cuando al rey de Marruecos—así lo vencieron,
dejó a Alvar Fáñez—para atender a todo[146];
con cien caballeros—entra en Valencia,
fruncida trae *(la cofia en)* la cara—y viene desarmado.
así entró sobre Babieca,—la espada en la mano.
Recíbenlo las damas,—que lo están esperando;
el Cid se detuvo ante ellas,—teniendo la rienda al caballo.
«A vos me humillo, dueñas,—gran prez os he ganado:
vos teniéndome Valencia,—y yo vencí en el campo;
esto Dios lo ha querido—con todos sus santos.
cuando con vuestra venida—tal ganancia nos han dado.
Ved la espada ensangrentada—y sudoroso el caballo:
de esta manera—se vencen moros en el campo.

---

[144] El Cid emplea y rompe su lanza, por lo que mete mano a su espada.
[145] No se hizo cuenta, de tantas como eran.
[146] Deja a Minaya en el campo recogiendo el botín, reuniendo sus soldados, buscando los prisioneros, etc., y el Cid vuelve a Valencia.

Rogad al Criador—que os viva algunos años.
alcanzaréis prez,—y besarán vuestras manos.»
Esto dijo el Cid,—apeándose del caballo,
Cuando le vieron en pie—por haber descabalgado,
las dueñas y las hijas—y su excelente mujer
ante el Campeador—se hincaron de rodillas:
«¡Somos vuestras—y viváis muchos años!»
Acompañándole—entraron al palacio,
e iban a descansar con él—en unos preciosos escaños.
«¡Ah mujer mía!—¿No me lo habíais pedido?
Estas dueñas que trajisteis,—que tan bien os sirven,
quiérolas casar—con estos mis vasallos;
a cada una de ellas—les doy doscientos marcos,
que sepan en Castilla—a quién sirvieron bien.
Lo de vuestras hijas—ha de verse más despacio.»[147].
Levantáronse todas—y besáronle las manos,
grande fue la alegría—que hubo por el palacio.
Como lo dijo el Cid,—así lo han cumplido.
Minaya Alvar Fáñez—estaba afuera en el campo,
con todas sus gentes—apuntando y contando;
entre tiendas y armas—y ricos vestidos
tanto hallan ellos de esto—que hay mucho en exceso.
Quiero deciros—lo que es más escogido:
no pudieron echar la cuenta—de todos los caballos
que andan descarriados—y no hay quién los coja;
los moros de las tierras—se quedan con bastante;
a pesar de todo esto,—al insigne Campeador,
de los buenos y otorgados—tocáronle mil caballos;
cuando al Cid—tocaron tantos,
los otros bien pueden—quedar pagados.
¡Cuánta tienda de valor—y cuánto puntal labrado[148]
ha ganado el Cid—con todos sus vasallos!
La tienda del rey de Marruecos,—que es mejor que las otras,
dos puntales la sustentan,—que están labrados con oro;
mandó el Cid,—el Campeador insigne,

---

[147] El casamiento de las hijas.
[148] Los puntales o postes que sostenían las tiendas de campaña de los generales solían ser taraceados, con incrustaciones de oro, plata, marfil, piedras preciosas, etc.

que quedase plantada la tienda,—y nadie la toque:
«Esa tienda como está,—que de Marruecos ha venido,
la quiero enviar—a Alfonso el Castellano,
para que crea sus noticias—de que el Cid tiene algo.»
Con todas estas riquezas—a Valencia entran.
El obispo don Jerome,—cabal clérigo,
cuando se ha hartado de lidiar—con sus dos manos,
no puede contar—los moros que ha matado;
lo que le toca a él—fue muy abundante;
el Cid don Rodrigo,—el que en buena hora nació,
de toda su quinta—le dio el diezmo.

96

Gozo de los cristianos.—El Cid envía el nuevo presente al rey.

Alegres están en Valencia—las gentes cristianas,
tantos bienes tenían,—y caballos y armas;
alegre está doña Jimena—y sus dos hijas,
y todas las otras dueñas—que se tienen por casadas.
El bueno del Cid—no perdió el tiempo:
«¿Dónde estás, cabal?—Venid acá, Minaya;
de lo que os tocó—no hacéis caso de nada;
de esta mi quinta,—verdaderamente os digo,
tomad lo que quisiéredes,—dejad lo otro.
Y mañana por la mañana—os habéis de ir sin falta
con caballos de esta quinta—que yo he ganado,
con sillas y con frenos—y con sendas espadas;
por amor de mi mujer—y de mis dos hijas,
porque así las envió—adonde ellas están satisfechas[149],
estos doscientos caballos—irán en presente,
que no diga mal el rey Alfonso—del que Valencia manda.»
Mandó a Pedro Bermúdez—que fuese con Minaya.
Otro día de mañana—de prisa cabalgaban,
y doscientos hombres—llevan en su compañía,
con saludos del Cid,—que las manos le besaba:
de esta lid—que el Cid ha vencido,

---

[149] Envía el presente como agradecimiento a Alfonso, que permitió que su mujer y sus hijas fueran trasladadas de Cardeña a Valencia.

doscientos caballos—le envía en presente,
«y servirle he siempre—mientras tuviese el alma».

97

Minaya lleva el presente a Castilla.

Han salido de Valencia—y caminan,
tales riquezas llevan—que van vigilando.
Andan de día y de noche,—que no se dan reposo,
ya han pasado la sierra—que separa las otras tierras[150].
Por el rey don Alfonso—van preguntando.

98

Minaya llega a Valladolid.

Cruzando van las sierras—y los montes y los ríos,
llegan a Valladolid—donde el rey Alfonso estaba;
envíanle aviso—Pedro Bermúdez y Minaya,
que mandase recibir—a esta compañía *(que)*
el Cid de Valencia—envía su presente.

99

El rey sale a recibir a los del Cid.—Envidia de Garci Ordóñez.

Alegre se puso el rey,—nunca se le viera tanto,
mandó de prisa cabalgar—a todos sus hijosdalgo
y con los primeros—salió afuera el rey,
a ver los mensajes—del que en buena hora nació.
Los infantes de Carrión[151],—sabed, se concertaron,

---

[150] Sin duda se trata de la sierra del Guadarrama que separa la cuenca del Tajo de la del Duero.

[151] Los infantes de Carrión eran tres: Gonzalo, Diego y Fernando, hijos del conde don Gonzalo, hermano éste de Per Ansúrez, famoso en la corte de Alfonso VI, por lo que favoreció a su rey en la lucha contra su hermano Sancho II; este Per Ansúrez, cuando fue vencido Alfonso VI por su hermano y hubo de abandonar las tierras de León para refugiarse en el reino del rey moro de Toledo, le acompañó en el destierro. El conde don Gonzalo, o sea «Gonçalbo Ansuórez» fue, como

y el conde don García,—muy enemigo del Cid.
A los unos place—y a los otros va pesando.
Ya están a la vista—los del que en buena hora nació,
puede decirse que es ejército,—no que viene con un recado;
el rey don Alfonso—se hacía cruces.
Minaya y Pedro Bermúdez—se han adelantado,
echaron pie a tierra,—se apearon de los caballos;
ante el rey don Alfonso—hincaron la rodilla,
besan la tierra—y los pies:
 «¡Merced, rey Alfonso,—seáis muy honrado!
Por el Cid Campeador—todo esto os besamos[152];
a vos llama por señor,—y tiénese por vuestro vasallo,
mucho aprecia la honra—el Cid que le habéis dado.
Hace pocos días, rey,—que una batalla ha vencido:
a aquel rey de Marruecos,—llamado Yúcef,
con cincuenta mil—echolos del campo.
Las ganancias que hizo—son muy abundantes,
se han vuelto ricos—todos sus vasallos,
y os envía doscientos caballos,—y os besa las manos.»[153].
Dijo el rey don Alfonso:—«Recíbolos de grado.
Se lo agradezco al Cid,—que tal don me ha enviado;
ojalá vea la hora—en que de mí sea pagado.»
Esto satisfizo a muchos—y besáronle las manos.

---

hemos dicho, padre de los infantes de Carrión. Esta familia era llamada de los Beni-Gómez, o sea «hijos de Gómez», por haber sido antepasado suyo Gómez Díaz, conde de Saldaña. Los tres hermanos infantes de Carrión los presenta el juglar como gente vanidosa, ambiciosa y desalmada; su conducta con las hijas del Cid no puede ser más infame. Históricamente, las bodas de doña Elvira y doña Sol (el Cid tuvo tres hijos cuyos nombres verdaderos son Diego, Cristina y María) con los infantes Diego y Fernando no están probadas, y sí los segundos matrimonios de aquéllas con el infante de Navarra y el Conde de Barcelona. La afrenta de Corpes es el episodio principal del Poema, y es de suponer que no carezca en absoluto de veracidad, por lo que tampoco nos atrevemos a negar el matrimonio de las hijas del Cid con los infantes de Carrión.

[152] Es decir, que hacen ante el rey Alfonso el homenaje más solemne que puede rendir un vasallo como era: primero, besar la tierra, inclinando la cara hasta el suelo una vez arrodillados, y después, echarse a los pies de Alfonso. También era costumbre, como veremos mas adelante, humillarse cogiendo la hierba del campo entre los labios.

[153] Besar las manos equivale a pedir clemencia.

Pesó al conde don García,—y muy airado;
con diez parientes suyos—se apartaron a un lado:
«¡Maravilla es del Cid,—que su honra aumente tanto!
En la honra que él tiene—difícilmente nos veremos nosotros;
por tan fácilmente—vencer reyes en el campo,
como si los hallase muertos—y apropiarse los caballos;
por esto que él hace—nosotros tendremos merma.»

100

El rey muéstrase benévolo hacia el Cid.

Habló el rey don Alfonso,—oíd lo que dice:
«Gracias al Criador—y al señor San Isidro *(por)*
estos doscientos caballos—que me envía el Cid.
En lo que me quede de reinar—mejor me podrá servir.
A vos, Minaya Alvar Fáñez,—y aquí, a Pedro Bermúdez,
mando que vuestros cuerpos—os vistan honrosamente
y os adornen con todas las armas—como vos quisierais,
que parezcáis bien—ante el Cid Ruy Díaz;
os doy tres caballos—y tomadlos ahora.
Se me figura,—y la voluntad me lo dice,
que todas estas novedades—en algo bueno han de parar.»

101

Los infantes de Carrión piensan en casarse con las hijas del Cid.

Besáronle las manos—y entraron a descansar;
mandó que les sirvieran bien—de cuanto tuvieran necesidad.
De los infantes de Carrión—yo os quiero contar,
hablando entre sí—tomaron este acuerdo:
«Los negocios del Cid—prosperan mucho,
pidamos sus hijas—para casarnos con ellas;
creceremos en nuestro provecho—e iremos adelante.»
Vienen al rey Alfonso—con este acuerdo:

102

Los infantes logran que el rey les trate el casamiento.—El rey pide vistas con el Cid.—Minaya vuelve a Valencia y entera al Cid de todo.—El Cid fija el lugar de las vistas.

«Merced os pedimos—como a rey y a señor;
con vuestro consejo—queremos hacerlo,
que nos pidas—las hijas del Campeador;
queremos casarnos con ellas—para su honra y nuestro provecho.»
Un gran rato—el rey pensó y meditó:
«Yo desterré—al buen Campeador,
y haciéndole yo mal a él,—y él a mí gran provecho,
del casamiento—no sé si gustará;
mas pues vosotros lo queréis,—comencemos la plática.»
A Minaya Alvar Fáñez—y a Pedro Bermúdez
el rey don Alfonso—entonces los llamó,
a una habitación—él los apartó:
    «Oídme, Minaya,—y vos, Pedro Bermúdez:
sírveme el Cid—Ruy Díaz Campeador,
él lo merece—y de mí tendrá perdón;
venga a vistas[154]—si gustare de ello.
Otros asuntos hay—en esta mi corte:
Diego y Fernando,—los infantes de Carrión.
desean casar—con sus dos hijas.
Sed buenos mensajeros,—os lo ruego
que se lo digáis—al buen Campeador:
quedará honrado—y aumentará en honor,
por emparentar—con infantes de Carrión.»
Habló Minaya—y plugo a Pedro Bermúdez:
«Se lo hemos de rogar—lo que vos decís;
después haga el Cid—lo que más le gustare.»
«Decid a Ruy Díaz,—el que en buena hora nació,
que le iré a vistas—donde convenido fuere;
donde él dijere,—será plantada la señal[155].

---

[154] El rey concede audiencia al Cid y le ceja el honor de elegir el lugar donde han de entrevistarse o tener las «vistas».

Quiero ayudar—al Cid en cuanto pueda.»
Despídense del rey,—y con esto se vuelven,
van para Valencia—ellos y todos los suyos.
Cuando lo supo—el buen Campeador,
aprisa cabalga,—a recibirlos salió;
sonriose el Cid—y los abrazó fuerte:
«¿Venís, Minaya, y vos, Pedro Bermúdez?
En pocas tierras hay—dos hombres como vosotros.
¿Qué noticias traéis—de Alfonso mi señor?
¿Está contento,—aceptó el don?»
Dijo Minaya:—«De alma y de corazón
está satisfecho,—y su afecto os envía.»
Dijo el Cid:—«¡Gracias a Dios!»
Esto diciendo—comienzan la plática,
lo que les rogara—Alfonso el de León
de dar sus hijas—a los infantes de Carrión,
cuya honra él conocía—y acrecentaría su honor,
que se lo aconsejaba—de alma y de corazón.
Cuando lo oyó el Cid,—el buen Campeador,
un gran rato—pensó y meditó:
«Esto agradezco—a Cristo mi señor.
Desterrado fui—y privado de mis honras,
con gran afán gané—lo que tengo:
a Dios lo agradezco—tener el cariño del rey,
y pídenme mis hijas—para infantes de Carrión.
Decid, Minaya,—y vos, Pedro Bermúdez,
de este casamiento—¿qué os parece?»
«Lo que vos queráis—eso decimos nosotros.»
Dijo el Cid: «De gran cuna—son los infantes de Carrión,
son muy orgullosos—y forman parte de la corte,
de este casamiento—no tendría gusto;
mas pues lo aconseja—el que es más que nosotros,
hablemos de ello,—y guardémoslo en secreto.
Que Dios del cielo—nos aconseje lo mejor.»
«Con todo esto,—para vos dijo Alfonso
que asistiría a vistas—donde gustéis;
quiere veros—y manifestaros su afecto,

---

(155) En el lugar donde habían de celebrarse las vistas se clavaba el estandarte real, dando a entender que allí había de posar el rey.

después vos acordaréis—lo que sea mejor.»
Entonces dijo el Cid:—«Pláceme de corazón.»
«Estas vistas—donde vos las fijéis»,
dijo Minaya:—«Vos sabréis.»
«Nada tendría de particular—que si quisiese el rey Alfonso,
hasta donde lo hallásemos—nosotros le iríamos a buscar,
por honrarle grandemente—como a rey y señor.
Mas lo que él quisiere,—eso queremos nosotros.
Cerca del Tajo.—que es río mayor,
tendremos vistas—cuando lo quiera mi señor.»
Escribe cartas,—que selló bien;
con dos caballeros—luego las envió:
lo que el rey quisiere,—eso hará el Campeador.

103

El rey fija plazo para las vistas.
—Dispónese con los suyos para ir a ellas.

Al rey honrado—le presentaron las cartas;
cuando las vio,—se alegra de corazón:
«Saludad al Cid,—que en buena *(hora)* ciñó espada;
sean las vistas—dentro de tres semanas;
si vivo,—allí iré sin falta.»
No se retrasan,—al Cid se volvieron.
De una y otra parte—para las vistas se preparaban;
¿quién vio por Castilla—tanta mula de precio,
y tanto palafrén,—de buena andadura,
caballos rollizos—y buenos corredores,
tanto buen pendón—poner en buenas astas,
escudos brocados—con oro y con plata,
mantos y pieles—y buenos cendales de Andros?[156].
Abundantes víveres—el rey enviar mandaba
al río Tajo,—donde las vistas están preparadas.
Con el rey—van buenos acompañantes.
Los infantes de Carrión—andan muy alegres,
lo uno lo adeudan—y lo otro lo pagaban[157];

---

[156] La isla de Andros, una de las Cícladas, era famosa por los jametes y cendales que en ella se tejían,

como ellos tenían *(por cierto)*—aumentada su riqueza,
cuantos quisiesen *(tenían)*—bienes de oro y de plata[158].
El rey don Alfonso aprisa cabalgaba,
condes y podestades[159]—y muy grandes mesnadas.
Los infantes de Carrión—llevan muchos acompañantes.
Con el rey van leoneses—y mesnadas gallegas,
son incontables,—sabed, las castellanas;
sueltan las riendas,—a las vistas se encaminan.

104

El Cid y los suyos se disponen para ir a las vistas.—Parten de Valencia.—El rey y el Cid se avistan a orillas del Tajo.—Perdón solemne dado por el rey al Cid.—Convites.—El rey pide al Cid sus hijas para los infantes,—El Cid confía sus hijas al rey y éste las casa.—Las vistas acaban.—Regalos del Cid a los que se despiden—El rey entrega los infantes al Cid.

En Valencia—el Cid Campeador
no lo demora,—para las vistas se compuso.
Tanta mula rolliza—y tanto palafrén a propósito,
tanta buena arma,—y tan buen caballo corredor,
tanta buena capa—y mantos y pieles:
chicos y grandes—están vestidos de colores.
Minaya Alvar Fáñez—y el Pedro Bermúdez.
Martín Muñoz,—el que mandó en Montemayor,
y Martín Antolínez,—el burgalés de pro;
el obispo don Jerome,—clérigo mayor;
Alvar Álvarez—y Alvar Salvadórez,
Muño Gustioz,—el caballero de pro,

---

[157] El juglar indica que los infantes de Carrión se encontraban en muy mala situación económica, y para prepararse a acudir a las vistas tenían que pedir prestado; esta necesidad en que se hallaban, y su natural codicia, les hace desear el casamiento con las hijas del Cid.

[158] Es decir, que no encontraban dificultad alguna en hallar prestado, pues los fiadores se lo entregaban de buena gana, seguros de que iban a enriquecerse con las bodas.

[159] Los condes eran a modo de gobernadores de las comarcas, por delegación del rey. Los podestades eran los ricos homes que reglan, bajo la autoridad del conde, una fortaleza o pueblo.

Galindo García.—el de Aragón:
éstos se componen—para ir con el Campeador,
y todos los otros—cuantos allí están.
Alvar Salvadórez—y Galindo García, el de Aragón,
a estos dos—mandó el Campeador
que custodien Valencia—de alma y de corazón,
y todos los otros—que en poder de éstos quedasen.
Las puertas del alcázar,—el Cid lo mandó,
que no se abriesen—de día ni de noche;
dentro están su mujer—y sus dos hijas,
en que tiene su alma—y su corazón,
y otras dueñas—que las sirven a su gusto;
ha recomendado,—como muy buen varón,
que del alcázar—ninguna puede salir,
hasta que vuelva,—el que en buena hora nació[160].
Salen de Valencia,—aguijan con las espuelas.
Tantos caballos de armas,—rollizos y corredores,
el Cid se los ganara,—que no se los dieron de regalo,
Ya se van para las vistas—que con el rey concertó.
Ha llegado un día antes—el rey don Alfonso[161].
Cuando vieron que venía—el buen Campeador,
le salen a recibir—con gran pompa;
cuando los divisó—el que en buena hora nació,
a todos los suyos—mandó detenerse,
menos a aquellos caballeros—que quería de corazón.
Con unos quince—echó pie a tierra,
como lo previniera—el que en buena hora nació;
las rodillas y las manos—puso en tierra,
las hierbas del campo—cogió entre los dientes[162],
llorando,—de jubilosa emoción;
así sabe dar acatamiento—a Alfonso su señor.
De esta manera—se echó a sus pies;
muy gran pesar tuvo—el rey don Alfonso:

---

[160] Sobre las prevenciones de la guarda de Valencia, véase la nota número 118.

[161] El autor del Poema tiene buen cuidado de anteponer la figura del Cid a todas las demás. Por eso hace que el rey Alfonso espere la llegada del Cid, con objeto de que la presentación de éste sea más teatral.

[162] Véase la nota número 146.

«Levantaos—ya, Cid Campeador;
besadme las manos,—pero los pies no;
si no hacéis esto—no tendréis mi afecto.»
Hincado de rodillas—permanecía el Campeador.
«¡Merced a vos os pido,—mi natural señor,
estando así,—dadme vuestro perdón,
que lo oigan todos—cuantos aquí están.»
Dijo el rey: «Esto haré—de alma y de corazón;
aquí os perdono—y os entrego mi afecto,
en todo mi reino—desde hoy os doy acogida.»
Habló el Cid—y dijo esta razón:
«Merced; yo lo recibo,—Alfonso mi señor,
se lo agradezco a Dios del cielo—y después a vos,
y a estas mesnadas—que están alrededor.»
Hincado de rodillas—las manos le besó.
Púsose en pie—y le besó en la boca.
Todos los demás—de esto se alegran;
causó pesadumbre a Alvar Díaz[163]—y a García Ordóñez.
Habló el Cid—y dijo esta razón:
«Esto agradezco—al Padre Criador,
que teniendo la gracia—de Alfonso mi señor,
Dios ha de valerme—de día y de noche.
Fueseis mi huésped,—si os pluguiese, señor.»
Dijo el rey:—«No es razonable esta vez:
vos, ahora llegasteis,—y nosotros, vinimos anoche;
seréis mi huésped,—Cid Campeador,
y mañana haremos—lo que os pluguiere a vos.»
Besole la mano—el Cid, lo otorgó.
Entonces le saludan—los infantes de Carrión:
«¡Te saludamos, Cid;—en buena hora naciste!
En cuanto nos sea posible—te ayudaremos.»
Repuso el Cid:—«¡Así lo mande el Criador!»
El Cid Ruy Díaz,—que en buena hora nació,
aquel día—fue huésped del rey;
no se hartaba de él[164],—tan de verdad le quería;
mirándole despacio la barba,—que tan pronto le creció[165].

---

[163] Éste era gobernador de Oca, pueblo cerca de Burgos, y de siempre muy enemigo del Cid.
[164] «no se hartaba de él, el rey».

Maravíllanse del Cid—todos los que allí están.
Pasa el día—y llega la noche.
Al otro día por la mañana,—sale el sol claro;
el Campeador—a los suyos mandó
que guisasen comida—para todos los que allí están;
de tal manera los satisface—el Cid Campeador,
que todos estaban alegres—y coinciden en lo mismo:
desde hace tres años—no comieran mejor.
Al otro día por la mañana,—así que salió el sol,
el obispo don Jerome—la misa cantó.
Al salir de la misa—se reúnen todos;
el rey, en seguida,—comenzó a decir:
«¡Oídme, mesnadas,—condes e infanzones!
Proponer quiero un ruego—al Cid Campeador;
así mande Cristo—que sea en su provecho.
Vuestras hijas os pido,—doña Elvira y doña Sol,
que las deis por mujeres,—a los infantes de Carrión.
Paréceme el casamiento—honrado y de gran provecho;
ellos os las piden—y yo os lo demando.
De una y otra parte,—cuantos aquí están,
los míos y los vuestros,—que sean intermediarios;
¡dádselas, Cid,—que os valga el Criador!»
«No debiera casar mis hijas».—repuso el Campeador,
«porque no tienen edad.—son pequeñas[166].
De gran nombre son—los infantes de Carrión.
a propósito para mis hijas—y aun para mejores.
Yo engendré las dos—y vos las criasteis,
tanto yo como ellas—estamos a vuestra merced;
tomadlas por vuestra mano—a doña Elvira y doña Sol.
y dadlas vos a quien quisiéredes,—que yo estaré satisfecho.»
«Gracias», dijo el rey.—«a vos y a toda esta corte».
Luego se levantaron—los infantes de Carrión,
van a besar las manos—al que en buena hora nació;
cambiaron las espadas—ante el rey don Alfonso[167].

---

[165] La barba, que tan pronto le creciera con relación a su grandor, que el rey contemplaba admirado.
[166] Las hijas del Cid debían de tener entonces de trece a quince años.
[167] En señal de parentesco se cambiaban al concederse la palabra en las peticiones de boda, las armas, los mantos y aun los trajes.

Habló el rey don Alfonso—como buen señor:
«Gracias, Cid, como muy bueno.—y predilecto del Criador,
que me dais vuestras hijas—para los infantes de Carrión.
Desde ahora las tomo en mis manos—doña Elvira y doña Sol,
y las doy por esposas—a los infantes de Carrión
Yo caso a vuestras hijas—con vuestro asentimiento,
el Criador quiera—que en ello tengáis satisfacción.
He ahí, en vuestras manos,—los infantes de Carrión,
ellos vayan con vosotros,—que de aquí me vuelvo yo.
Trescientos marcos de plata—en ayuda les doy yo[168],
para que lo empleen en sus bodas—o en lo que quisiereis vos;
pues estando en vuestro poder—en Valencia la mayor,
los yernos y las hijas—todos son hijos vuestros:
lo que os pluguiere—haced de ellos, Campeador.»
El Cid los toma,—y las manos le besó:
«¡Mucho os lo agradezco,—como a rey y a señor!
Vos casáis mis hijas,—y las dais, que no yo»[169].
Concertadas las palabras,—y cambiados los presentes.
que al otro día de mañana—cuando saliese el sol,
que tornase cada uno—adonde había salido.
Aquí gastó inusitadamente—el Cid Campeador:
tanta robusta mula—y tanto palafrén a propósito.
tantos buenos vestidos—que son de valor,
empezó a dar el Cid—a quien quisiere tomarlos;
a cada uno lo que pide;—a nadie le dice que no.
El Cid, de los caballas—regaló sesenta.
Todos están satisfechos de las vistas—cuantos allí están;
se quieren marchar,—que iba avanzada la noche.
El rey a los infantes—cogió de las manos,
entregolos—al Cid Campeador:
»He aquí a vuestros hijos,—puesto que son vuestros yernos
en adelante, encargaos—de ellos, Campeador;
que os sirvan como a padre—y os guarden como a señor.»
«Os lo agradezco, rey,—y tomo vuestro don;
Dios que está en el cielo—os dé tan buen premio.»

---

[168] La «ayuda» era el regalo que hacía el padrino en las bodas, sobre todo cuando se trataba de señor que apadrinaba a su vasallo.

[169] El juglar insiste mucho en relevar de toda responsabilidad al Cid, ya que el resultado de las bodas de sus hijas con los infantes de Carrión es tan desastroso.

105

**El Cid no quiere entregar las hijas por sí mismo.
—Minaya será representante del rey.**

«Yo os pido merced—a vos, rey natural:
puesto que casáis mis hijas,—como a vos os place,
designad un representante a quien las dé,—que en vuestro nombre las tome;
no se las daré yo por mi mano,—ni de ello se alabarán»[170].
Respondió el rey:—«He aquí a Alvar Fáñez;
tomadlas con vuestras manos—y dadlas a los infantes,
así como yo las tomo aquí,—como si estuviesen presentes
sed padrino de ellas—en las velaciones;
y cuando volváis a mi lado—contadme el suceso.»
Dijo Alvar Fáñez:—«Señor, a fe que me place.»

106

El Cid se despide del rey.—Regalos.

Todo esto es hecho,—sabed, con gran cuidado.
«Ahora, rey don Alfonso,—señor tan honrado,
de estas vistas que hemos tenido,—tomad algo de lo mío.
Os traigo treinta palafrenes,—éstos bien pertrechados,
y treinta caballos corredores,—éstos bien ensillados;
tomad esto,—y beso vuestras manos.»
Dijo el rey don Alfonso:—«Mucho me habéis abrumado.
Recibo este don—que me habéis concedido;
plegue al Criador,—con todos sus santos,
que este placer que me dais—sea bien recompensado.
¡Cid Ruy Díaz,—mucho me habéis honrado,
de vos bien soy servido,—y téngome por satisfecho;
si vivo,—en mí encontraréis recompensa!
A Dios os encomiendo,—de estas vistas me voy.
¡Ojalá Dios del cielo—lo ponga a su cuidado!»

---

[170] Véase la nota anterior.

107

Muchos del rey se van con el Cid a Valencia.—Los infantes acompañados por Pedro Bermúdez.

Sobre su caballo Babieca—subió el Cid:
«Aquí lo digo,—ante mi señor el rey Alfonso:
el que quiera ir a las bodas,—o recibir mi dádiva,
desde aquí venga conmigo;—aseguro que tendrá provecho.»
Ya se despide el Cid—de su señor Alfonso,
no quiere que salga a despedirle,—allí mismo se separó de él.
Veríais caballeros,—que bien puestos son,
besar las manos,—despidiéndose del rey Alfonso:
«Tened la merced—y perdonadnos esto:
iremos con el Cid—a Valencia la mayor;
asistiremos a las bodas—de los infantes de Carrión
y de las hijas del Cid,—de doña Elvira y doña Sol.»
Esto le pareció bien al rey,—y a todos les dio permiso;
el acompañamiento del Cid crece,—y el del rey menguó,
numerosas son las gentes—que van con el Campeador.
  Se dirigían para Valencia,—la que en buen punto ganó.
A Fernando y a Diego—escoltarles mandó
a Pedro Bermúdez—y Muño Gustioz
—en casa del Cid—no hay dos mejores—,
que supiesen las costumbres—de los infantes de Carrión.
Y va con ellos Asur González[171],—que era bullanguero,
que es largo de lengua,—mas en cuanto al nombre es tan de pro.
Muchos honran—a los infantes de Carrión.
Helos en Valencia,—la que el Cid ganó;
cuando en ella aparecieron,—las alegrías son mayores.
Dijo el Cid a don Pedro—y a Muño Gustioz:
«Dadles un albergue—a los infantes de Carrión,
y vos con ellos permaneced,—que así os lo mando yo.
Cuando viniere la mañana,—y apuntare el sol,
verán a sus esposas,—a doña Elvira y a doña Sol.»

---

[171] Este Asur González es el hermano de los infantes de Carrión, de que hemos hablado en la nota número 145.

108

El Cid anuncia a Jimena el casamiento.

Todos esa noche—fueron a sus posadas.
el Cid Campeador—al alcázar entraba;
Recibiolo doña Jimena—y sus dos hijas:
«¿Venís, Campeador,—en buena hora ceñiste espada?
¡Durante mucho tiempo—podamos vernos!»
«¡Gracias al Criador,—vengo, mujer honrada!
¡Vernos os traigo—de los que tendremos mayor honra;
agradecédmelo, hijas mías,—que bien os he casado!»

109

Doña Jimena y las hijas se muestran satisfechas.

Besáronle las manos—la mujer y las hijas
y todas las dueñas—de quien son servidas:
«¡Gracias al Criador—y a vos, Cid, hermosa barba!
Todo lo que vos hacéis—está bien hecho.
¡No serán desgraciadas—en todos vuestros días!»
«Cuando vos nos caséis, bien ricas seremos.»

110

El Cid recela del casamiento.

«Mujer, doña Jimena,—gracias al Criador.
A vosotras digo, hijas mías,—doña Elvira y doña Sol:
con este vuestro casamiento—creceremos en honor;
pero sabed en verdad—que no lo inicié yo:
os ha pedido y rogado—mi señor Alfonso,
tan firmemente—y de todo corazón,
que yo por nada—no le supe decir que no.
Os puse en sus manos,—hijas mías;
bien me lo podéis creer,—que él os casa, que yo no.»

111

Preparativos de las bodas.—Presentación de los infantes.—Minaya entrega las esposas a los infantes.—Bendiciones y misa.—Fiestas durante quince días.—Las bodas acaban.—Regalos a los convidados. — El juglar se despide de sus oyentes.

    Empezaron a arreglar—entonces el palacio,
cubierto de tapices—por el suelo y por las paredes,
tanta púrpura y tanta tela de seda—y tanto paño de precio.
Gusto hubierais de estar—y de comer en palacio.
Todos sus caballeros—aprisa se reúnen.
Por los infantes de Carrión—entonces enviaron,
cabalgan los infantes,—delante se dirigían al palacio,
con buenos vestidos,—y muy bien ataviados;
a pie y con gusto,—¡Dios, qué comedidos entraron!
Recibiolos el Cid—con todos sus vasallos;
a él y a su mujer—primero les saludaron,
e iban a sentarse—en un precioso escaño.
Todos los del Cid—también están prudentes,
están fijando su atención—en el que en buena hora nació.
El Campeador—se pone en pie:
«Puesto que lo tenemos que hacer,—¿por qué vamos a retardarlo?
¡Venid acá, Alvar Fáñez,—al que yo quiero y amo!
He aquí a mis dos hijas,—póngolas en vuestra mano;
sabéis que al rey—así se lo he pedido,
no quiero faltar en nada—de cuanto se halla concertado:
a los infantes de Carrión—dadlas con vuestra mano,
y tomen las bendiciones—y vayamos despachando.»
Entonces dijo Minaya:—«Esto haré con gusto.»
Levantáronse en pie—y cogiolas de las manos.
A los infantes de Carrión—Minaya va hablando:
«Heos delante de Minaya,—los dos sois hermanos.
Por mano del rey Alfonso,—que a mí me lo hubo mandado,
os doy estas damas,—ambas son hijasdalgo,
que las tomaseis por mujeres—a vuestra honra y cuidado.»
Ambos las reciben—con amor y agrado,
al Cid y a su mujer—van a besar la mano.
Cuando hubieron hecho esto,—salieron del palacio,
hacia Santa María—aprisa se dirigen;
el obispo don Jerome—vistiose sin tardanza,

a la puerta de la iglesia—estábalos esperando;
dioles las bendiciones,—la misa ha cantado.
Al salir de la iglesia—cabalgaron de prisa,
a la glera de Valencia—se salieron;
¡Dios, qué bien jugaron las armas—el Cid y sus vasallos!
Tres caballos cambió—el que en buena hora nació.
El Cid de lo que veía,—estaba muy contento:
los infantes de Carrión—han cabalgado bien.
Vuélvense con las damas,—a Valencia han entrado;
ricas fueron las bodas—en el alcázar honrado,
y al otro día hizo el Cid—armar siete tablados:
antes que entrasen a comer—todos los quebrantaron.
Quince días cumplidos—duraron las bodas,
pasados los quince días—se van ya los hijosdalgo.
El Cid don Rodrigo,—el que en buena hora nació,
entre palafrenes y muías—y corredores caballos,
y otras bestias,—casi ciento ha regalado;
mantos y pieles—y otros vestidos en abundancia;
no se pudieron contar—los dineros.
Los vasallos del Cid,—puestos de acuerdo,
cada uno de por sí—sus dones había dado.
El que quería tomar—era bien colmado;
ricos vuelven a Castilla—los que a las bodas asistieron.
Ya se iban marchando—aquellos huéspedes,
despidiéndose de Ruy Díaz,—el que en buena hora nació.
y de todas las damas—y de los hijosdalgo;
satisfechos se van—del Cid y de sus vasallos.
Mucho bueno dicen de ellos,—que así es lo razonable.
Estaban muy alegres—Diego y Fernando;
éstos eran los hijos—del conde don Gonzalo.
Han llegado a Castilla—estos huéspedes,
el Cid y sus yernos—en Valencia se quedaron.
Allí viven los infantes—muy cerca de dos años,
los agasajos que les hacen—son muy extraordinarios,
Alegre estaba el Cid—y todos sus vasallos.
¡Plazca a Santa María—y al Padre Santo
que esté satisfecho del casamiento—el Cid o el que lo estimó en algo!
Las coplas de este cantar—aquí se acaban.
El Criador os valga—con todos sus santos.

CANTAR TERCERO

LA AFRENTA DE CORPES

112

Suéltase el león del Cid.—Miedo de los Infantes de Carrión. El Cid amansa al león.—Vergüenza de los Infantes.

En Valencia estaba—el Cid con todos los suyos,
con él sus dos yernos,—los infantes de Carrión.
Echado en un escaño—dormía el Campeador,
mala sorpresa,—sabed, que les aconteció:
saliose de la jaula—y desatose el león.
Un gran miedo cundió—por toda la corte;
embrazan los mantos—los del Campeador,
y cercan el escaño,—y se colocan alrededor de su señor.
Fernando González,—infante de Carrión,
no vio donde esconderse,—ni cámara abierta ni torre;
se metió debajo del escaño,—tanto miedo tuvo.
Diego González—salió por la puerta,
gritando:—«¡No veré Carrión!»
Tras una viga de lagar—metiose con gran miedo;
el manto y el brial[172]—todos sucios los sacó.
En esto despertó—el que en buena hora nació;
vio cercado el escaño—de sus buenos varones:
«¿Qué es esto, mesnadas,—o qué queréis vosotros?»
«Ah, señor honrado,—sobresalto nos dio el león.»
El Cid hincó el codo[173],—y se puso en pie,
el manto colgado al cuello,—se dirigió al león;

---

[172] El brial era una especie de túnica, que cubría desde los hombros hasta casi los tobillos unas veces con mangas y otras sin ellas, y, por lo general, hecha con una tela entretejida con oro o plata. Esta túnica estaba hendida por delante y por detrás, de modo que al montar a caballo caía por ambos lados cubriendo las piernas. El brial se llamaba comúnmente ciclatón, por ser ésta la clase de tela que se usaba para construirle; este brial se colocaba encima de la camisa y debajo del manto, la piel, el pellizón, etc.

[173] Hincó el codo sobre el escaño para incorporarse.

el león cuando le vio,—de tal modo se intimidó,
(que) ante el Cid la cabeza—bajó e hincó el hocico.
El Cid don Rodrigo—le cogió por el cuello,
le lleva del diestro,—en la jaula le metió[174].
A maravilla lo tienen—cuantos allí están
y vuélvense al palacio,—a la corte.
El Cid por sus yernos—preguntó y no los halló:
a pesar de que los están llamando,—ninguno responde.
Cuando los hallaron,—venían descoloridos;
nunca vieseis tal diversión—como corría por la corte
lo prohibió el Cid—Campeador.[175];
Mucho se avergonzaron—los infantes de Carrión,
mucho les pesa—de esto que les ha ocurrido.

113

El rey Búcar de Marruecos ataca a Valencia.

Estando en esto ellos,—por lo que tenían gran pesadumbre.
fuerzas de Marruecos—vienen a cercar Valencia;
en el campo de Cuarte—se asentaron,
cincuenta mil tiendas—cabales hay hincadas;
éste era el rey Búcar[176],—si oísteis hablar de él.

---

[174] Parece ser que este episodio del león se tiene más por fingido que por cierto, ya que en algunos poemas, y en bastantes historias o novelas, el héroe repite escenas muy parecidas a la del Cid con el león en Valencia, y bien pudiera ser que el juglar interpolase este episodio para dar mayor realce a la figura del protagonista. Como en el episodio de las arcas de arena, podemos elegir entre la leyenda y la realidad. No es menos cierto que era costumbre en aquellos tiempos tener por ostentación, en los palacios de los grandes, fieras enjauladas, y pudiera ocurrir que en el Alcázar valenciano el Cid tuviera alguna, entre ellas el león que el Poema dice. Pero todavía, la intención de este episodio es más marcada para escarnecer y ridiculizar a los infantes de Carrión al mismo tiempo que se revalora la figura del Cid.

[175] La burla que la corte hace de los infantes de Carrión sirve de base para la traición de Corpes, utilizando ésta como ruin venganza de aquélla. Hay que reconocer, pues, que si el suceso del león es fantástico, está admirablemente encajado en el sentido de la narración poemática.

[176] Este rey Búcar no aparece en ninguna crónica coetánea: probablemente será alguno de los Abu Beker, pero no puede precisarse esta suposición.

114

Los infantes temen la batalla.—El Cid les reprende.

 Alegrábase el Cid,—y todos sus varones,
que les crece la ganancia,—gracias al Criador.
Mas, sabed, de corazón les pesa—a los infantes de Carrión;
porque ven tantas tiendas de moros—que les disgusta.
Ambos hermanos—se apartan:
«Consideramos la ganancia,—pero no la pérdida;
ahora en esta batalla—tendremos que participar;
esto está determinado—para no ver Carrión,
viudas quedarán—las hijas del Campeador.»
Oyó la confidencia—el Muño Gustioz,
vino con estas noticias—al Cid Campeador:
«He aquí a vuestros yernos—tan valientes son,
que por (*no*) entrar en batalla—desean (*volver a*) Carrión.
Idlos a confortar,—así os valga el Criador,
que estén tranquilos—y no tengan en aquello parte.
Nosotros con vos la venceremos,—y nos ha de valer el Criador.»
El Cid don Rodrigo—se salió sonriendo:
«Dios os salve, yernos,—infantes de Carrión,
en brazos tenéis mis hijas,—tan blancas como el sol!
Yo deseo lides,—y vosotros a Carrión,
en Valencia holgad—cuanto queráis[177],
que de aquellos moros—yo soy conocedor
y a vencerlos me atrevo—con la merced del Criador.»

---

[177] Los caballeros estaban excusados de ir a la guerra durante un año, a partir del día de su boda, y aunque había transcurrido más tiempo, el Cid les ofrece generosamente ese permiso a los infantes de Carrión.

115

Mensaje de Búcar.—Espolonada de los cristianos.—Cobardía del Infante don Fernando. (En el manuscrito hay una omisión de cincuenta versos que se suplen con el texto de la *Crónica de Veinte Reyes.)*—Generosidad de Pedro Bermúdez.

Estaban de esto hablando, cuando envió el rey Búcar a decir al Cid que le dejase Valencia y se fuese en paz; si no, que le pesaría cuanto había hecho. El Cid dijo al que traía el mensaje: «Id a decir a Búcar, a aquel hijo de enemigo, que antes de tres días le daré yo lo que él pide.»

Al otro día el Cid mandó armar todos los suyos y salió a los moros. Los infantes de Carrión pidiéronle entonces la delantera; y después que el Cid tuvo formadas sus filas, don Fernando, uno de los infantes, adelantose para ir a herir a un moro a quien llamaban Aladraf. El moro, cuando le vio, volvió contra él; y el infante, tomándole gran miedo, volvió la rienda y huyó sin osar esperarle.

Pedro Bermúdez, que estaba cerca de él, cuando aquello
vio, fue a herir al moro, y con él peleó y lo mató. Después tomó el caballo del moro y se fue detrás del infante, que iba huyendo, y díjole; «Don Fernando, tomad este caballo y decid a todos que vos matasteis al moro de quien era, y yo lo otorgaré con vos.»

El infante le dijo: «Don Pedro Bermúdez, mucho os agradezco lo que decís;
aun vea la hora—en que os lo pueda pagar doble.»
Y juntos—se volvieron ambos.
Don Pedro otorga—cuando se alaba Fernando.
Satisfizo al Cid—y a todos sus vasallos:
«Aún si Dios quisiere—y el Padre que está en alto,
mis dos yernos—buenos serán en el campo.»
Esto van diciendo—y las gentes acercándose,
en la hueste de los moros—suenan los tambores;
maravillábanse de esto—muchos de los cristianos[178],
que nunca lo vieran,—los que habían llegado nuevos.
Más se maravillan—don Diego y don Fernando,

---

[178] Ya hemos dicho anteriormente que los cristianos no usaban tambores, y, por lo tanto, los nuevos combatientes se sorprendían al oír en los campamentos moros el ruido de estos instrumentos.

por su voluntad—no se acercarían allí.
Oíd lo que habló—el que en buena hora nació:
«¡Hola, Pedro Bermúdez,—mi querido sobrino!
Cuídeseme a Diego—y cuídeseme a Fernando,
mis dos yernos,—que los amo mucho,
que los moros, con Dios,—no quedarán en el campo.»

116

**Pedro Bermúdez se desentiende de los infantes.
—Minaya y don Jerónimo piden el primer puesto en la batalla.**

«Yo os pido, Cid,—por caridad,
que hoy los infantes—no me tengan a mí por ayo;
cuídelos quien quiera,—que de ellos poco me importa.
Yo con *los* míos—quiero atacar delante,
vos con los vuestros—teneos firme a retaguardia;
si hubiere peligro—, bien me podréis socorrer.»
Aquí llegó—Minaya Alvar Fáñez:
«¡Oíd, oh Cid—Campeador leal!
Esta batalla,—el Criador la hará,
y vos tan digno—que de él tenéis acogida
Mándanos—atacar de la parte que se te antojare,
el deber que cada uno tiene—será cumplido.
Lo hemos de ver con Dios—y con vuestra ventara.»
Dijo el Cid:—«Tengamos calma.»
He aquí al obispo don Jerome,—que estaba muy bien armado.
Detúvose ante el Campeador,—siempre con su entusiasmo.
«Hoy os dije la misa—de Santa Trinidad.
Por eso salí de mi tierra—y vine a buscaros,
por el placer que tenía—de matar moros;
mi orden y mis manos—quería honrarlas,
y en estas heridas—yo quiero ser el primero.
Pendón llevo con corzas (?)—por blasón[179],
si pluguiese a Dios—las querría probar,
mi corazón—que pudiese holgarse,

---

[179] Acaso el obispo llevaba pintadas en sus armas, como emblema, unas corzas, pues era costumbre de los caballeros principales usar en la batalla su blasón para ser fácilmente reconocidos por las mesnadas.

y vos, Cid,—de mí estar más satisfecho.
Si este favor no me hacéis,—me quiero ir de vuestro lado.»
Entonces dijo el Cid:—«Me place lo que vos queréis.
He ahí que ya se ven los moros,—Idlos a probar.
Nosotros desde aquí veremos—cómo lucha el abad.»

117

**El obispo rompe la batalla,—El Cid acomete.
—Invade el campamento de los moros.**

El obispo don Jerome—salió a galope,
e íbalos a herir—por un extremo del campamento.
Por su ventura—y Dios que le protegía,
a los primeros golpes—dos moros mató.
El astil ha quebrado—y metió mano a la espada.
Ensayábase el obispo,—¡Dios, qué bien luchaba!
Dos mató con lanza—y cinco con la espada.
Los moros, que son muchos,—en derredor le cercaban,
dábanle grandes golpes,—mas no le falseaban sus armas.
El que en buena hora nació—los ojos le clavaba,
embrazó el escudo—e inclinó el asta,
aguijó a Babieca,—el caballo corredor,
fuelos a herir—de corazón y de alma.
En las primeras filas—el Campeador entraba,
abatió a siete—y a cuatro mataba.
Quiso Dios—que ésta fuese la victoria.
El Cid con los suyos—los da alcance;
veríais partirse tantas cuerdas—y arrancarse las estacas.
caerse los puntales,—que tenían muchos adornos.
Los del Cid a los de Búcar—de las tiendas los echan.

118

**Los cristianos persiguen al enemigo.—El Cid alcanza y mata a
Búcar.—Gana la espada Tizona.**

Los echan de las tiendas,—y los dan alcance;
tanto brazo con loriga—veríais caer cortado,
tantas cabezas con yelmos—que por el campo caen,
caballos sin dueños—ir por todas partes.
Siete millas cumplidas—duró el perseguir.

El Cid al rey Búcar—dio alcance:
«¡Vuelve acá, Búcar!—Viniste de allende el mar.
Te has de ver con el Cid,—el de la gran barba,
hemos de besarnos ambos,—y pactarnos amistad.»
Repuso Búcar al Cid:—«¡Confunda Dios tal amistad!
Espada tienes en la mano—y te veo aguijar;
se me figura—que en mí la quieres probar.
Mas si el caballo no tropieza—o conmigo no cae.
no te acercarás a mí—hasta dentro del mar.»
Aquí repuso el Cid:—«Esto no será verdad.»
Buen caballo tiene Búcar—y grandes saltos da,
mas Babieca el del Cid—alcanzándolo va.
Alcanzó el Cid a Búcar—a tres brazas del mar,
levantó la Colada—y un buen golpe le da,
los rubíes del yelmo—se los arranca,
cortole el yelmo—y pasándole todo él,
hasta la cintura—le llegó la espada.
Mató a Búcar,—el rey de allende el mar,
y ganó a Tizona,—que mil marcos de oro vale.
Venció la batalla—maravillosa y grande,
aquí se honró el Cid—y cuantos con él estaban.

119

Los del Cid vuelven del alcance.—El Cid, satisfecho de sus yernos.—Éstos, avergonzados.—Ganancias de la victoria.

Con estas ganancias—ya se iban volviendo;
sabed todos de firme—saqueaban el campo.
A las tiendas llegaron—con el que en buena hora nació,
el Cid Ruy Díaz,—el Campeador insigne,
con dos espadas—que él preciaba mucho.
Por la matanza—venía jadeante,
el rostro contraído,—suelto el almófar,
sobre el pelo la cofia—un poco fruncida.
De todas partes—sus vasallos van llegando;
algo ve el Cid—de lo que está satisfecho,
alzó sus ojos,—estaba mirando,
y vio venir—a Diego y a Fernando;
ambos son hijos—del conde don Gonzalo.
Alegrose el Cid,—sonriendo hermoso:
«¿Venís, yernos míos.—ambos sois mis hijos!

Sé que de luchar—estáis bien satisfechos;
a Carrión de vosotros—irán buenas noticias,
como al rey Búcar—hemos vencido.
Yo confío en Dios—y en todos sus santos,
que de esta victoria—saldremos satisfechos.»
Minaya Alvar Fáñez—llegaba entonces,
trae el escudo al cuello—y todo señalado de espadazos[180];
las lanzadas—eran incontables;
aquellos que se las dieran—no lo habían logrado[181].
Por el codo abajo—la sangre chorreando;
de veinte moros para arriba—ha matado:
«¡Gracias a Dios—y al padre que está en lo alto,
y a vos, Cid,—que en buena hora fuiste nacido!
Mataste a Búcar—y vencimos en el campo.
Todos estos bienes—de vos son y de vuestros vasallos,
y vuestros yernos—están aquí probados,
cansados de luchar—con moros en el campo.»
Dijo el Cid:—«Yo de esto estoy satisfecho;
cuando ahora son buenos,—después serán mejores.»
De buena voluntad lo dijo el Cid,—mas ellos lo tuvieron por escarnio.
Todas las ganancias—han llegado a Valencia;
alegre está el Cid—con todos sus vasallos,
a cada ración tocan—seiscientos marcos de plata[182].
Los yernos del Cid,—cuando esto tomaron
de esta victoria—y lo tienen en su poder,
creyeron que en sus días—nunca serían menguados.
Fueron en Valencia—muy bien ataviados,
comidas abundantes,—buenas pieles y buenos mantos.
Están muy alegres—el Cid y sus vasallos.

---

[180] Cuando los caballeros iban de camino, armados, llevaban el escudo colgado del cuello, para poder jugar libremente los brazos mientras aquél les cubría la espalda.

[181] Todos los lanzazos que recibiera Minaya los había soportado el escudo, sin que hubieran logrado los moros herirle a él.

[182] A cada porción hecha por los quiñoneros para cada uno de los hombres de las mesnadas.

120

El Cid, satisfecho de su victoria y de sus yernos.

Grande fue el día—en la corte del Campeador,
después que esta batalla vencieron—y al rey Búcar mató,
alzó la mano,—y se cogió la barba:
«Gracias a Cristo,—que del mundo es señor,
cuando veo—lo que tanto tenía gusto,
que lidiaran conmigo en el campo—mis dos yernos:
buenas noticias irán—de ellos a Carrión,
cómo son honrados—y nos sirven de gran provecho.»

121

Reparto del botín.

Extraordinarias son las ganancias—que todos han ganado,
lo uno es de ellos,—lo otro lo tienen en salvo[183].
Mandó el Cid,—el que en buena hora nació,
de esta batalla—que han ganado
que todos tomasen—lo que les corresponde,
y el quinto del Cid—no fuese olvidado.
Así lo hacen todos,—porque eran prudentes.
Cayéronle en su quinta al Cid—seiscientos caballos,
y otras acémilas—y camellos en abundancia,
tantísimos son—que no se pueden contar.

122

El Cid, en el colmo de su gloria, piensa dominar Marruecos.—Los Infantes, ricos y honrados, en la corte del Cid.

Todas estas ganancias—hizo el Campeador.
«¡Gracias a Dios,—que del mundo es señor!
Antes fui pobre,—ahora rico soy,

---

[183] Probablemente quiere decir que parte ya se ha dividido, y que lo otro lo reservaban para hacer los quiñones. Véase cómo después el Cid manda repartir.

que tengo bienes y tierra—y oro y honor,
y son mis yernos—infantes de Carrión;
venzo las lides—como place al Criador,
moros y cristianos—de mí tienen gran miedo.
Allá en Marruecos,—donde están las mezquitas,
qué pensarán de mi asalto,—quizá alguna noche
ellos lo temen,—que no lo pienso yo:
no los iré a buscar,—en Valencia me estaré,
ellos me darán parias—con ayuda del Criador,
que paguen a mí—o a quien yo quisiere.»
Grande es la alegría—en Valencia la mayor
de todas las compañías—del Cid Campeador,
de esta victoria—en que lucharon de corazón;
grande es la alegría—de sus dos yernos:
por valor de cinco mil marcos—ganaron ambos:
se tienen por muy ricos—los infantes de Carrión.
Ellos con los otros—vinieron a la corte;
aquí está con el Cid—el obispo don Jerome,
el bueno de Alvar Fáñez,—caballero luchador,
y otros muchos—que crió el Campeador;
cuando entraron—los infantes de Carrión,
recibiolos Minaya—por el Cid Campeador:
«Acá venid, cuñados[184],—que más valemos por vos.»
Así que llegaron,—alegrose el Campeador:
«He aquí, yernos,—mi mujer honrada,
y mis hijas,—doña Elvira y doña Sol;
que os abracen bien—y os sirvan de corazón.
¡Gracias a Santa María,—Madre de nuestro señor Dios!
De estos vuestros casamientos—vos tendréis honra.
Buenas noticias irán—a tierra de Carrión.»

123

Vanidad de los infantes.—Burlas de que ellos son objeto.

A estas palabras—habló el infante Fernando:
«Gracias al Criador—y a vos, Cid honrado,

---

[184] La palabra cuñado está empleada aquí como pariente, ya que los infantes de Carrión son los maridos de sus primas.

tantos bienes tenemos—que no se pueden contar:
por vos tenemos honra—y hemos batallado,
vencimos moros—en el campo y matamos
a aquel rey Búcar,—traidor probado.
Pensad en lo otro,—que lo nuestro tenemos en salvo.»
Los vasallos del Cid—estábanse sonriendo:
de quién luchara mejor—o quién fuera en el alcance;
mas no hallaban allí—a Diego ni Fernando.
Por estas bromas—que iban creciendo,
continuamente—los estaban escarmentando,
malintencionadamente se pusieron de acuerdo—ambos infantes.
Los dos se retiraron aparte,—verdaderamente son hermanos;
de esto que ellos hablaron—nosotros no tengamos parte[185];
«Vayamos a Carrión,—aquí hace mucho que estamos.
Los bienes que tenemos—grandes son y sobrados,
gastarlos no podremos—en toda nuestra vida.»

124

Los infantes deciden afrentar a las hijas del Cid.—Piden al Cid sus mujeres para llevarlas a Carrión.—El Cid accede.—Ajuar que da a sus hijas.—Los infantes se disponen a marchar.—Las hijas se despiden del padre.

«Pidamos nuestras mujeres—al Cid Campeador,
digamos que las llevaremos—a tierras de Carrión,
para enseñarlas—sus heredades[186].
Las sacaremos de Valencia,—de la tutela del Campeador;
después en el camino—haremos lo que queramos,
antes que nos echen en cara—lo que nos sucedió con el león.
¡Nosotros somos de cuna—de condes de Carrión!
Nos llevaremos muchos bienes—que tienen gran valor;
escarneceremos—a las hijas del Campeador.»
«Con estos bienes—siempre seremos ricoshombres,
podremos casarnos con hijas—de reyes o de emperadores,

---

[185] El juglar hace esta salvedad, pues tal es la repugnancia que le produce la traición de los infantes.

[186] Las tierras que poseían en Carrión los infantes, y que por el matrimonio han pasado a ser copropiedad de las hijas del Cid.

porque dé cuna somos—de condes de Carrión.
Así, escarneceremos—a las hijas del Campeador,
antes de que nos echen—en cara lo que pasó del león.»
Con este acuerdo—ambos volvieron,
habló Fernando González—y enmudeció la corte:
«¡Así os valga el Criador,—Cid Campeador!
Que plazca a doña Jimena—y primero a vos
y a Minaya Alvar Fáñez:—y a cuantos aquí están:
dadnos nuestras mujeres—que tenemos por matrimonió;
las hemos de llevar—a nuestras tierras dé Carrión,
las hemos de posesionar de sus arras—que les dimos por heredades;
verán vuestras hijas—lo que nosotros tenemos,
los hijos que tuviéremos—en qué tendrán parte.»[187]
No recelaba afrenta—el Cid Campeador:
«Os daré mis hijas—y algo de lo mío;
vos las disteis villas por arras—en tierras de Carrión,
yo quiero darles ajuar—de tres mil marcos de valor;
os daré muías y palafrenes,—muy rollizos,
caballos para batalla,—fuertes y corredores,
y muchos vestidos—de paños y de ciclatones;
os he de dar dos espadas,—la Colada y la Tizona,
bien sabéis vosotros que las gané—por hombría;
ambos sois mis hijos,—cuando mis hijas os doy;
allá me lleváis—las telas del corazón.
Que lo sepan en Galicia,—en Castilla y en León,
con qué riqueza envío—a mis dos yernos.
Servid a mis hijas,—que son vuestras mujeres;
y si las servís bien,—yo os daré buen premio.»
Esto han otorgado—los infantes de Carrión.
Aquí reciben—las hijas del Campeador;
empiezan a recibir—lo que el Cid mandó.
Cuando están satisfechos—del todo,
mandaban cargar—los infantes de Carrión.
Grande es la animación—por Valencia la mayor,
todos toman las armas—y cabalgan con brío,
porque se van las hijas del Cid—a tierras de Carrión.

---

[187] Las villas y tierras que el marido daba a la mujer, ésta no podía disponer libremente de ellas si tenía hijos, sino que había de reservarlas para entregárselas en herencia.

Ya van a cabalgar,—están despidiéndose.
Ambas hermanas,—doña Elvira y doña Sol,
se hincaron de rodillas—ante el Cid Campeador:
«¡Merced os pedimos, padre,—así os valga el Criador!
    Vos nos engendrasteis,—nuestra madre nos parió;
aquí nos tenéis a ambas,—señora y señor.
Ahora nos enviáis—a tierras de Carrión,
deber nuestro es cumplir—lo que mandareis vos.
Así, os pedimos merced—ambas,
que tengamos vuestros mensajes—en tierras de Carrión.»
Abrazolas el Cid—y besó en la boca a ambas.

125

Jimena despide a sus hijas.—El Cid cabalga para despedir a los viajeros.—Malos agüeros.

    En hizo esto,—la madre el doble:
«¡Andad, hijas; de aquí—el Criador os valga!
De mí y de vuestro padre,—bien tenéis nuestro cariño.
Id a Carrión,—donde tenéis heredades,
así como yo me tengo—por haberos casado bien.»
Al padre y a la madre—las manos les besaban;
ambos las bendijeron—y diéronles su gracia.
El Cid y los otros—cabalgan,
con magníficos vestidos,—con caballos y armas.
Ya salen los infantes—de Valencia la clara[188],
despidiéndose de las damas—y de todos sus acompañantes.
Por la huerta de Valencia—salían jugando las armas;
alegre va el Cid—con todos sus acompañantes.
Violo en los agüeros—el que en buena hora ciñó espada
que estos casamientos—no quedarían sin alguna tacha.
No puede arrepentirse—que están casadas ambas.

---

[188] Obsérvese qué bien adjetiva el juglar a Valencia llamándola la «clara», por la luminosidad de su cielo y la blancura de la tierra y del caserío.

126

El Cid envía con sus hijas a Félez Muñoz.—Ultimo adiós.—El Cid torna a Valencia.—Los viajeros llegan a Molina.—Abengalbón les acompaña a Medina.—Los infantes piensan matar a Abengalbón.

«¿Dónde estás, sobrino mío,—tú, Félez Muñoz,
primo eres de mis hijas—de alma y de corazón!
Mándote que vayas con ellas—hasta el mismo Carrión,
verás las heredades—que dan a mis hijas;
con estas noticias—vendrás al Campeador.»
Dijo Félez Muñoz:—«Pláceme de alma y de corazón.»
Minaya Alvar Fáñez—ante el Cid se puso:
«Volvámonos, Cid,—a Valencia la mayor;
que si a Dios pluguiere—y al Padre Criador,
hemos de ir a verlas—a tierras de Carrión.»
«A Dios os encomendamos,—doña Elvira y doña Sol,
haced tales cosas—que nos produzcan a nosotros satisfacción.»
Respondieron los yernos:—«¡Así lo mande Dios!»
Grandes fueron los duelos—a la partida.
El padre con las hijas—lloran de corazón,
así lo hacían—los caballeros del Campeador.
«¡Oye, sobrino,—tú Félez Muñoz!
Por Molina iréis,—y dormiréis una noche;
saludad a mi amigo—el moro Abengalbón[189];
que reciba a mis yernos—como él pudiere mejor;
dile que envío a mis hijas—a tierras de Carrión,
de lo que tuvieren necesidad—que las sirva a su gusto,
que él las acompañe hasta Medinaceli—por mi afecto.
De cuanto él hiciere—yo le daré por ello buen premio.»
Como la uña de la carne—se han separado.
Ya se volvió para Valencia—el que en buena hora nació.
Vanse—los infantes de Carrión;
por Santa María de Albarracín—*(donde)* hicieron posada,
aguijan cuanto pueden—los infantes de Carrión;
helos en Molina—con el moro Abengalbón.

---

[189] Este moro, Abengalbón, no consta en ninguna de las crónicas de su tiempo.

El moro cuando lo supo,—se alegró de corazón;
saliolos a recibir—con grandes alborozos.
¡Dios, qué bien los sirvió—a su gusto a todos!
Otro día por la mañana—con ellos cabalgó,
con doscientos caballeros—despedir los mandó;
iban a atravesar los montes—que llaman de Luzón,
atravesaron Arbujuelo,—y llegaron al Jalón,
donde dicen el Ansarera,—posaron[190].
A las hijas del Cid—dio ofrendas el moro,
sendos caballos buenos—a los infantes de Carrión;
todo esto les hizo el moro—por afecto al Cid Campeador.
Ellos viendo la riqueza—que el moro mostró,
entre ambos hermanos—maquinaron traición:
«Ya que vamos a dejar—a las hijas del Campeador,
si pudiésemos matar—al moro Abengalbón,
todas las riquezas que tiene—podríamos tenerlas nosotros,
Tan a salvo lo tendríamos—como lo de Carrión;
nunca tendría derecho—sobre nosotros el Cid Campeador.»
Cuando esta falsía—dicen los de Carrión,
un moro ladino[191]—bien se lo entendió;
no son sinceros,—díjole a Abengalbón:
«Alcaide, guárdate de éstos,—que eres mi señor:
tu muerte he oído tramar—a los infantes de Carrión.»

127

Abengalbón se despide amenazando a los infantes.

El moro Abengalbón,—era un gran mozo,
con doscientos que tiene—iba cabalgando;
iba jugando las armas,—parose ante los infantes;
de lo que el moro les dijo,—poco gusto tuvieron los infantes:
«Si no fuera—por el Cid de Vivar,
tal cosa os haría—que iba a ser sonada en el mundo,
y luego llevaría a sus hijas—al Campeador leal;
vos en Carrión—no entraríais jamás.»

---

[190] Ansarera es lugar desconocido hoy.
[191] Es decir, que sabía la lengua romance además de la suya propia.

128

El moro se torna a Molina, presintiendo la desgracia de las hijas del Cid.—Los viajeros entran en el reino de Castilla.—Duermen en el robledal de Corpes.—A la mañana quédanse solos los Infantes con sus mujeres y se preparan a maltratarlas.—Ruegos Inútiles de doña Sol.—Crueldad da los Infantes.

«¿Decidme, qué os hice,—infantes de Carrión?
Yo sirviéndoos sin artería,—y vosotros concertando mi muerte.
Aquí me aparto de vosotros—como de malos y traidores.
Me iré con vuestro permiso,—doña Elvira y doña Sol;
poco me importa la fama—de los de Carrión.
Dios lo quiera y lo mande,—que de todo el mundo es señor,
que este casamiento—sea grato al Campeador.»
Esto les ha dicho,—y el moro se volvió;
jugando las armas iba—al cruzar el Jalón;
con buen acuerdo—a Molina se volvió.
    Ya salen de Ansarera—los infantes de Carrión,
andan—de día y de noche;
a la izquierda dejan Atienza—, una peña muy fuerte,
la sierra de Miedos—pasáronla luego,
por los Montes Claros[192]—espolean de prisa;
dejan a la izquierda Griza,—que Alamos pobló[193],
allí están las cuevas—donde a Elfa encerró;
a la derecha dejan a San Esteban,—que cae más lejos.
Entran los infantes—al robledal de Corpes[194],
los montes son altos,—las ramas tocan con las nubes,
y las fieras—andan alrededor.
Hallaron un vergel—con una limpia fuente;
mandan clavar la tienda—los infantes de Carrión,
con cuantos ellos vienen—allí descansan aquella noche,
obsequiosos con sus mujeres—demuéstranles amor;
¡mal se lo cumplieron—cuando salía el sol!

---

[192] Son los montes donde nace el río Jarama.
[193] Se refieren estos versos a una tradición local desconocida.
[194] El robledal de Corpes no existe hoy. Estuvo situado al suroeste de San Esteban de Gormaz; hoy es un campo yermo.

Mandaron cargar las acémilas—con sus numerosos bienes,
recogida la tienda—donde se albergaron de noche,
se han ido delante—los criados:
así lo mandaron—los infantes de Carrión,
que no quede aquí ninguno,—mujer ni hombre,
sino sus dos mujeres,—doña Elvira y doña Sol:
solazarse quieren con ellas—a su gusto.
Todos se han ido—ellos cuatro están solos,
tanto mal meditaron—los infantes de Carrión:
«Bien podéis creerlo—doña Elvira y doña Sol,
aquí seréis escarnecidas—en estos ásperos montes.
Hoy nos iremos,—y os dejaremos;
no tendréis parte—en las tierras de Carrión.
Irán estas noticias—al Cid Campeador;
nosotros nos vengamos con esto—por lo del león.»
Allí les arrancan—los mantos y las pieles
déjanlas a cuerpo—y en camisas y ciclatones.
Espuelas tienen calzadas—los malos traidores,
en la mano toman las cinchas—duras y fuertes,
Cuando esto vieron las damas,—habló doña Sol:
«¡Por Dios os rogamos,—don Diego y don Fernando nuestros!
Dos espadas tenéis—fuertes y cortantes,
a la una llaman Colada—y a la otra Tizona,
cortándonos las cabezas,—mártires seremos nosotras.
Moros y cristianos—hablarán de esto.
que lo que nos merecemos—no lo tenemos.
Tan malos ejemplos—no hagáis con nosotras:
si fuésemos azotadas,—vosotros os envileceríais;
os lo han de demandar—en vistas o en cortes.»
Lo que ruegan las damas—no sirve para nada.
Entonces las comienzan a dar—los infantes de Carrión;
con las cinchas corredizas—las azotan sin duelo;
con las espuelas agudas,—*(las hieren)* donde más les duele,
rompen las camisas y las carnes—a ambas;
brota la limpia sangre—sobre los briales
Ya lo sienten ellas—en sus corazones.
¡Qué ventura sería,—si pluguiese al Criador,
que asomara entonces,—el Cid Campeador!
Tanto las azotaron—que están sin fuerzas;
ensangrentadas las camisas—y los ciclatones.
Cansados están de herir—ellos dos.
Ensayándose ambos—cuál da mejor los golpes.

Ya no pueden hablar—doña Elvira y doña Sol,
por muertas las dejaron—en el robledal del Corpes.

129

Los infantes abandonan a sus mujeres. (Serie gemela.)

Lleváronseles los mantos—y las pieles de armiño,
déjanlas desmayadas—en briales y en camisas,
(expuestas) a las aves del monte—y a las bestias fieras.
Por muertas las dejaron,—sabed, que no por vivas.
¡Qué ventura sería—si asomase entonces, el Cid Ruy Díaz!

130

Los infantes alaban de su cobardía.

Los infantes de Carrión—por muertas las dejaron,
que la una a la otra—no se pueden socorrer.
Por los montes por donde iban,—ellos íbanse alabando:
«De nuestros casamientos—ahora somos vengados»
No las hubiéramos debido tomar *(ni)* por barraganas—si no fuésemos rogados[195],
pues nuestras mujeres legítimas—no podían serlo para nosotros.
La deshonra del león—así se irá vengando.»

131

Félez Muñoz sospecha de los Infantes—Vuelve atrás en busca de las hijas del Cid.—Las reanima y las lleva en su caballo a San Esteban de Gormaz.—Llega al Cid la noticia de su deshonra.—Minaya va a San Esteban a recogerlas.—Entrevista de Minaya con sus primas.

Alabándose iban—los infantes de Carrión.
Mas yo os diré—de aquel Félez Muñoz;
sobrino era—del Cid Campeador;

---

[195] Se alaban los infantes de que aun para barraganas no les servían las hijas del Cid, y que para aceptarlas como tales debieran haber sido instados por un «rogador», que era el que intercedía en los matrimonios.

mandáronle ir delante,—mas no fue de su voluntad.
Por el camino—diole una corazonada,
de todos los demás—se apartó,
en un monte espeso—Félez Muñoz se metió,
hasta que viese venir—a sus dos primas
o qué han hecho—los infantes de Carrión.
Violos venir—y oyó su conversación,
ellos no le vieron—ni de esto sabían nada;
estad seguros que si ellos le viesen—no escapara de la muerte.
Vanse los infantes,—aguijan con la espuela.
Por el rastro—se volvió Félez Muñoz,
halló a sus primas—desmayadas ambas.
Llamando: «¡Primas, primas!»,—se apeó en seguida,
ató el caballo,.—y a ellas se dirigió:
«¡Ah primas, primas mías,—doña Elvira y doña Sol,
mala proeza hicieron—lon infantes de Carrión!
¡Dios quiera que de esto tengan—ellos mal pago!»
Las va Volviendo—a las dos;
están tan traspuestas,—que no pueden decir nada.
Partiéronsele las entretelas—del corazón,
llamando: «¡Primas, primas,—doña Elvira y doña Sol!
¡Despertad, primas,—por amor del Criador!
¡Mientras es de día,—antes de que entre la noche,
las bestias fieras—no nos coman en este monte!»
Van recobrándose—doña Elvira y doña Sol,
abrieron los ojos—y vieron a Félez Muñoz:
«¡Esforzaos, primas,—por amor del Criador!
Que no me hallen—los infantes de Carrión,
con gran prisa—seré buscado;
si Dios no nos vale,—aquí morimos.»
Con gran duelo—hablaba doña Sol:
«Así os lo recompense, primo mío,—nuestro padre el Campeador;
dadnos agua,—así os valga el Criador.»
Con un sombrero—que tiene Félez Muñoz,
nuevo era y reciente,—que de Valencia le sacó,
cogió agua en él—y a sus primas les dio;
están muy laceradas—y a ambas las sació *(de agua)*.
Tanto las dijo—hasta que las calmó.
Las va confortando—e infundiendo ánimos,
hasta que recobradas—tomó a ambas
y de prisa.—en el caballo las montó;
con su manto—cubrió a ambas,

tomó el caballo por la rienda—y pronto de allí se las llevó.
Los tres solos—por los robledos de Corpes
al clarear el día—salieron de los montes;
al río Duero—han llegado,
en la torre de doña Urraca[196]—las dejó.
A San Esteban—vino Félez Muñoz,
halló a Diego Téllez,—el que fue de Alvar Fáñez;
cuando él lo oyó,—pesole de corazón;
tomó bestias—y buenos vestidos,
y fue a recibir—a doña Elvira y a doña Sol;
en San Esteban—las dejó,
todo lo mejor que pudo—allí las honró.
Los de San Esteban,—que siempre fueron mesurados,
cuando esto supieron,—les pesó de corazón;
a las hijas del Cid—las dan tributo[197].
Allí permanecieron ellas—hasta que estuvieron sanas.
Seguían alabándose—los infantes de Carrión.
Por todas aquellas tierras—fueron sabidas estas noticias;
de corazón pesó esto—al buen rey don Alfonso.
Van estas nuevas—a Valencia la mayor;
cuando se lo dicen—al Cid Campeador,
un gran rato—pensó y meditó;
alzó su mano,—y se cogió la barba:
«¡Gracias a Cristo,—que del mundo es señor,
cuando tal honra[198] me han dado—los infantes de Carrión;
por esta barba—que nadie mesó,
no la lograrán—los infantes de Carrión;
que a mis hijas—bien las casaré yo!»
Pesó al Cid—y a toda su corte,
y a Alvar Fáñez—de alma y de corazón.
Cabalgó Minaya—con Pedro Bermúdez
y Martín Antolínez,—el burgalés de pro,

---

[196] Esta torre de doña Urraca no existe hoy. Existe un término que se llama La Torre, a siete kilómetros de San Esteban de Gormaz, cercano a un sitio llamado Llano de Urraca.

[197] «enfurción», o sea tributo de viandas, granos y vino que el pechero pagaba al señor por el hecho de residencia. Así como Diego Téllez era pechero de Alvar Fáñez, otros vecinos de San Esteban lo eran del Cid, por lo que tributan a sus hijas en esta ocasión.

[198] Dice tal «honra» en sentido figurado, en lugar de tal «deshonra».

con doscientos caballeros,—los que el Cid mandó;
díjoles encarecidamente—que anduviesen de día y de noche,
trajesen a sus hijas—a Valencia la mayor.
No demoraban—el mandato de su señor,
aprisa cabalgan,—andan de día y de noche;
llegaron a Gormaz[199],—un castillo muy fuerte,
allí se albergaron—por una noche.
A San Esteban—el aviso llegó
que viene Minaya—a por sus dos primas.
Los hombres de San Esteban—a modo de hombres de pro,
reciben a Minaya—y a todos los suyos,
ofrecen a Minaya—esa noche gran tributo;
no se lo quiso tomar,—mas mucho se lo agradeció:
«Gracias, varones de San Esteban,—que sois prudentes,
por la honra que nos disteis—a esto que nos ha sucedido;
mucho os lo agradece,—allá donde está, el Cid Campeador;
así lo hago yo,—que estoy aquí.
¡Ojalá Dios de los cielos—os dé de esto buen premio!»
Todos se lo agradecen—y están satisfechos,
se dirigen a la posada—para descansar esa noche.
Minaya va a ver—a sus primas adonde están,
en él clavan sus ojos—doña Elvira y doña Sol:
«Tanto os lo agradecemos—como si viésemos al Criador;
y vos a él agradecerlo,—que estamos vivas.
En los días tranquilos,—en Valencia la mayor
todo nuestro rencor—os contaremos.»

132

**Minaya y sus primas parten de San Esteban.
—El Cid sale a recibirlos.**

Lloraban—las damas y Alvar Fáñez,
y Pedro Bermúdez—otro tanto:
«Doña Elvira y doña Sol,—no tengáis cuidado,
que estáis sanas—y vivas y sin ningún mal.
Si buen casamiento perdisteis.—mejor lo podréis hallar.

---

[199] Gormaz es un lugar situado a orillas del Duero, con gran castillo y defensa.

¡Aún veamos el día—que os podamos vengar!»
Allí reposan esa noche,—y se sienten más alegres.
Otro día de mañana—cabalgan.
Los de San Esteban—despidiéndolos van
hasta Río de Amor[200],—entreteniéndoles;
desde allí se despiden de ellos,—se vuelven,
y Minaya con las damas—sigue adelante,
Cruzaron Alcocebas[201],—a la derecha dejan Gormaz,
donde dicen Vadorrey[202],—por allí pasan,
al pueblo de Berlanga[203],—donde hacen posada.
Al otro día—vuelven a caminar,
y al que llaman Medinaceli—van a albergarse,
y de Medinaceli a Molina—en otro día van;
al moro Abengalbón—de corazón le alegra,
saliolos a recibir—de buena voluntad,
por cariño al Cid—rica cena les da.
De aquí para Valencia—se dirigen derechos.
Al que en buena hora nació—llegó el mensaje,
pronto cabalga,—y a recibirlos sale;
iba jugando las armas—y haciendo gran alegría.
El Cid a sus hijas—íbalas a abrazar,
besándolas a ambas,—se sonríe:
«¿Venís, hijas mías?—¡Dios os libre de mal!
Yo acepté el casamiento,—mas no osé decir de él[204].
¡Quiera el Criador,—que en el cielo está,
que os vea mejor casadas—en lo futuro!
¡De mis yernos de Carrión—Dios me deje vengar!»
Besaron las manos—las hijas al padre.
Jugando las armas,—entraron en la ciudad;
gran alegría tuvo con ellas—doña Jimena su madre.
El que en buena hora nació—no quiso retardarlo,

---

[200] Río de Amores es lugar desconocido actualmente, que debió estar al este de San Esteban.

[201] El barranco de Alcoceba desagua en el recodo que el Duero hace alrededor del Castillo de Gormaz.

[202] Valdorrey es un despoblado, junto al Duero, en el camino de Berlanga a Gormaz.

[203] Berlanga es un pueblo, en la margen izquierda del Duero, que dista treinta kilómetros de San Esteban y trece de Gormaz.

[204] «más no osé opinar».

habló con los suyos—sincerándose,
al rey Alfonso de Castilla—envió *(un mensaje)*.

133

El Cid envía a Muño Gustioz que pida al rey justicia.—Muño halla al rey en Sahagún y le expone su mensaje.—El rey promete reparación.

«¿Dónde estás, Muño Gustioz,—mi buen vasallo?
¡En buena hora te crié—a ti en mi corte!
Lleva el mensaje—a Castilla al rey Alfonso;
por mí bésale la mano—de alma y de corazón.
—como yo soy su vasallo,—y él es mi señor—,
de esta deshonra que me han hecho—los infantes de Carrión,
que le pese al buen rey[205]—de alma y de corazón.
Él casó mis hijas,—que no se las di yo;
cuando las han dejado—a gran deshonor,
si hay deshonra—alguna contra nosotros,
la poca y la mucha—toda es de mi señor.
Mis bienes se me han llevado,—que abundantes son;
eso me puede pesar—con el otro deshonor.
Cítemelos a vistas,—o a juntas o a cortes,
como tenga yo derecho—*(contra)* los infantes de Carrión,
que tan grande es el rencor—dentro de mi corazón.»
Muño Gustioz,—aprisa cabalgó,
con él dos caballeros—que le sirven a su gusto
y con él escuderos—criados en casa.
Salen de Valencia—y andan cuanto pueden,
no pierden el tiempo—ni de día ni de noche.
Al rey don Alfonso—en Sahagún lo halló.
Rey es de Castilla—y rey es de León
y de las Asturias—desde San Salvador[206],
hasta Santiago—de todo es señor,
los condes gallegos—a él tienen por señor.
Así como se apea—el Muño Gustioz
encomendose a los santos—y rogó al Criador;

---

[205] «que se conduela el buen rey».
[206] Desde Oviedo a Santiago de Compostela. San Salvador es el patrón de la Catedral de Oviedo.

se dirigió al palacio—donde estaba la corte,
con él los dos caballeros—que le guardan como a señor.
Así como entraron—por medio de la corte,
violos el rey—y conoció a Muño Gustioz;
levantose el rey—y los recibió muy bien.
Ante el rey Alfonso—se hincó de rodillas,
besábale los pies,—el Muño Gustioz:
«¡Merced, rey de muchos reinos—a vos dicen, señor!
Los pies y las manos—os besa el Campeador;
él es vuestro vasallo—y vos sois su señor.
Casasteis sus hijas—con infantes de Carrión,
¡encumbrado fue el casamiento—que lo quisisteis vos!
Ya vos sabéis la honra—que nos han procurado[207],
cómo nos han envilecido—los infantes de Carrión:
malamente golpearon a las hijas—del Cid Campeador;
tullidas y desnudas—para mayor ofensa,
desamparadas las dejaron—en el robledal de Corpes,
a las bestias fieras—y a las aves del monte[208].
He a sus hijas—en Valencia, donde están,
por esto os lo pide,—como vasallo señor,
que se los llevéis a vistas,—o a juntas o a cortes;
tiénese por deshonrado,—mas la vuestra es mayor,
y que os pese, rey,—ya que lo sabéis;
que tenga el Cid derecho *(contra)*—los infantes de Carrión.»
El rey un gran rato—calló y meditó:
«Yo te digo verdad,—que me pesa de corazón
y verdad dices en esto,—tú, Muño Gustioz,
que yo casé sus hijas—con infantes de Carrión;
hícelo para bien,—que fuese en su provecho.
¡Ojalá el casamiento—hoy no estuviera hecho!
A mi y al Cid—pésanos de corazón.
¡Ayudarle he en derecho,—así me salve el Criador!
Lo que no pensaba hacer—en este asunto[209],
irán mis sayones—por todo mi reino,
para Toledo—pregonarán mis cortes[210],

---

[207] Véase la nota 192.
[208] «expuestas a las bestias fieras», etc.
[209] El rey indica que estaba lejos de su ánimo el tener que recurrir, por causa de la boda de las hijas del Cid, a semejante determinación.

que allá vayan—condes e infanzones;
mandaré que allí vayan—los infantes de Carrión
y cómo se obliguen en derecho—al Cid Campeador[211],
y que no tenga rencor—pudiéndolo evitar yo.»

134

El rey convoca corte en Toledo.

«Decidle al Campeador,—que en buena hora nació,
que de aquí a siete semanas—se prepare con sus vasallos,
y venga a Toledo,—esto le doy de plazo.
Por cariño al Cid—esta corte hago yo.
Saludadlos a todos,—que tengan tranquilidad;
de esto que les ha sucedido—aun serán bien honrados.»
Despidiose Muño Gustioz,—y vuelve con el Cid.
Así como lo dijo,—se cuidó de ello:
no lo detiene por nada,—Alfonso el Castellano,
envía sus cartas—a León y a Santiago,
a los portugueses—y a los gallegos,
y a los de Carrión—y a los varones castellanos,
que corte hacía en Toledo—aquel rey honrado,
al cabo de siete semanas—que allí fuesen juntados;
el que no viniese a la corte—que no se tuviese por vasallo.
Por todas sus tierras—así lo iban disponiendo,
que no faltarían—a lo que el rey había mandado.

135

Los de Carrión ruegan en vano al rey que desista de la corte.—Reúnese la corte.—El Cid llega el último.—El rey sale a su encuentro.

Ya les va pesando—a los infantes de Carrión,
porque en Toledo—el rey hace corte;
tienen miedo que allí vaya—el Cid Campeador.
Toman su consejo,—entre todos los que están,

---

[210] El rey elige las cortes para juzgar la ofensa del Cid, en lugar de las juntas o vistas, dando así mayor solemnidad a la reparación.
[211] «que reparen en derecho o como deben».

y ruegan al rey—que les dispense de esta corte[212].
Dijo el rey: «¡No lo haré,—así me salve Dios!
Que allí irá—el Cid Campeador;
dareisle derecho[213],—que tiene queja de vosotros.
Quien no lo quisiere hacer,—o no vayan a mi corte,
deje mi reino,—que no le quiero.»[214].
Ya vieron que había que hacerlo—los infantes de Carrión,
toman consejo—entre ellos;
el conde don García—medió en este asunto,
enemigo del Cid,—al que siempre procuró daño,
éste aconsejó—a los infantes de Carrión.
Llegaba el plazo,—iban yendo a la corte;
con los primeros—va el buen rey don Alfonso,
el conde don Enrique—y el conde don Ramón[215]
—éste era padre—del buen emperador—,
el conde don Fruela[216]—y el conde don Birbón.
Fueron allí de su reino—otros muchos jurisperitos,
de toda Castilla—todos los mejores.
El conde don García,—*el Crespo de Grañón,*
y Alvar Díaz,—el que Oca mandó.
Y Asur González,—y Gonzalo Ansúrez[217],
y Pedro Ansúrez,—sabed, allí se juntaron,
y Diego y Fernando—allí están los dos,
y con ellos numeroso partido—que trajeron a la corte:
engañarle quieren—al Cid Campeador.
De todas partes—allí se han juntado.
Aun no había llegado—el que en buena hora nació,
porque tarda,—el rey está disgustado[218].

---

[212] El vasallo tenía la obligación de acudir al llamamiento a cortes bajo graves penas de confiscación.

[213] «le daréis cuenta».

[214] «no gusto de el», «me disgusta».

[215] El conde don Enrique lo era de Portugal, y el conde don Ramón, de Galicia. Ambos eran de familia de los Borgoñas y yernos del rey.

[216] El conde don Fruela es mayordomo del conde Ramón, de Galicia, y hermano de doña Jimena.

[217] Gonzalo Ansúrez era hermano de Per Ansúrez, padre aquél de los infantes de Carrión.

Al quinto día—llega el Cid Campeador;
a Alvar Fáñez—envió delante de él,
que besase las manos—al rey su señor:
que estuviera cierto—que allí estaría aquella noche.
Cuando lo oyó el rey,—alegrose de corazón;
con mucha gente—el rey cabalgó
y fue a recibir—al que en buena hora nació.
Bien compuesto viene—el Cid con todos los suyos.
buenas compañías—que ellas tienen tal señor.
Cuando le columbró—el buen rey don Alfonso,
echose a tierra—el Cid Campeador;
humillarse quiere—y honrar a su señor.
Cuando lo vio el rey,—se apresuró:
«¡Por San Isidro,—no lo hagáis!
Cabalgad, Cid; sino,—no tendría de esto gusto;
nos hemos de saludar—de alma y de corazón.
de lo que a vos os pesa—a mí me duele el corazón;
¡Dios lo mande que por vos—se honre hoy la corte!»
«Amen», dijo el Cid,—el buen Campeador;
Besole la mano—y después le saludó:
«¡Gracias a Dios—que os veo, señor!
Humíllome a vos—y al conde don Ramón,
y al conde don Enrique—y a cuantos aquí están;
Dios salve a nuestros amigos—y a vos más, señor.
Mi mujer doña Jimena,—dama honorable,
os besa las manos,—y mis dos hijas,
de esto que nos sucedió—que os pese, señor.»
Respondió el rey:—«¡Así hago, sálveme Dios!»

136

El Cid no entra en Toledo.—Celebra vigilia en San Servando.

Para Toledo—se vuelve el rey;
esa noche el Cid—el Tajo no quiso pasar:
« ¡Merced, oh rey,—así el Criador os salve!

---

[218] Sucede lo mismo que en la reunión de vistas que tiene con el rey para alcanzar su perdón del destierro. El Cid llega después del rey, preparando así el juglar la entrada del héroe más teatralmente. (Véase la nota número 155.)

Señor,—entrad en la ciudad,
y yo con los míos—me aposentaré en San Servando[219]:
mis acompañantes—esta noche llegarán.
Haré vigilia[220]—en este santo lugar;
mañana—entraré en la ciudad,
e iré a la corte—antes de comer.»
Dijo el rey:—«Me parece bien.»
El rey don Alfonso—entra en Toledo,
el Cid Ruy Díaz—se aposenta en San Servando.
Mandó preparar velas—y ponerlas en el altar[221];
tiene gusto de velar—en ese *(lugar)* santo,
rogando al Criador—y confesándose.
Tanto Minaya—como los buenos que hay allí
estaban preparados—cuando vino la mañana.

137

Preparación del Cid en San Servando para ir a la corte.—El Cid va a Toledo y entra en la corte.—El rey le ofrece asiento en su escaño.—El Cid rehúsa.—El rey abre la sesión.—Proclama la paz entre los litigantes.—El Cid expone su demanda.—Reclama Colada y Tizona.—Los de Carrión entregan las espadas.—El Cid las da a Pedro Bermúdez y a Martín Antolínez.—Segunda demanda del Cid.—El ajuar de sus hijas.—Los infantes hallan dificultad para el pago.

Maitines y prima—dijeron hacia el amanecer,
terminada fue la misa—antes que saliese el sol,
y su ofrenda han hecho—muy valiosa y apropiada.
«Vos, Minaya Alvar Fáñez,—mi mejor brazo,
vos vendréis conmigo—y el obispo don Jerome,
y Pedro Bermúdez—y este Muño Gustioz,
y Martín Antolínez,—el burgalés de pro,
y Alvar Álvarez—y Alvar Salvadórez,

---

[219] Castillo frente a Toledo, al otro lado del Tajo.
[220] Consistía la vigilia en pasar la noche en oración en lugar sagrado, y era costumbre de hacerla antes de llevar a cabo un hecho importante; por eso el Cid hace vigilia el día anterior a las cortes.
[221] El que celebra la vigilia tenía la obligación de pagar la iluminación de la iglesia o capilla durante toda la noche que duraba su oración; ésta terminaba a la hora de maitines y después de la ofrenda que hacía a la iglesia el que velaba.

y Martín Muñoz,—que en buen punto nació,
y mi sobrino—Félez Muñoz;
conmigo irá Mal Anda[222],—que es buen jurisperito,
y Galindo García,—el bueno de Aragón;
con éstos reúnanse ciento—de los buenos que aquí están.
Vestíos los acolchados—para aguantar las armaduras,
encima las lorigas—tan brillantes como el sol;
sobre las lorigas,—los armiños y pellizos,
y que no se vean las armas,—bien sujetos los cordones;
bajo los mantos las espadas—flexibles y afiladas;
de esta manera—quiero ir a la corte.
para demandar mis derechos—y defender mi razón.
Si pendencia buscaren—los infantes de Carrión,
donde tales ciento tuviere,—bien estaré sin temor.»[223]
Respondieron todos:—«Nosotros eso queremos, señor.»
Tal como lo ha dicho,—se arreglan todos.
En nada se detiene—el que en buena hora nació:
calzas de buen paño—en sus piernas metió,
sobre ellas unos zapatos—muy bien labrados.
Vistió camisa de lino—tan blanca como el sol,
con oro y con plata—tiene todos los broches,
que ajustan bien al puño,—como él lo ordenó;
sobre ella un brial—de primoroso ciclatón,
labrado con oro,—cuyos *(dibujos)* resaltan.
Sobre esto una piel encarnada,—*(con)* las franjas de oro,
que siempre la viste—el Cid Campeador.
Una cofia sobre el pelo—de fino y rico hilo,
labrada con oro,—hecha a propósito,
para que no se le enreden los pelos—al buen Cid Campeador;
la barba tenía larga—y cogiola con el cordón,
y esto lo hace porque—quería prevenir todo lo suyo[224].
Encima vistió un manto—que es de gran valor,

---

[222] Mal Anda era un jurisperito o «sabidor».
[223] Todo esto lo hace el Cid porque el partido de los condes de Carrión, reunido en Toledo, era muy grande, y él no quiere estar desprevenido por si acaso fraguasen alguna traición.
[224] Pone el Cid especial cuidado en prevenir su cabello y su barba con objeto de que nadie pueda llegarse a ellos, y menos aun mesárselos o arrancárselos, pues ya hemos dicho la ofensa que esto suponía para un caballero. Al terminarse las cortes veremos cómo se suelta la barba, seguro ya de que nadie osará ofenderle.

el que admiraban todos—cuantos allí están.
Con estos ciento,[225]—que mandó prepararse,
aprisa cabalga—y de San Servando salió;
así iba el Cid—compuesto a la corte.
En la puerta exterior—se apea;
solemnemente entra—el Cid con todos los suyos:
él va en medio,—y los ciento alrededor.
Cuando le vieron entrar—al que en buena hora nació,
púsose en pie—el buen rey don Alfonso,
y el conde don Enrique—y el conde don Ramón,
y después, sabed—todos los otros de la corte:
con gran honra reciben—al que en buena hora nació.
No quiso levantarse—el Crespo de Grañón[226],
ni los del partido—de los infantes de Carrión.
El rey al Cid—las manos le cogió:
«Venid acá a sentaos—conmigo, Campeador,
en este escaño—que vos me regalasteis[227];
aunque a algunos les pesa,—mejor sois que nos.»
Entonces dijo muchas mercedes—el que Valencia ganó:
«Sentaos en vuestro escaño—como rey y señor;
aquí me colocaré—con todos estos míos.»
Lo que dijo el Cid—al rey le agradó de corazón.
En un banco torneado—entonces el Cid se sentó,
los ciento que le escoltaban—sentáronse alrededor.
Contemplando están al Cid—cuantos hay en la corte,
a la luenga barba que llevaba—sujeta con el cordón;
en sus ademanes—se muestra varonilmente.
No le pueden mirar de vergüenza—los infantes de Carrión.
Entonces se puso en pie—el buen rey don Alfonso:
«¡Oíd, mesnadas,—así os valga el Criador!
Yo, desde que soy rey,—no hice más que dos cortes:
la una fue en Burgos,—y la otra en Carrión[228],
esta tercera—a Toledo la vine a hacer hoy,
por cariño al Cid,—que en buena hora nació,

---

[225] Se refiere a los cien caballeros de que se ha hablado antes.
[226] El conde García Ordóñez. (Véase la nota número 107.)
[227] No da ninguna noticia el juglar de cuándo el Cid hiciera este regalo al rey.
[228] Se refiere únicamente a cortes judiciales, pues cortes generales había celebrado ya en Toledo y otros puntos.

que reciba su derecho—de los infantes de Carrión.
Gran injusticia le han hecho,—todos nosotros lo sabemos;
jueces sean de esto—el conde don Enrique y el conde don Ramón,
y estos otros condes—que no son del partido.
Poned todos vuestra atención en ello,—ya que sois entendidos.
para hallar el derecho,—que yo no mando injusticia.
De una y otra parte—quedemos hoy en paz.
Juro por San Isidro—que el que trastorne mi corte[229]
dejará mi reino.—y perderá mi protección.
Con el que tuviere derecho—seré yo.
Ahora demande—el Cid Campeador:
sabremos qué responden—los infantes de Carrión.»
El Cid besó la mano al rey—y se puso en pie:
«Mucho os lo agradezco—como a rey y señor,
ya que esta corte—hicisteis por mí,
Esto les pido—a los infantes de Carrión:
porque dejaron mis hijas—yo no he sido deshonrado,
que vos que las casasteis, rey,—sabréis qué hacer hoy;
mas cuando sacaron mis hijas—de Valencia la mayor,
yo bien los quería—de alma y de corazón.
Diles dos espadas—la Colada y la Tizona
—éstas yo las gané,—como los hombres—,
para que se honrasen con ellas—y a vos os sirviesen;
cuando dejaron mis hijas—en el robledal de Corpes,
conmigo no quisieron nada—y perdieron mi cariño;
denme mis espadas,—ya que no son mis yernos.»
Otorgan los jueces:—«Todo es razonable.»
Dijo el conde don García:—«A esto respondamos nosotros.»
Entonces se apartan—los infantes de Carrión,
con todos sus parientes—y los que allí están de su partido;
aprisa lo urden—y acuerdan la respuesta:
«Aun gran favor nos hace—el Cid Campeador,
cuando de la deshonra de sus hijas—no nos demanda hoy;
bien nos entenderemos—con el rey don Alfonso.
Démosles sus espadas,—y así acaba la demanda,
y cuando las tenga,—se irá de la corte;
ya no exigirá más derecho—de nosotros el Cid Campeador.
Con este acuerdo—volvieron a la corte;

---

[229] Castiga con pena de destierro al que perturbe o alborote las cortes.

«¡Merced, oh rey don Alfonso,—sois nuestro señor!
No lo podemos negar—que dos espadas nos dio;
cuando las pide—y de ellas tiene gusto,
dárselas queremos—en vuestra presencia.»
Sacaron las espadas—Colada y Tizona,
pusiéronlas en mano—del rey su señor;
desenvainan las espadas—y relumbran en toda la corte,
los pomos y los gavilanes—son todos de oro;
maravíllanse de ellas—los hombres buenos de la corte.
Al Cid llamó el rey—y las espadas le dio;
recibió las espadas,—las manos le besó,
y volvió al escaño—de donde se levantó.
En las manos las tiene—y a ambas las mira;
no se las han podido cambiar,—que el Cid bien las conoce;
alegrose todo él,—sonriose de corazón,
levantando la mano,—!a barba se cogió:
«Por esta barba,—que nadie mesó,
se irán vengando—doña Elvira y doña Sol.»
A su sobrino don Pedro—por el nombre le llamó,
tendió el brazo,—la espada Tizona le dio:
«Tómala, sobrino,—que mejora de señor.»
A Martín Antolínez,—el burgalés de pro,
tendió el brazo,—y la espada Colada le dio:
«Martín Antolínez,—mi vasallo de pro,
tomad la Colada,—la gané de buen señor,
de Ramón Berenguer,—de Barcelona la mayor.
Os la doy para—que vos la cuidéis bien.
Sé que si os acaeciere—o viniere a propósito,
con ella ganaréis—gran prez y gran valor.»
Besole la mano,—y la espada recibió.
Luego se levantó—el Cid Campeador:
«¡Gracias al Criador—y a vos, rey señor!
Ya tengo mis espadas,—Colada y Tizona.
Otro rencor tengo—de los infantes de Carrión:
cuando sacaron de Valencia—a mis dos hijas,
en oro y en plata—tres mil marcos les di;
yo hice esto,—ellos llevaron a cabo lo otro;

denme mis bienes,—ya que mis yernos no son.»⁽²³⁰⁾.
¡Aquí veríais quejarse—a los infantes de Carrión!
Dice el conde don Ramón:—«Decid que sí o que no.»
Entonces responden—los infantes de Carrión:
«Para eso dimos sus espadas—al Cid Campeador,
para que ya no nos demandase,—que aquí terminó su reclamación.»
A eso le respondió—el conde don Ramón:
«Si el rey quisiere,—eso diremos nosotros:
a lo que demanda el Cid—responded vosotros.»
Dijo el buen rey:—«Así lo otorgo yo.»
Púsose en pie—el Cid Campeador:
«De estos bienes—que os di yo,
(decid) si me los dais,—o dadme de ello razón.»
Entonces se apartan—los infantes de Carrión;
no se ponen de acuerdo,—porque los bienes son muchos:
los han gastado—los infantes de Carrión.
Vuelven a consultarse—y hablan cuanto quieren:
«Mucho nos aprieta—el que Valencia ganó.
Cuando de nuestros bienes—así le domina el deseo;
se los habremos de pagar de las heredades—en tierras de Carrión.»
Dijeron los jueces—cuando hubieron confesado:
«Si eso le place al Cid,—no se lo prohibimos nosotros;
mas en nuestro juicio—mandamos nosotros;
que aquí lo entreguéis—en la misma corte.»
A estas palabras—habló el rey don Alfonso:
«Nos bien sabemos—esta razón,
que derecho demanda—el Cid Campeador.
De estos tres mil marcos—los doscientos tengo yo;
entrambos me los dieron—los infantes de Carrión.
Devolvérselos quiero,—que están tan mal parados,
(y que se los) entreguen al Cid,—el que en buena hora nació;
ya que ellos los han de pagar,—no los quiero yo»⁽²³¹⁾.
Fernando González—oíd lo que habló:
«Dinero—no tenemos nosotros.»
Luego respondió—el conde don Ramón:

⁽²³⁰⁾ Al devolverle los infantes las espadas queda ya roto el parentesco, pues ya se ha dicho que el cambio de armas servía para iniciar aquél.

⁽²³¹⁾ Era el regalo que había recibido el rey como padrino de boda de las hijas del Cid.

«El oro y la plata—os lo gastasteis;
por juicio lo damos—ante el rey don Alfonso:
páguenle en especie—y tómela el Campeador.»
Vieron que había de hacerlo—los infantes de Carrión.
Veríais reunir—tanto caballo corredor,
tanta mula rolliza,—tanto palafrén completo,
tanta buena espada—con sus guarniciones;
recibiolo el Cid—como tasaron en la corte.
Sobre los doscientos marcos—que tenía el rey Alfonso
pagaron los infantes—al que en buena hora nació;
les prestan de lo ajeno,—porque no les llega lo suyo.
Mal escapan del juicio,—sabed por esta sentencia.

138

Acabada su demanda civil, el Cid propone el reto.

Estas especies—ha tomado el Cid,
sus hombres las tienen—y de ellas cuidarán.
Mas cuando esto hubo acabado,—se cuidaron de ellos:
«¡Merced, oh rey señor,—por amor de caridad!
El rencor mayor—no se me puede olvidar.
Oídme toda la corte—y que os pese mi mal;
los infantes de Carrión,—que tan mal me deshonraron,
sin retarlos—no los puedo dejar.»

139

Inculpa de menos-valer a los infantes.

«Decid, ¿qué os agravié,—infantes de Carrión,
en broma o en veras—o de algún modo?
Aquí lo repararé—a juicio de la corte.
¿A qué me desgarrasteis—las telas del corazón?
A la salida de Valencia—mis hijas os di yo,
con muy grande honra—y riquezas acreditadas;
si no las queríais—ya, canes traidores,
¿por qué las sacabais—de Valencia y su honor?
¿A qué las heristeis—con cinchas y espuelas?

Solas las dejasteis—en el robledal de Corpes,
(expuestas) a las bestias fieras—y a las aves del monte.
Por cuanto las hicisteis—menos valéis vosotros[232].
Si no dais satisfacción,—júzguelo esta corte.»

140

Altercado entre Garci Ordóñez y el Cid.

El conde don García—se pone en pie:
«¡Merced, oh rey,—el mejor de toda España!
Preparose el Cid—para estas solemnes cortes;
dejola crecer—y larga trae la barba;
los unos le tienen miedo—y a los otros espanta.
Los de Carrión—son de nacimiento tan encumbrado,
(que) no se las debían querer—a sus hijas por barraganas,
¿dónde está quien se las diera—por mujeres o por esposas?
Derecho tenían—cuando las han dejado.
Cuanto él dice—no se lo apreciamos en nada.»
Entonces el Campeador—cogiose la barba:
«¡Gracias a Dios—que cielo y tierra manda!
Es larga—porque fue criada con regalo.
¿Qué tenéis vos, conde,—que echar en cara a mi barba?
Que desde que nació—con regalo fue criada;
que no me cogió de ella—ningún hijo de mujer,
ni me la mesó—hijo de moro ni de cristiana,
como yo a vos, conde,—en el castillo de Cabra[233].
Cuando tomé a Cabra,—y a vos por la barba,
no hubo allí rapaz—que no arrancase su pulgarada;
la que yo arranqué,—aun no está igualada[234],
que yo la traigo aquí—en mi bolsa guardada.»[235].

---

[232] El «menos valer» era una tacha denigrante que se infería a un caballero a modo de insulto o de reto; equivalía, aproximadamente, a llamarle cobarde.

[233] Véase la nota número 6.

[234] Quiere decir que los pelos que él le arrancó de la barba en aquella ocasión aun no le han crecido tanto como para igualarse con los demás.

[235] Trae la prueba de su acusación, ya que es gravísima la ofensa que le hace al recordar que le arrancó un mechón de la barba.

141

Fernando rechaza la tacha de menos-valer.

Fernando González—se levantó,
y con altas voces—oíd lo que habló;
«Dejaos, Cid,—de esta cuestión;
de vuestros bienes—sois del todo pagado,
no aumentéis el pleito[236]—entre nosotros.
De origen somos—de condes de Carrión:
debimos casar con hijas—de reyes o de emperadores,
porque no nos pertenecen—hijas de infanzones.
Porque las dejamos—ejercimos nuestro derecho;
en más nos apreciamos,—sabed, que no en menos.»

142

El Cid incita a Pedro Bermúdez al reto.

El Cid Ruy Díaz—a Pedro Bermúdez mira:
«¡Habla, Pedro Mudo,—varón que tanto callas!
Son hijas mías,—y tus primas hermanas;
a mí me lo dicen,—tú lo estás oyendo.
Si yo respondo,—tú no entrarás en armas.»

143

Pedro Vermúdez reta a Fernando.

Pedro Bermúdez—empezó a hablar;
trábasele la lengua,—no puede soltarse,
mas cuando empieza,—sabed, no se detiene;
«¡Os diré, Cid,—siempre tenéis la costumbre,
en las cortes,—de llamarme Pedro Mudo!
Bien sabéis—que yo no puedo más[237];

---

[236] «No aumentéis la discordia».
[237] A Pedro Bermúdez le molesta que le llamen Pedro Mudo, y por eso le dice al Cid que bien sabe él que si no habla es porque no tiene facilidad de palabra pero que en cuanto en el obrar es el primero.

en cuanto a lo que yo tenga que hacer,—por mí no faltará.
Mientes, Fernando,—en cuanto has dicho.
Por el Campeador—valiste mucho más.
Tus mañas—te las contaré yo ahora:
acuérdate cuando lidiamos—cerca de Valencia la grande;
pediste las primeras heridas—al Campeador leal,
viste un moro,—le fuiste a acometer;
y huiste antes—de llegar a él.
Si yo no llego,—mala te la juega el moro;
me adelanté a ti,—y me fui al moro.
De los primeros golpes—le vencí;
te di el caballo,—túvelo en secreto:
hasta hoy—no se lo dije a nadie.
Delante del Cid y delante de todos—te hubiste de alabar
de que habías matado al moro—y que hicieras estrago;
creyérontelo todos,—mas no saben la verdad.
¡Eres apuesto,—pero cobarde!
¡Lengua sin manos!,—¿cómo te atreves a hablar?»

144

Prosigue el reto de Pedro Bermúdez.

«Di, Fernando,—confiesa esto:
¿no te acuerdas—de lo del león en Valencia,
cuando dormía el Cid—y el león se desató?
Eh, tú, Fernando,—¿qué hiciste con el miedo?
¡Te metiste tras el escaño—del Cid Campeador!
Te metiste, Fernando,—por eso vales menos hoy.
Nosotros cercamos el escaño—para defender a nuestro señor,
hasta que despertó el Cid,—el que Valencia ganó;
levantose del escaño—y se fue hacia el león;
el león agachó la cabeza,—y esperó al Cid,
dejose coger por el cuello,—y en la jaula lo metió.
Cuando volvió—el buen Campeador,
a sus vasallos—vio alrededor;
preguntó por sus yernos,—¡no halló a ninguno!
Te reto—por malo y por traidor.
Esto te lidiaré aquí—ante el rey don Alfonso
por las hijas del Cid,—doña Elvira y doña Sol:
porque las dejasteis,—menos valéis vosotros;
ellas son mujeres—y vos sois hombres,

de todos modos—más valen que vosotros.
Cuando sea la lid,—si quiere el Criador,
tú lo confesarás—a manera de traidor[238];
y de cuanto he dicho—verdadero quedaré yo.»
De ambos—aquí paró la disputa.

145

Diego desecha la inculpación de menos-valer.

Diego González—oiréis lo que dijo:
«De origen somos—de los condes más limpios;
¡estas bodas—no se hubiesen efectuado[239],
por (no) emparentar—con el Cid don Rodrigo!
Porque dejamos sus hijas—aun no nos arrepentimos;
mientras vivan—ya pueden suspirar:
lo que les hicimos—siempre se lo echarán en cara.
Esto lo lidiaré—con el más valiente:
que porque las dejamos—estamos más honrados.»

146

Martín Antolínez reta a Diego González.

Martín Antolínez—se puso en pie:
«¡Calla, alevoso,—boca sin verdad!
Lo del león—no se te debe olvidar;
escapaste por la puerta,—te metiste en el corral,
te fuiste a meter—tras la viga del lagar;
no vestiste más—el manto ni el brial[240].
Yo lo lidiaré,—no será de otra manera[241]:
las hijas del Cid,—porque las dejasteis,
de todas maneras,—sabed, que valen más que vosotros.
Al concluir de la lid,—por tu boca lo dirás,

---

[238] Supone que ha de vencerlo en la lid que llevarán a cabo y que, para perdonarle la vida, se verá obligado a confesar que es traidor.
[239] «¡ojalá estas bodas!», etc....
[240] Porque lo echó a perder y lo ensució.
[241] Es decir, lucharon entrambos para defender la verdad.

que eres traidor—y has mentido en cuanto has dicho.»

147

Asur González entra en la corte.

De estos dos—la disputa ha terminado.
Asur González—entraba en el palacio[242],
con manto de armiño—y un brial arrastrando;
colorado viene,—que acaba de almorzar[243].
En lo que habló,—poco cuidado tuvo:

148

Asur insulta al Cid.

«¡Oh, señores!—¿Cuándo se vio cosa semejante?
¿Quién diría que habíamos de recibir honra—del Cid de Vivar?
¡Váyase al río Ubierna—a moler en los molinos[244]
y cobrar las maquilas—como lo suele hacer!
¿Quién le daría—matrimonio con los de Carrión?»

---

[242] Era hermano de los infantes de Carrión. (Véase la nota número 145.)

[243] El juglar presenta a este personaje del modo más grotesco posible: borracho, fanfarrón y deslenguado; aparece con el brial arrastrando, viene muy colorado da tanto comer y beber y atufa con su aliento cargado a cuantos le rodean.

[244] El río Ubierna pasa por Vivar, pueblo donde tenía sus heredades el Cid y molinos en dicho río. El propietario de los molinos cobraba las maquilas, o sea una cantidad de grano por el servicio de molienda.

149

Muño Gustioz reta a Asur González.—Mensajeros de Navarra y da Aragón piden al Cid sus hijas para los hijos de los reyes.—Don Alfonso otorga el nuevo casamiento.—Minaya reta a los de Carrión.—Gómez Peláez acepta el reto, pero el rey no fija plazo sino a los que antes retaron.—El rey amparará a los tres lidiadores del Cid.—El Cid ofrece dádivas de despedida a todos. (Palta en el poema. Se sustituye con la *Crónica de Veinte Reyes*.)—El rey sale de Toledo con el Cid.—Manda a éste correr su caballo.

Entonces Muño Gustioz—se puso en pie:
«¡Calla, alevoso,—malo y traidor!
Antes almuerzas—que vas a la oración,
a los que das paz (*en la misa*)[245],—los hartas con el tufo.
No dices verdad—a amigo ni a señor,
falso (*eres*) a todos—y más al Criador.
En tu amistad—no quiero tener parte.
Te lo tengo que hacer decir—que eres cual yo digo.»
Dijo el rey Alfonso:—«Termine ya esta cuestión.
Los que han retado—lidiarán, así nos salve Dios!»
Tan pronto como termina—esta cuestión,
he aquí que dos caballeros—entraron por la corte,
al uno dicen Ojarra—y al otro Iñigo Jiménez,
el uno es del infante—de Navarra mediador,
y el otro es—del infante de Aragón;
besan las manos—al rey don Alfonso,
piden sus hijas—al Cid Campeador
para ser reinas—de Navarra y de Aragón,
y que se las diesen—con honra y con bendición.
Después de esto callaron—y escuchó toda la Corte.
Púsose en pie—el Cid Campeador:
«¡Merced, rey Alfonso,—vos sois mi señor!
Esto agradezco yo—al Criador,
que me las piden—de Navarra y de Aragón,
vos las casasteis antes,—que no yo,

---

[245] Cuando el cura en la misa dice «Pax Domini», era costumbre antigua que los fieles se besasen entre si.

he a mis hijas,—en vuestras manos están:
sin vuestra orden—yo no haré nada.»
Levantose el rey,—hizo callar a la corte:
«Os ruego, Cid,—cabal Campeador,
que os satisfaga a vos,—y yo lo he de otorgar,
este casamiento—*(qué)* hoy se concierta en esta corte,
que os aumenta honra—y propiedades y honor.»
Levantose el Cid,—y al rey las manos le besó:
«Cuanto a vos os place,—otórgolo yo, señor.»
Entonces dijo el rey:—«Dios os dé de ello buen premio!
A vos, Ojarra,—y a vos, Iñigo Jiménez,
este casamiento—os lo prometo yo[246]
de las hijas del Cid,—doña Elvira y doña Sol,
para los infantes—de Navarra y de Aragón,
que os las dé—a honra y a bendición.»
Púsose en pie Ojarra,—e Iñigo Jiménez,
besaron las manos—del rey don Alfonso,
y después—del Cid Campeador;
hicieron las promesas,—y fueron dados los homenajes,
de cuanto se trató,—*(que)* así se hará, o mejor.
A muchos place—de toda la corte,
mas no place—a los infantes de Carrión.
Minaya Alvar Fáñez—se puso en pie:
«Merced os pido—como a rey y a señor,
y que no pese esto—al Cid Campeador;
bien libres os dejé—en toda esta corte,
decir querría—algo de lo mío.»
Dijo el rey:—«Pláceme de corazón.
Decid, Minaya,—lo que quisiereis.»
«Yo os ruego—que me oigáis toda la corte,
que gran rencor tengo—de los infantes de Carrión.
Yo les di mis primas—por mano del rey Alfonso,
ellos las tomaron—a honra y a bendición;
muchos bienes les dio—el Cid Campeador,

---

[246] Acerca del matrimonio histórico de las hijas del Cid, véase la nota número 145. Cristina, la hija mayor, se casó con Ramiro, infante de Navarra, y María Rodríguez, la más pequeña, se casó con el conde de Barcelona, Ramón Berenguer III. Por lo tanto, las hijas del Cid nunca fueron reinas de Navarra y de Aragón, como asegura el juglar.

ellos las han dejado—a pesar nuestro.
Los reto—por malos y por traidores.
De cuna sois—de los Beni-Gómez,
de donde salieran condes—de prez y de valor;
pero bien sabemos—las mañas que ellos tienen hoy.
Esto agradezco—yo al Criador,
que piden a mis primas—doña Elvira y doña Sol,
los infantes—de Navarra y de Aragón;
antes las teníais como mujeres legítimas—para vosotros las dos
ahora besaréis sus manos—y las habréis de llamar señoras,
las tendréis que servir,—mal que os pese.
¡Gracias a Dios del cielo—y al rey don Alfonso,
así aumenta la honra—al Cid Campeador!
De todas maneras,—tales sois cual digo yo;
si hay aquí quien responda—o que diga que no,
yo soy Alvar Fáñez—para todo el mejor.»
Gómez Peláez—se levanta:
«¿Qué vale, Minaya,—toda esta razón?
Que en esta corte—hartos hay para vos,
y quien otra cosa quisiese—sería para su daño.
Si Dios quisiese—que de ésta salgamos nosotros bien,
después veréis—qué dijisteis o qué no.»
Dijo el rey:—«Termine esta cuestión,
no diga ninguno—más pareceres sobre ella.
Mañana sea la lid,—cuando saliere el sol,
tres a tres—de los que se retaron en la corte.»
Luego hablaron—los infantes de Carrión:
«Dadnos, rey, plazo,—que mañana no puede ser.
Armas y caballos—dímosle al Campeador,
nosotros tendremos que ir antes—a tierras de Carrión.»
Dijo el rey—al Campeador:
«Sea esta lid—donde mandareis vos.»
Entonces dijo el Cid:—«No lo haré, señor;
más quiero *(irme)* a Valencia—que a tierras de Carrión.»
Entonces dijo el rey:—«Conformes, Campeador.
Dadme vuestros caballeros—con todo su séquito,
vengan conmigo,—yo seré su protector;
yo los garantizo,—como al buen vasallo hace su señor,
que no sufran violencia—de conde ni de infanzón.
Aquí les marco plazo—desde mi corte,
pasadas tres semanas,—en las vegas de Carrión,
que hagan esta lid—estando yo presente;

quien no viniera al plazo—pierda el derecho,
dado sea por vencido—y huya por traidor.»
Recibieron la sentencia—los infantes de Carrión.
El Cid al rey—las manos le besó:
«Estos mis tres caballeros—en vuestra mano están,
desde ahora los encomiendo—como a rey y a señor.
Ellos están preparados—para cumplir su deber;
¡devolvédmelos con honra a Valencia—por amor del Criador!»
Entonces repuso el rey:—«¡Así lo mande Dios!»
Allí se quitó la caperuza—el Cid Campeador,
la cofia de lino—que blanca era como el sol,
y se soltó la barba—quitándose el cordón.
No se hartan de mirarle—cuantos están en la corte.
Se dirigió al conde don Enrique—y al conde don Ramón;
los abrazó estrechamente—y les ruega de corazón
que tomen de sus bienes—cuanto les gustase.
A éstos y a los otros—que de su buena parte están,
a todos les rogaba—que hagan su gusto;
algunos hay que cogen,—algunos hay que no.
Los doscientos marcos—al rey se los dejó[247];
de lo suyo tanto cogió—cuanto tuvo en gana,
«¡Merced os pido, rey,—por amor del Criador!
Ya que todos estos negocios—así están arreglados
beso vuestra manos—con vuestra gracia, señor,
e irme quiero a Valencia,—que con afán la gané yo.»

Entonces mandó dar el Cid a los mandaderos de los infantes de Navarra y de Aragón bestias y todo lo que hubieron menester, y envíolos. El rey don Alfonso cabalgó entonces con todos los grandes de su corte para salir con el Cid, que se iba de la villa. Y cuando llegaron a Zocodover[248], el Cid, yendo en su caballo llamado Babieca, díjole el rey: «Don Rodrigo, debierais ahora hacer correr ese caballo del que tanto he oído hablar.» El Cid se sonrió y dijo: «Señor, aquí en vuestra corte hay muchos grandes y preparados para hacer esto; a ésos mandad que breguen con sus caballos.» El rey le dijo: «Cid, estoy orgulloso de eso que decís; pero, a pesar de eso, quiero que corráis ese caballo, por mí.»

---

[247] Es la cantidad que el rey debía devolver al Cid por haberse deshecho el matrimonio.
[248] Zocodover es la plaza principal de Toledo.

150

El rey admira a *Babieca*, pero no lo acepta en don.—Últimos encargos del Cid a sus tres caballeros.—Tórnase el Cid a Valencia.—El rey en Carrión.—Llega el plazo de la lid..—Los de Carrión pretenden excluir de la lid a *Colada* y a *Tizona*.—Los del Cid piden al rey amparo y salen al campo de la lid.—El rey designa jueces de campo y amonesta a los de Carrión.—Preparación de la lid.—Primera acometida. Pedro Bermúdez vence a Fernando.

El Cid arremetió entonces con el caballo, y tan de recio lo corrió, que todos se maravillaron de aquella carrera que hizo.
El rey alzó la mano,—se santiguó:
«Yo juro—por San Isidoro de León
que en todas nuestras tierras—no hay tan buen varón.»
El Cid con el caballo—se puso ante el rey,
fue a besar la mano—a su señor Alfonso:
«Me mandaste hacer carrera—con Babieca el corredor,
en moros ni en cristianos—otro tal no hay hoy,
yo os lo doy en don,—sírvete tomarlo, señor.»
Entonces dijo el rey:—«Esto no me agrada;
si a vos quitara el caballo,—no tendría tan buen señor.
Mas tal caballo como es—para tal como vos,
para vencer moros del campo—y ser perseguidor;
quien os lo quisiere quitar—no lo ayude el Criador,
que por vos y por el caballo—nos somos honrados.»
Entonces se despidieron,—y luego se fue a la corte.
El Campeador a los que han de lidiar—muy bien los amonestó.
«Eh, Martín Antolínez,—y vos, Pedro Bermúdez,
y Muño Gustioz,—mi buen vasallo,
sed fuertes en el campo—como corresponde a hombres;
buenas noticias me vayan—de vosotros a Valencia.»
Dijo Martín Antolínez:—«¿Por qué lo decís, señor?
Hemos tomado la obligación—y queda a nuestro cargo;
podréis oír *(hablar)* de muertos,—que no de vencidos.»
Alegre se puso con esto—el que en buena hora nació,
despidiose de todos—los que son sus amigos.
El Cid para Valencia,—y el rey para Carrión.
Ya las tres semanas de plazo—se han cumplido.
Helos al plazo—los del Campeador,
cumplir quieren el deber—que les mandó su señor;

están bajo el amparo—de Alfonso el de León;
dos días esperaron—a los infantes de Carrión.
Vienen muy bien preparados—de caballos y de guarniciones,
y todos sus parientes—están con ellos de acuerdo
que si pudiesen apartar—a los del Campeador,
que los matasen en el campo—para deshonra de su señor.
El propósito fue malo,—pero ello no se llevó a cabo,
que gran miedo tuvieron—a Alfonso el de León.
De noche velaron las armas[249]—y rogaron al Criador.
Pasada la noche,—ya apuntan los albores;
muchos se reunieron—de los buenos ricos hombres,
para ver la lid,—que tenían gran deseo de ello;
y más que todos—allí está el rey don Alfonso,
por querer justicia—y no ningún fraude.
Ya se visten las armas—los del buen Campeador,
los tres se ponen de acuerdo,—ya que son de un señor.
En otro lugar se arman—los infantes de Carrión,
estalos amonestando—el conde Garci Ordóñez.
Estuvieron discutiendo—y dijeron al rey Alfonso
que no entrasen en la batalla—Colada y Tizona,
que no lidiasen con ellas—los del Campeador;
estaban muy arrepentidos los infantes—de haberlas dado.
Dijéronselo al rey,—mas no se lo concedió:
«No se exceptuó ninguna—cuando tuvimos la corte.
Si buenas las tenéis,—a vos os harán provecho;
otro tanto harán—los del Campeador.
Andad y salid al campo,—infantes de Carrión,
es necesario que lidiéis—como los hombres,
que no quedará—por los del Campeador.
Si salís bien del campo,—tendréis gran honra;
y si fuereis vencidos,—no nos culpéis a nos,
que todos lo saben—que os lo buscasteis vosotros.»
Ya se van arrepintiendo—los infantes de Carrión,
de lo que habían hecho—están muy arrepentidos;
no lo querrían haber hecho—por cuanto hay en Carrión.
Ya están armados los tres—del Campeador,
íbalos a ver—el rey don Alfonso.
Entonces le dijeron—los del Campeador:

---

[249] Véase la nota número 214.

«Os besamos las manos—como a rey y a señor,
que juez seáis—hoy de ellos y de nosotros;
en justicia valednos,—no en ningún fraude.
Aquí están con los suyos—los infantes de Carrión
no sabemos—que urdirán
a vuestro amparo—nos dejó nuestro Señor
mantenednos en justicia,—por amor del Criador!»
Entonces dijo el rey:—«De alma y de corazón.»
Tráenles los caballos—buenos y corredores,
santiguaron las sillas—y cabalgan con presteza;
los escudos al cuello,—qué bien reforzados están;
en la mano las astas—de los hierros tajantes,
las tres lanzas—traen sendos pendones;
y alrededor de ellos muchos buenos caballeros.
Ya salieron al campo—a donde están los mojones.
Se han puesto de acuerdo los tres—del Campeador,
para que cada uno de ellos—hiera bien al suyo.
He aquí de la otra parte—los infantes de Carrión,
muy acompañados,—que tienen muchos parientes.
El rey señaló jueces—para declarar lo justo y lo no;
que no disputen con ellos—sobre si o sobre no[250].
Cuando estuvieron en el campo—habló el rey don Alfonso:
«Oíd lo que os digo,—infantes de Carrión:
esta lid debisteis hacerla en Toledo,—mas no quisisteis vosotros
Estos tres caballeros—del Cid Campeador
yo los traje bajo mi guarda—a tierras de Carrión.
Teneos en vuestro derecho,—no queráis fraude,
porque el que fraude quisiere hacer—, yo se lo vedaré de mala manera,
en todo mi reino—no hallará contentamiento.»
Ya les va pesando—a los infantes de Carrión.
Los jueces y el rey—señalaron los mojones,
saliéronse del campo—todos a las orillas.
Bien se lo dijeron—a los seis que eran,
que se daría por vencido—al que se saliese del mojón.
Todas las gentes—se esparcieron alrededor,
de seis astas de lanza—que no llegasen al mojón[251].

---

[250] Jueces de fallo inapelable.
[251] A una distancia de seis astas de lanza no podían acercarse los espectadores al campo marcado entre mojones.

Sorteábanles el campo,—ya les parten el sol[252];
se apartan los jueces,—y ellos quedan cara a cara;
avanzan los del Cid—a los infantes de Carrión,
y los infantes de Carrión—a los del Campeador;
cada uno de ellos—piensa en el suyo;
embrazan los escudos—delante de los corazones,
bajan las lanzas—enroscados los pendones,
inclinaban las caras—sobre los arzones,
baten los caballos—con las espuelas,
temblar quiere la tierra—donde se movían.
Cada uno de ellos—piensa en el suyo;
todos tres a tres—se juntan;
tienen por seguro que entonces caerán muertos,—los que están alrededor[253].
Pedro Bermúdez,—el que antes retó,
con Fernando González—se dio de cara;
hiérense en los escudos—sin miedo.
Fernando Gonzáles a don Pedro—el escudo atravesó,
tomole en vacío,—la carne no le tocó,
por dos sitios—rompió el astil.
Firme estuvo Pedro Bermúdez,—no se torció por eso;
un golpe recibiera,—mas otro hirió:
partió el revestimiento del escudo,—y se lo echó fuera,
atravesolo todo,—sin que nada le valiera.
Metiole la lanza por el pecho,—cerca del corazón;
tres dobleces de loriga llevaba Fernando,—esto le ayudó,
dos de ellos se le desmallan—y el tercero resistió:
el acolchado con la camisa—y con la guarnición
dentro de la carne—una mano se la metió;
por la boca—la sangre le salió;
partiéronse las cinchas,—ninguna valió más,
por las ancas del caballo—en tierra lo echó.
Así creían las gentes—que era herido de muerte.
Entonces dejó la lanza—y metió mano a la espada,
cuando Fernando González—vio y conoció a Tizona;

---

[252] Se sorteaba el lugar que cada uno había de ocupar en el campo para la pelea, con objeto de que la diferencia de posición frente al sol se decidiese por suerte.

[253] Eso piensan los espectadores de los combatientes.

antes de que le golpease—dijo: «Vencido soy.»
Otorgáronselo los jueces,—Pedro Bermúdez le dejó.

151

Martín Antolínez vence a Diego.

Don Martín y Diego González—acometiéronse con las lanzas,
tales fueron los golpes—que quebraron ambas,
Martín Antolínez—metió mano a la espada,
relumbra todo el campo,—tan limpia es y clara;
diole un golpe,—de través:
la parte alta del casco—se la arrancó,
las agujetas del yelmo—todas se las cortó,
arrancole la capucha,—le llegó hasta la cofia,
la cofia y la capucha—todo se lo arrancó,
le rae los pelos de la cabeza,—entrándole en la carne;
lo uno cayó al campo—y él quedose derecho.
Cuando este tajo ha dado—Colada la preciada,
vio Diego González—que no escaparía con el alma;
volvió la rienda al caballo—por volverse de cara,
la espada tiene en la mano,—mas no la usaba.
Entonces Martín Antolínez—recibiole con la espada,
un golpe le dio de llano,—que no con lo buido.
Entonces el infame—grandes voces daba:
«¡Váleme, Dios glorioso,—señor, líbrame de esta espada!»
El caballo refrena,—y apartándolo de la espada,
sacolo del mojón[254]:—don Martín en el campo permanencia,
Entonces dijo el rey:—«Venid vos a mi compañía;
por cuanto habéis hecho—vencida tenéis esta batalla.»
Otórganselo los jueces—que dicen la verdad.

---

[254] El hecho de salirse de los mojones deja vencido al caballero que huye.

152

Muño Gustioz vence a Asur González.—El padre de los infantes declara vencida la lid.—Los del Cid vuelven cautelosamente a Valencia.—Alegría del Cid.—Segundo matrimonio da las hijas del Cid.—El Juglar acaba su poema.

Los dos han vencido;—os diré de Muño Gustioz,
con Asur González,—cómo se arregló.
Hiérense en los escudos—tan grandes golpes.
Asur González,—forzudo y valeroso,
hirió en el escudo—a don Muño Gustioz,
tras el escudo—falseole la guarnición;
en vacío pasa la lanza,—que no le cogió la carne.
Dado este golpe,—otro dio Muño Gustioz:
por la mitad del revestimiento—el escudo le quebrantó;
no lo pudo aguantar,—falseole la guarnición,
a un lado le clavó,—que no cerca del corazón;
le metió por la carne adentro—la lanza con el pendón,
por la otra parte—una braza le salió,
dio con él un tirón,—y de la silla lo ladeó,
al tirar de la lanza—lo echó en tierra;
rojo salió el astil,—y la lanza y el pendón.
Todos están seguros—que ha sido herido de muerte.
La lanza recobró—y se puso sobre él;
dijo Gonzalo Ansúrez:—«¡No le hiráis, por Dios!»[255].
¡Vencido está el campo,—esto se acabó!»
Dijeron los jueces:—«Nosotros oímos esto.»
Mandó despejar el campo—el buen rey don Alfonso
las armas que allí quedaron—para él las tomó
Se van muy bien honrados—los del buen Campeador;
vencieron esta lid,—gracias al Criador.
Grandes son los pesares—por tierras de Carrión.
El rey a los del Cid—de noche les envió,
para que no les asaltasen—ni tuviesen miedo[256].

---

[255] El padre del combatiente da por vencido a su hijo, y, oyéndolo, los jueces dan la sentencia firme, como si él mismo hubiera proferido las palabras.
[256] Previniéndoles por si acaso de alguna asechanza del bando de los de Carrión.

A modo de prudentes—andan día y noche,
helos en Valencia—con el Cid Campeador.
Por malos los dejaron—a los infantes de Carrión,
han cumplido el deber—que les mandó su señor;
alegre se puso con esto—el Cid Campeador.
Grande es la vileza—de los infantes de Carrión.
Quien buena dama escarnece—y después la abandona,
tal le acontezca—o acaso peor.
Dejémonos de asuntos—de los infantes de Carrión,
de lo que han recibido—están bien disgustados[257];
hablemos nosotros de este—que en buena hora nació.
Grandes son las alegrías—en Valencia la mayor,
porque tan honrados—fueron los del Campeador.
Cogiose la barba—Ruy Díaz su señor:
«¡Gracias al rey del cielo,—mis hijas vengadas son!
¡Ahora encuentran libres—las heredades de Carrión![258].
Sin vergüenza las casaré,—pese a quien pese.»
Anduvieron en pláticas—los de Navarra y de Aragón,
tuvieron su junta—con Alfonso el de León.
Hicieron sus casamientos—doña Elvira y doña Sol;
los primeros fueron grandes,—mas éstos son mayores;
a mayor honra las casa—que lo hizo primeramente.
Ved cómo aumenta la honra—al que en buena hora nació,
cuando señoras son sus hijas—de Navarra y de Aragón.
Hoy los reyes de España—sus parientes son[259]
a todos llega la honra—por el que en buena hora nació.
Dejó este siglo—el Cid, señor de Valencia,
el día de la pascua de Pentecostés[260]—¡de Cristo tenga perdón!
¡Así seamos todos nosotros—justos y pecadores!
Éstas son las hazañas—del Cid Campeador;
en este, lugar—se acaba esta narración[261].

---

[257] Del castigo que han recibido.

[258] Ya no tienen obligación los infantes de dar participación en sus heredades a las hijas de Cid, pues ya no son sus mujeres.

[259] La bisnieta del Cid, doña Blanca de Navarra, casó con el heredero de Castilla don Sancho, y de éste matrimonio nació Alfonso VIII. Asimismo, las hijas emparentaron con las casas reales de Aragón y Portugal.

[260] Murió el Cid el año 1099, y, según el juglar, el 29 de mayo, domingo de Pentecostés.

[261] El copista Pedro Abad puso este explícit al códice:

FIN

>«Quien escrivió este libro
>del Dios paraíso.
>Per Abbat le escrivió en el mes de mayo
>en era de 1345 años».

es decir, año de Cristo de 1307. Luego añadieron, con otra letra, pero también del siglo XIV:

>«El romanz es leído,
>datnos del vino;
>si non tenedes dineros,
>echad allá unos peños,
>que bien vos lo darán sobrielos.»

Los poetas copistas y recitadores pedían vino por sus respectivos trabajos, o «peños», que son galas o dádivas, alhajas u objetos que luego vendían para adquirir vino.

EL CRÍTICO y EDITOR - Juan Bautista Bergua

Juan Bautista Bergua nació en España en 1892. Ya desde joven sobresalió por su capacidad para el estudio y su determinación para el trabajo. A los 16 años empezó la universidad y obtuvo el título de abogado en tan sólo dos años. Fascinado por los idiomas, en especial los clásicos, latín y griego, llegó a convertirse en un célebre crítico literario, traductor de una gran colección de obras de la literatura clásica y en un especialista en filosofía y religiones del mundo. A lo largo de su extraordinaria vida tradujo por primera vez al español las más importantes obras de la antigüedad, además de ser autor de numerosos títulos propios.

Su librería, la editorial y la "Generación del 27"

Juan B. Bergua fundó la Librería-Editorial Bergua en 1927, luego Ediciones Ibéricas y Clásicos Bergua. Quiso que la lectura de España dejara de ser una afición elitista. Publicó títulos importantes a precios asequibles a todos, entre otros, los diálogos de Platón, las obras de Darwin, Sócrates, Pitágoras, Séneca, Descartes, Voltaire, Erasmo de Rotterdam, Nietzsche, Kant y los poemas épicos de La Ilíada, La Odisea y La Eneida. Se atrevió con colecciones de las grandes obras eróticas, filosóficas, políticas, y la literatura y poesía castellana. Su librería fue un epicentro cultural para los aficionados a literatura, y sus compañeros fueron conocidos autores y poetas como Valle-Inclán, Machado y los de la Generación del 27.

El Partido Comunista Libre Español y las amenazas de la izquierda

Poco antes de la Guerra Civil Española, en los años 30, Juan B. Bergua publicó varios títulos sobre el comunismo. El éxito, mucho mayor de lo esperado, le llevó a fundar el Partido Comunista Libre Español que llegaría a tener mas de 12.000 afiliados, superando en número al Partido Comunista prosoviético oficial existente. Su carrera política no duró mucho después que estos últimos le amenazaran de muerte viéndose obligado a esconderse en Getafe.

La Censura, quema de libros y sentencia de muerte de la derecha

Juan B. Bergua ofreció a la sociedad española la oportunidad de conocer otras culturas, la literatura universal y las religiones del mundo, algo peligrosamente progresivo durante esta época en España.

En el 1936 el ejército nacionalista de General Franco llegó hasta Getafe, donde Bergua tenía los almacenes de la editorial. Fue capturado, encarcelado y sentenciado a muerte por los Falangistas, la extrema derecha.

Mientras estuvo en la cárcel temiendo su fusilamiento, los falangistas quemaron miles de libros de sus almacenes por encontrarlos contradictorios a la Censura, todas las existencias de las colecciones de la Historia de Las Religiones y la Mitología Universal, los libros sagrados de los muertos de los Egipcios y Tibetanos, las traducciones de El Corán, El Avesta de Zoroastrismo, Los Vedas (hinduismo), las enseñanzas de Confucio y El Mito de Jesús de Georg Brandes, entre otros.

Aparte de los libros religiosos y políticos, los falangistas quemaron otras colecciones como Los Grandes Hitos Del Pensamiento. Ardieron 40.000 ejemplares de La Crítica de la Razón Pura de Kant, y miles de libros más de la filosofía y la literatura clásica universal. La pérdida de su negocio fue un golpe tremendo, el fin de tantos esfuerzos y el sustento para él y su familia…fue una gran pérdida también para el pueblo español.

Protegido por General Mola y exiliado a Francia

Cuando General Emilio Mola, jefe del Ejército del Norte nacionalista y gran amigo de Bergua, recibe el telegrama de su detención en Getafe intercede inmediatamente para evitar su fusilamiento. Le fue alternando en cárceles según el peligro en cada momento. No hay que olvidar que durante la guerra civil, los falangistas iban a buscar a los "rojos peligrosos" a las cárceles, o a sus casas, y los llevaban en camiones a las afueras de las ciudades para fusilarlos.

–El General y "El Rojo"–Su amistad venia de cuando Mola había sido Director General de Seguridad antes de la guerra civil. En 1931, tras la proclamación de la Segunda República, Mola se refugió durante casi tres meses en casa de Bergua y para solventar sus dificultades económicas Bergua publicó sus memorias. Mola fue encarcelado, pero en 1934 regresó al ejército nacionalista y en 1936 encabezó el golpe de estado contra la República que dio origen a la Guerra Civil Española. Mola fue nombrado jefe del Ejército del Norte de España, mientras Franco controlaba el Sur.

Tras la muerte de Mola en 1937, su coronel ayudante dio a Bergua un salvoconducto con el que pudo escapar a Francia. Allí siguió traduciendo y escribiendo sus libros y comentarios. En 1959, después de 22 años de exilio, el escritor regresó a España y a sus 65 años comenzó a publicar de nuevo hasta su fallecimiento en 1991. Juan Bautista Bergua llegó a su fin casi centenario.

Escritor, traductor y maestro de la literatura clásica, todas sus traducciones están acompañadas de extensas y exhaustivas anotaciones referentes a la obra original. Gracias a su dedicado esfuerzo y su cuidado en los detalles, nos sumerge con su prosa clara y su perspicaz sentido del humor en las grandes obras de la literatura universal con prólogos y notas fundamentales para su entendimiento y disfrute.

Cultura unde abiit, libertas nunquam redit.
Donde no hay cultura, la libertad no existe.

LA CRÍTICA LITERARIA
www.LaCriticaLiteraria.com

TODO SOBRE LITERATURA CLÁSICA, RELIGIÓN, MITOLOGÍA, POESÍA, FILOSOFÍA...

La Crítica Literaria es la librería y distribuidor oficial de Ediciones Ibéricas, Clásicos Bergua y la Librería-Editorial Bergua fundada en 1927 por Juan Bautista Bergua, crítico literario y célebre autor de una gran colección de obras de la literatura clásica.

Nuestra página web, LaCriticaLiteraria.com, es el portal al mundo de la literatura clásica, la religión, la mitología, la poesía y la filosofía. Ofrecemos al lector libros de calidad de las editoriales más competentes.

LEER LOS LIBROS GRATIS ONLINE
www.LaCriticaLiteraria.com

La Crítica Literaria no sólo está dedicada a la venta de libros nacional e internacional, también permite al lector la oportunidad de leer la colección de Ediciones Ibéricas gratis online, acceso gratuito a más que 100.000 páginas de estas obras literarias.

LaCriticaLiteraria.com ofrece al lector un importante fondo cultural y un mayor conocimiento de la literatura clásica universal con experto análisis y crítica. También permite leer y conocer nuestros libros antes de la adquisición, y tener la facilidad de compra online en forma de libros tradicionales y libros digitales (ebooks).

COLECCIÓN LA CRÍTICA LITERARIA

Nuestra nueva **"Colección La Crítica Literaria"** ofrece lo mejor de los clásicos y análisis de la literatura universal con traducciones, prólogos, resúmenes y anotaciones originales, fundamentales para el entendimiento de las obras más importantes de la antigüedad.

Disfrute de su experiencia con nosotros.

www.LaCriticaLiteraria.com

www.ingramcontent.com/pod-product-compliance
Lightning Source LLC
LaVergne TN
LVHW091248080426
835510LV00007B/163